05 피혁과 방직

gé 가죽 혁

甲 상형자이다. 동물의 가죽을 펴서 건조시키는 모습을 그렸는데, 가죽은 건조 후 단단해진다. 金 동물의 머리, 몸, 꼬리가 모두 선명하게 표현되었다.

克

kè 이길 극

金 篆

皮

pí

金 篆

방어 기능을 모두 가지고 있다. 이로써 '극복하다', '이기다'는 의미를 표현했다.

柔

부드러울 유

篆

조각을 들고 나무 에 걸고 는 습인데, 이렇게 하면 가죽이 부드러워진다.

훌부들한

ruǎn 가죽 준/연

篆 윗부분은 모자의 모양이고, 아랫부분은 부드러운 가죽이다. 부드러운 가죽으로 모자를 만들다는 뜻이다. 이후 연(輭)자에 의해 대체되어, 더 이상 '무두질을 하다'는 의미와 관련되었음을 알아볼 수 없게 되었다.

zhǔ 악기이름 주

甲 북의 모양으로, 아랫부분에 받침대가 있어 땅위에 세울 수 있다. 북의 윗부분이 갈라진 모습을 하였는데, 장식 효과 외에도 북채를 걸어둘 수 있었다.

金

péng 성 팽

甲 북(壴) 옆에 3개의 짧은 획이 그려진 모습인데, 삼(彡)은 짧고 강력한 북소리를 상징한다.

zhuān 오로지 전

甲 손에 실이 가득 감긴 가락바퀴[紡錘]를 잡고 있는 모습이다. 베를 짜기 전에 실을 실꾸리(실패)에 감아야 하는데, 오롯이 집중해야지 그렇지 않으면 실이 엉망으로 엉켜서 잘못된 무늬를 만들게 된다.

金

jīng 지하수 경

金 베를 짜는 기계인 베틀에 날실이 이미 설치된 모습이다. 篆 이어서 북을 사용하여 날실을 씨실로 통과시키면 베를 짤 수 있다.

jī 기미 기

金 앉아서 발판을 사용하여 날실의 개폐를 통제하면서 베를 짤 수 있는 직조기, 즉 篆 베틀을 말한다.

sī 실 사

甲 두 개의 실타래가 나란하게 배치된 모습이다. 누에가 뽑어낸 실은 너무나 가늘어서 직접 베를 짜기에는 적합하지 않다. 그래서 기계로 직조하기 전에 세 金 가닥의 실을 꼬아서 좀 더 두꺼운 실로 만들어 써야만 베를 짤 수가 있다.

mì 가는 실 멱

甲 삼(대마) 같은 종류의 섬유를 엮어 짠 실을 말한다.

金

zī 꿩 치

甲

대나무 껍질 또는 등나무로 짠 용기를 그렸다. 세 가닥의 줄이 나와 있는 모습은 짠 재료의 끝을 아직 깨끗하게 자르지 않은 모습을 반영했다.

xī 서녘 서

金

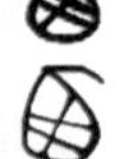

치(甾)에서 자형이 변해온 글자다. 에서 로 변했고, 다시 로 변했으며 마지막에는 로 변했다.

xiāng/xiàng 서로 상

甲

한쪽 눈으로 나무의 모양을 검사하고 있는 모습이며, 이로부터 '점검하다', '가치를 판단하다' 등의 뜻이 생겼다.

金

jiàng 장인 장

金

도끼[斤]가 공구 상자 속에 든 모습인데, 목공일을 하는 장인을 상징한다.

zhé 꺾을 절

甲

도끼로 나무를 수평 방향으로 두 조각으로 자른 모습이다. 잘린 두 개의 나무 조각은 점차 같은 방향의 두 개의 철(屮)로 변했다.

金

篆

xī 가를 석

甲

나무를 다른 두께의 판자로 가공하기 위해 손에 도끼를 들고 나무를 세로 방향으로 자르는 모습이다.

金

piàn 조각 편

篆

나무를 좌우로 둘로 쪼갠 모습이다. 즉 도끼를 사용하여 나무줄기를 수직으로 잘라 판자를 만드는 모습이다.

zhà 잠깐 사

甲

대팻날의 모습으로 보이는데, 아랫부분에서 위로 치켜 오른 부분은 손잡이를, 윗부분은 깎고 광택을 내는데 사용되는 대패[木屑]이다. '구조물을 짓는' 것과 같은 공정을 말한다.

金

qià 교묘히 새길 갈/계

甲

金

篆

고대 사회에서 계약을 할 때 칼로 나무판에 금을 새겨 표시를 한 다음, 각자 계약서의 절반을 나누어 가지고 차후에 검증의 증거로 삼았었다. 개(丯)는 계(㓞)를 분해해 추출하여 나온 글자인데, 지금은 둘 다 새김을 나타내는 기호로 쓰인다.

méi 줄기 매

甲

金

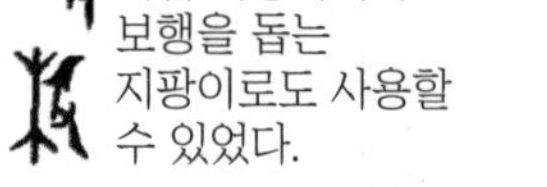

나무[木]와 지팡이[攴]의 조합으로 이루어졌다. 나무의 가지들이 서로 연결되는 지점에서 나무 손잡이의 굽은 모양을 자연스럽게 형성하기 때문에 도끼의 손잡이로 직접 사용하거나 보행을 돕는 지팡이로도 사용할 수 있었다.

zhǒu 비 추

甲

金

빗자루이다. 마른 관목을 사용하여 손에 들 수 있도록 묶은 다음, 앞부분의 손잡이로 땅을 쓸어 내는 청소 도구이다.

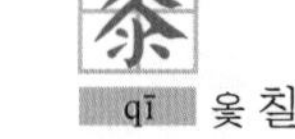

qī 옻 칠

金

篆

나무의 껍질이 손상을 입어 즙이 흘러나오는 모양이다. 이는 옻나무의 옻 즙을 모아 나무로 만든 용기의 광택을 내는 데 사용됨을 말한다.

04 기물 제조

石

shí 돌 석

甲 예리한 모서리를 가진 바위에 구덩이 하나가 더해진 모습이다. 이는 '돌'의 용도가 주로 구덩이를 파는 데 사용되었음을 표현했다.

金

磬

qìng 경쇠 경

甲 손으로 악기를 치는 도구를 들고 선반에 매달린 석경(石磬: 돌 경쇠)을 쳐서 소리를 내는 모습이다.

玉

yù 옥 옥

甲 옥 조각을 끈으로 묶어 옥 장식물을 만드는 모습이다.

金

璞

pú 옥돌 박

甲 깊은 산에서 한 사람이 손에 채굴 도구를 든 모습인데, 옆에 옥과 바구니가 그려졌다. 옥 원석 덩어리를 캐내는 모습을 그린 것으로 추정된다.

珏

jué 쌍옥 각

甲 옥 조각이 두 줄로 나란히 배열되어 있는데, 옥 노리개의 숫자를 계산하기 위한 단위사로 쓰였다.

弄

nòng 희롱할 롱

甲 동굴에서 손으로 옥 조각을 갖고 노는 모습이다. 품질이 좋은 귀한 옥 덩어리를 파내 스스로 기쁨을 이기지 못해 갖고 노는 모습을 표현했다.

金

骨

gǔ 뼈 골

甲 동물의 어깨뼈(견갑골)의 모습이다. 소의 어깨뼈는 상 왕조에서 점복으로 의문을 푸는데 가장 많이 사용되었는데, 고대인들은 뼈에 신령이 깃들어 있어 사람들의 어려움을 해결해 줄 수 있었다고 믿었기 때문이다.

角

jiǎo 뿔 각

甲 각(角)은 뿔을 그렸는데, 소의 뿔이다. 이로써 '각질(角質)', '첨각(尖角: 뾰족한 각)' 등의 뜻이 있게 되었다.

金

解

jiě 풀 해

甲 해(解)는 양손으로 소뿔을 당기는 모습이다. 뿔은 고대에 매우 유용한 재료라서, 소의 뿔을 해체하던 것은 당시의 일반적인 일이었다. 그래서 '분해(分解)하다', '해석(解釋)하다' 등의 의미로 확장되었다.

金

竹

zhú 대 죽

甲 잎과 가지가 아래로 처진 대나무 가지 두 개를 그렸다.

金

其

qí 그 기

甲 이것은 쓰레기를 버리는 데 쓰는 쓰레받기를 그린 상형자인데, 대부분 대나무 껍질로 싸서 만들었다.

金

匚

fāng 상자 방

甲 나무를 파내서 그 속에 무엇인가를 담도록 만든 용기이다. 나무로 만들었으면 목(木)이 들어간 광(框), 대나무로 싸서 만들었으면 죽(竹)이 들어간 광(筐)으로 구분하여 썼다.

金

曲

qū 굽을 곡

金 직각(90도 각도)으로 구부러진 기물의 측면도이다. 이는 대나무를 짜서 만든 광주리 같은 기물인데, 이로써 '굽다'는 추상적 의미를 표현하게 되었다.

玆 zī 무성할 자

甲 金

지시대명사로 사용되는데, 두 개의 실 묶음으로 표현했다.

桑 sāng 뽕나무 상

甲 金

뽕나무의 모습이다.

喪 sàng 죽을 상

甲 篆

뽕나무 잎을 따는 장면을 묘사했는데, 나무의 가지와 새싹 사이에는 1개에서 4개의 구(口)가 더해진 모습이다. 이후 '죽다'는 의미로 가차되었다.

素 sù 흴 소

金 篆

양손으로 아직 정리되지 않은 실을 잡고 있는 모습이다. 가장자리가 아직 골라지지 않은 모습이 직물의 초기 상태임을 말해주며, 이로부터 '아직 가공되지 않은'이라는 의미를 나타내게 되었다.

06 도자기와 금속

索 suǒ 동아줄 삭/찾을 색

甲 金

두 손으로 밧줄을 짜고 있는 모습인데, 밧줄의 한쪽 끝이 세 개의 가닥으로 표현되었다.

土 tǔ 흙 토

甲 金

상단과 하단은 작고 중간 허리 부분은 큰 흙더미 모양이며, 그 측면으로 물방울이 있어, 성형 가능하고 불에 구울 수 있는 가치 있는 흙임을 강조했다.

缶 fǒu 장군 부

甲 金

도기를 만들기 위한 용기와 점토를 두드리는 나무판으로 구성되어, 나무판을 두드려 형태를 만든 도기임을 강조했다.

匋 táo 질그릇 도

甲 金

한 사람(도공)이 쪼그리고 앉아 손으로 가늘고 긴 도구(도자기 두드리는 판)를 들고 점토 조각을 가공하는 모습이다.

窯 yáo 窑 yáo 가마 요

金 篆

도기를 굽는 동굴 같이 생긴 시설인 '가마'를 말한다.

金 jīn 쇠 금/성 김

金

금(金)은 금속을 녹여 기물을 주조하기 위한 거푸집을 말하는데, 이 주형틀을 사용하여 청동기를 주조한다는 개념을 표현했다.

鑄 zhù 쇠 부어 만들 주

甲 金

두 손으로 기물 속에 담긴 구리 용액을 다른 기물에 붓는 모습인데, 이로써 용기를 주조하는 과정을 표현했다.

法 fǎ 법 법

古 甲

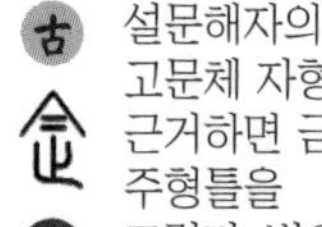

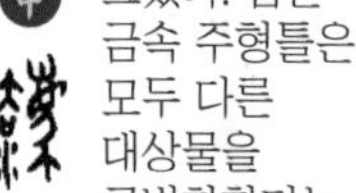

설문해자의 고문체 자형에 근거하면 금속과 주형틀을 그렸다. 법은 금속 주형틀은 모두 다른 대상물을 규범화한다는 것과 공통적 속성을 가졌다.

jí 길할 길

甲 金

주형틀이 이미 다 갖추어져 깊은 구덩이에 설치된 모습이다. 구덩이에 넣으면 냉각 속도가 느려져 더욱 아름답게 주조할 수 있다. 이로부터 '훌륭하다', '좋다'는 뜻이 나왔다.

釗 힘쓸 소

zhāo /사람이름 쇠

篆 古

gē 나눌 할

金

고문 자형을 보면 칼로 주형틀을 묶었던 밧줄을 자르고, 묻은 흙을 제거하여, 주물로 만든 기물을 꺼내는 모습이다. 금문에서는 칼로 물건을 두 개로 나눈 모습인데, 이는 주형틀을 갈라서 완성품을 꺼내다는 의미를 나타냈다.

(嚞) 哲

zhé 밝을 철

金 古

의미부로 '심장'이 포함된 것은 이 글자가 생각과 감정에 관련되었음을 말해준다. 그리고 언(言)은 긴 관악기를 말하여 '말'을 상징한다. 모루 위에서 철기를 두드리는 모습으로 주조와 관련되었다. 전체 구조는 고도로 심화된 전문적인 지식임을 나타냈다.

yán 엄할 엄

金

손에 도구를 들고 산에서 광석을 채굴하는 모습이다. 이로써 '엄격하다', '가혹하다'는 의미가 생겼다.

gǎn 감히 감

金

광물을 채취하는 노동자의 모습을 그렸다. 광물을 채취한다는 것은 매우 힘들고 위험한 작업으로 상당한 용기가 필요하다. 이 때문에 '용감(勇敢)하다'와 '과감(果敢)하다' 등의 뜻이 나왔다.

shēn 깊을 심

金

한 사람이 동굴에서 입을 벌리고 숨을 쉬며 땀을 흘리는 모습이다. 이는 광정 깊은 곳에서 일어나는 현상인데, 이로부터 '깊다'는 의미를 갖게 되었다.

jiǎn 가릴 간

金

자루 속에 무언가가 들어 있는 모습이다. 재료를 마대 자루에 넣고 물속에 담가서, 물이 천천히 불순물을 용해시켜 순수한 품질을 얻도록 하는 장치이다. 그래서 '선택하다'는 의미를 갖게 되었다.

lú 밥그릇 로

甲 金

받침대 위에 놓인 화로의 모습을 그렸다.

tuó 전대 탁

甲 金 篆

갑골문에서는 원래 앞뒤 양끝을 묶을 수 있는 바람을 불어넣는 데 쓰는 포대를 그렸는데, 용광로의 연소 온도를 올릴 수 있는 장치였다. 이후 여러 가지 모양과 재질로 된 포대가 만들어졌고, 포대 중간에도 다양한 기호가 추가되었다. 금문에서는 부(缶)가 소리부로 쓰였고, 소전에서는 석(石)이 소리부인 구조로 바뀌었다.

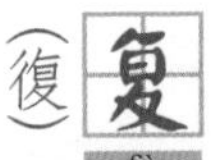

fù 갈 복

甲 金

한 발로 풍로의 송풍 주머니를 작동시키고 있는 모습이다. 송풍 주머니의 작동은 압축된 가죽 주머니를 사용하여 공기를 화로로 보내 온도를 높이고 태우는데 도움을 준다.

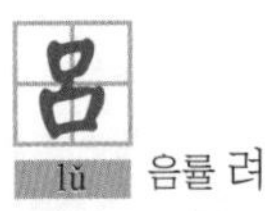

lǚ 음률 려

甲 金

제련된 광석 두 조각을 그렸는데, '주조'와 관련된 의미이다.

本
bĕn 밑 본

金 篆

末
mò 끝 말

金 篆

지사자이다. 나무의 하단에 작은 점이나 짧은 가로획을 사용하여 나무의 뿌리를 표시했는데, 이것이 본(本)자이다. 이에 반해 나무의 상단에 작은 점이나 짧은 가로획을 사용하여 나무의 끝을 표시했는데, 이것이 말(末)자이다.

(華) 蕚
huá 꽃 화

金 여러 송이 꽃이 핀 식물의 모습을 그렸다.

朱
zhū 붉을 주

甲 목(木)자의 가운데에 나무의 중앙을 나타내는 작은 점이 그려졌다.
金 주(朱)의 본래 뜻은 주(株: 나무)인데, 이후 '붉은색'이라는 뜻으로 차용되었다.

耑
duān 시초 단

甲 막 자라난 묘목에 수염 뿌리털까지 달린 모습이다. 뿌리털 옆에 있는 작은 점은 뿌리털에 붙어있는 흙 찌꺼기로, 식물이 (땅 속에 있지 않고) 뽑혔음을 나타낸다.
金

韭
jiu 부추 구

篆 키를 나란히 하여 자라는 부추를 그렸다.

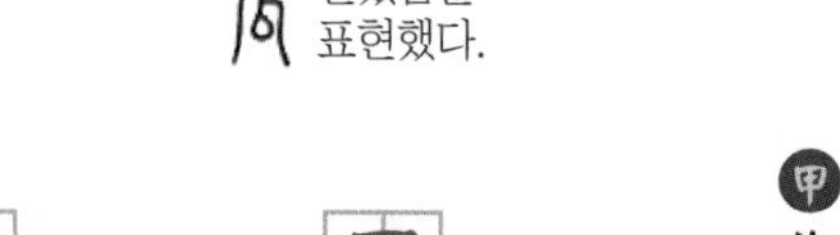

瓜
guā 오이 과

金 과일 하나가 덩굴 아래로 매달린 모습인데,
篆 과일이 열렸음을 표현했다.

蔥
cōng 파 총

金 파의 확대된 뿌리 부분을 그렸다. 서주 왕조의 청동기 명문에서는 '똑똑하다'는 의미로 쓰였다.

果
guǒ 실과 과

金 나무에 둥근 모양의 과일이 열린 모습인데, 점과 획은 이 과일에 단맛이 들어 먹을 수 있는 것임을 상징한다.
篆

𠂹
chuí 드리울 수

甲 무거운 과실로 나무의 가지가 아래로 처진 모습이다.
篆

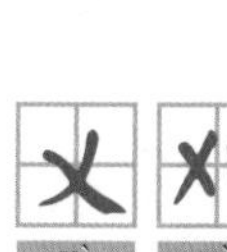

柳
liǔ 버들 류

甲 목(木)과 묘(卯)의 결합으로 이루어졌는데, 도랑 옆에
金 자라는 식물임을 말한다.

乂 刈
yì yì 벨 예

甲 과일 따는 도구를 양손으로 들고 과일을 하나 딴 모습이다. 이후 예(乂)에다 도(刀)를 더해 '예(刈)'자가 되었다.

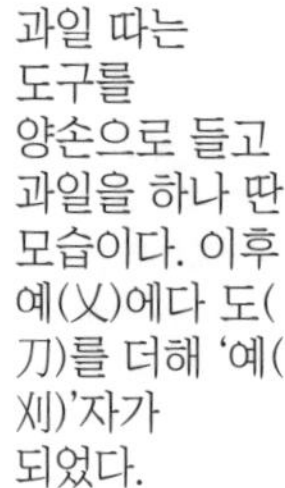

栗
lì 밤나무 률

甲 나무에 밤송이처럼 가시가 많은 열매가 열린 모습이다.
金

困
kùn 괴로울 곤

甲 어떤 자형은 작은 범위 내에 나무가 갇혀 있는 모습이고, 다른 자형은 발로 묘목을 밟은 모습으로, 모두 자랄 공간이 전혀 없는 모습을 상징했다. 이로부터 '어려움'과 '곤경'의 의미를 나타냈다.

某
mǒu 아무 모

金 나무[木] 위에 감(甘)자가 더해진 모습이다. '매실'이 본래 의미인데, 이후 '모략(謀略: 전략을 세우다)'의 뜻으로 가차되었다.

chóu 밭두둑 주

甲 뒤틀린 모양의 흙덩이를 그렸는데, 보습의 볏에 의해 변형되었다. 이는 기름진 농지를 경작할 때만 발생하는 현상인데, 이미 땅을 고르고 곡식을 재배해 온 농경지임을 나타냈다.

xié 힘 합할 협

甲 金 세 개의 쟁기[力](땅을 갈아엎는 간단한 도구)가 구(口)나 감(凵: 구덩이) 위에 놓인 모습이다. 땅을 갈아엎는 도구인 쟁기를 든 많은 사람들이 함께 협력하여 일하는 모습이다. 이로부터 '협력하다'는 뜻이 나왔다.

liú 머무를 류

甲 篆 밭 옆으로 빗물을 모으고 밭에 물을 대는 데 사용되는 곡선 모양(목제 보호 제방이 있는 도랑)이 그려진 모습이다. 이로부터 '쌓다(積留)', '정류(停留: 머물러서다)', '남다' 등의 뜻이 생겼다.

zhōu 두루 주

甲 金 들판에 농작물(네 개의 작은 점)이 있고, 주위가 울타리와 같은 시설로 둘러져진 모습이다. 이로부터 '주밀(周密: 빽빽하다)'이라는 뜻을 나타냈다.

fǔ 클 보 pǔ 밭 포

甲 金 보(甫)는 포(圃)의 원래 자형인데, 사람들이 들판에 심은 씨앗이 싹을 틔워 땅 위로 자라난 모습이다.

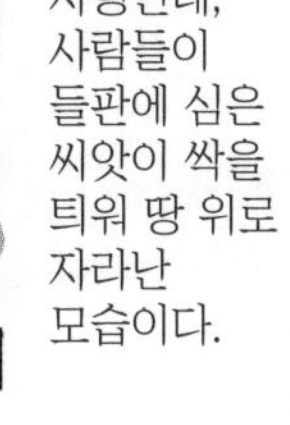

lǐn lǐn 곳집 름

甲 金 짚을 쌓아 놓은 '볏가리'를 말한다.

sè 아낄 색

甲 金 자형을 보면 아랫부분에는 곡식 더미가 있고 위로는 보리 한 포기가 모습을 드러낸 모습이다. 쌓아 놓은 농작물의 형상으로 시골 정경을 표현한 것으로 보인다. 곡식은 매우 귀중해 아껴야 할 대상이었으므로, '아끼다'는 뜻이 나왔다.

bǐ/tú 인색할 비

甲 金 여러 개의 소규모 농촌으로 구성된 대규모 단위를 그렸는데, 농촌의 호적정리 및 도면지도의 제작과 관련이 있는 글자다.

tú 그림 도

金 篆 특정 범위[口] 내에서 농촌 지역[啚]의 위치를 나타내는 지도는 세금 징수에 편의를 제공한다. 이후 '지도(地圖)' 및 '도모(圖謀)' 등의 뜻으로 확장되었다.

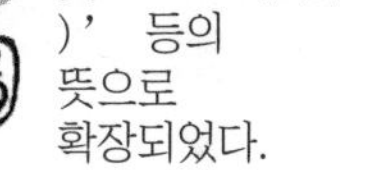

cāng 곳집 창

甲 金 지붕이 있고, 열 수 있는 창문이 달린 건축물을 그렸다. 초기 주택[戶]에는 입구와 출구가 하나 밖에 없었으나 '창고[倉]'는 양쪽 문도 있고 외짝 문도 있는 특수한 건물이었다.

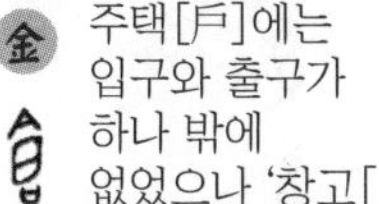

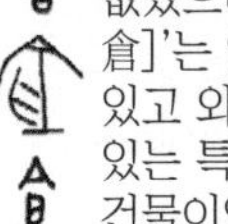

qīu 가을 추

甲 金 추(秋)자는 갑골문에서 두 가지 자형으로 등장한다. 하나는 두 개의 더듬이와 뒷면에 날개가 달린 곤충(메뚜기)을 그렸고, 다른 하나는 여기에다 화(火, 불)를 더하여 불에 태우는 모습이다. 봄과 가을은 농작물에 해를 주는 해충을 박멸해야 하는데, 메뚜기를 태워 죽이는 모습으로써 '가을'을 표현했다.

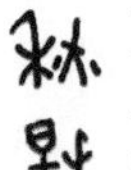

厚 hòu 두터울 후

甲 도가니의 사용 방법을 나타냈다. 도가니의 벽은 일반 용기의 벽보다 훨씬 두꺼워야 하기 때문에 이로써 '두께'라는 개념을 표현하는 데 사용했다.
金

則 zé 법칙 칙

甲 정(鼎: 세발솥)과 도(刀: 칼)의 조합으로 이루어졌다.
金 청동기의 아름다움[鼎]이나 청동 도구의 예리함[刀]은 구리와 주석의 합금 비율에 따라 달라지므로, 어떤 '기준'과 '원칙'이라는 의미를 갖게 되었다.

錫 xī 주석 석

金 세 부분으로 구성되었는데, 금(金)은 금속을 의미하고, 역(易)은 독음 부호이며, 나머지는 주석 덩어리의 형상이다.

段 duàn 구분 단

金 한 손에 도구를 들고 산에서 두 개의 금속 주괴를 파내고 있는 모습이다. 광석을 채굴할 때에는 도구로 바위를 때려 깨야 하므로 '때리다'는 뜻이 있게 되었다.

鐵 tiě 쇠 철

銘 철(戜)자는 철(鐵)자의 초기 형태로, 철(鐵)자의 어원이기도 하다. 모루[呈]에다 무기[戈]를 놓고 단조하는 모습이다.

冶 yě 불릴 야

金 도(刀), 화(火), 금속 찌꺼기, 모루로 구성되었는데, 철기를 단조(두들기거나 눌러서 필요한 형체로 만드는 일)하는 기술을 말한다.

晉 jìn 나아갈 진

甲 두 개의 화살이 해 모양의 거푸집에 놓인 모습이다. 이로써 화살촉으로 주조하는 모습을 그렸는데, 두 조각으로 된 고달(鐓)의 모형을 말하며 회의구조로 되었다.
金

07 화폐와 상업 활동

市 shì 저자 시

甲 멀리서도 사람들이 시장이 열려 상품을 교환할 수 있다는 것을 잘 알아볼 수 있게 긴 장대에 깃발을 달아 매달아 놓은 모습이다.
金

交 jiāo 사귈 교

甲 金 물체가 서로 얽힌 모습을 표현하는데, 다리를 교차시켜 서 있는 성인의 모습으로 이를 그려냈다.
篆

易 yì 바꿀 역/쉬울 이

甲 金 이것은 딱딱한 껍질을 가진 수생 연체동물의 형상이라 추측되며, 세 개의 비스듬한 점은 그것이 사는 환경이나 기어 간 후 남은 흔적을 나타낸다고 보인다. 금문에서부터 자형이 잘못 변하기 시작해, 머리의 형상이 등장했다. 그래서 설문해자에서는 도마뱀과 같은 파충류라고 풀이했다.
篆

zhì 바탕 질

篆 

두 자루의 도끼[斤]를 하나의 조개화폐와 교환한다는 의미를 그렸다.

bèi 조개 패

甲 金 

조개의 배 부분을 그렸다. 조개껍질은 단단하고 세밀한데, 북방 지역에서는 이를 구하기가 쉽지 않았다. 그래서 이를 가치 있는 것으로 간주하였고, 이로써 거래하는 매개로 삼거나 귀중품으로 삼았다.

yīng 갓난아이 영

金 

목 주위로 조개껍질로 만든 장식이 고르게 매달려 있다. 목걸이 장식은 목을 에워싸고서 매달려 있기 때문에 '에워싸다'는 의미로 확장되었다.

péng 벗 붕

甲 金

바다 조개를 꿰어서 목걸이로 만든 모습인데, '붕우(朋友: 친구)'처럼 항상 함께하는 것임을 반영했다.

shí 열매 실

金  

집안의 상자 속에 조개 화폐가 저장되어 있는 모습인데, 이로써 '풍족하다'는 의미를 나타냈다.

bǎo 보배 보

甲 金 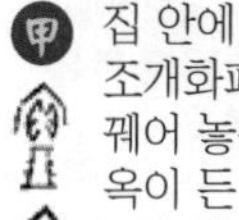   

집 안에 조개화폐와 꿰어 놓은 옥이 든 모습인데, 모두 귀한 존재로 잘 간직할 만한 것들이다.

mǎi 살 매

甲 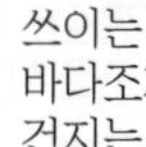  

그물로 화폐로 쓰이는 바다조개를 건지는 모습이다. 바다 조개는 물건을 사는데 쓸 수 있었으므로, '구매(購買)하다'는 뜻이 생겼다.

mài 팔 매

篆

출(出)과 패(貝)의 결합으로 이루어졌는데, 물건을 내다 팔다는 뜻을 담았다. 해서체에서는 자형이 줄어 매(賣)가 되었다.

lài 힘입을 뢰

甲 金 

포대에 바다조개가 담겨진 모습이다. 포대에 담아 놓아야만 잃어버리지 않게 된다. 그래서 '신뢰(信賴)'의 의미가 생겼다.

shāng 헤아릴 상

甲 金  

우뚝 솟은 입구가 있는 건물의 모습인데, 그곳이 정치의 중심임을 나타냈다.

bài 깨뜨릴 패

甲 金    

조개껍질을 양손에 잡고 서로 충돌시키면 조개껍질이 손상되어 귀중한 가치를 잃게 되므로, '손상되다'는 의미를 갖고 있다.

02-03 농업 생산

農 nóng 농사 농

甲 金

나무가 많은 곳에서 조개껍질로 만든 도구를 사용하는 모습인데, 잡풀의 제거나 농작물의 수확과 같은 농경에 참여함을 말한다.

田 tián 밭 전

甲 金

네모로 된 틀 속에 네 개의 직사각형으로 된 농지가 있는 모습인데, 대부분 '사냥(田獵)'이나 '농지' 등의 뜻으로 사용된다.

畺 jiāng 지경 강

甲 金

두 개의 농지 가운데 간혹 짧은 획이 하나 그려졌는데, 이는 두 농경지의 소유자가 다르다는 것을 나타내기 위한 경계선이다. 강(畺)은 강(疆: 지경)자의 초기 형태이다.

晨 chén 새벽 신

甲 金

수확 도구로 사용되는 조개껍질을 양손으로 들고 있는 모습이다. 일을 하기 위해 농기구를 준비하는 것은 이른 아침부터 해야 할 일이기에 '아침'이라는 의미가 나왔다.

薅 hāo 김맬 호

甲

초(艸), 신(辰), 수(手), 산(山)의 네 글자로 구성되었는데, 조개껍질로 만든 도구를 한 손으로 잡고 언덕 위의 잡초를 제거하는 모습을 그렸다.

蓐 rù 요 욕

甲

조개껍질로 만든 농기구를 한 손으로 들고 잡초를 제거하는 모습을 그렸다. 욕(蓐)은 그렇게 잘라낸 잡초를 말하는데, 이후 잘라낸 풀로 짠 돗자리를 뜻하게 되었다.

辱 rǔ 욕되게 할 욕

篆

조개껍질로 만든 도구를 한 손에 든 모습이다. (그런 일을 하는 농민을 상징했는데) 일설에 의하면 관료들이 농민들을 멸시하기 위해 이 글자로써 '모욕하다'는 의미를 만들었다고 한다.

焚 fén 불사를 분

甲 金

불을 질러 산림을 태우는 모습이다. 이는 초기의 농경방식으로, 보통 '화전 경작'이라 부른다.

耤 jí 적전 적

甲 金

한 손으로 쟁기를 잡고 발을 들어 보습(쟁기머리)을 밟고 있는 모습이다. 이는 쟁기를 부리고 있는 모습인데 이후 소리부인 석(昔)이 더해졌다.

方 fāng 모 방

甲 金

쟁기(옛날 땅을 갈아엎는 도구)의 아래 부분을 그렸다. 약간 구부러진 막대기에 가로로 된 나무판(횡판)을 묶어놓은 모습인데, 이 횡판은 발로 밟는 발판으로, 막대기의 끝이 흙을 파고 들어가 땅을 갈아엎는데 사용된다.

旁 páng 두루 방

甲 金

쟁기에 가로로 된 나무판(횡판)이 장착된 모습이다. 횡판의 기능은 뒤집힌 흙덩이를 분해하고 흙을 양쪽으로 밀어내 재배를 용이하게 해주는 데 있다. 그래서 '가까운 곳', '양쪽' 등의 뜻이 나왔다.

襄 xiāng 도울 양

甲 金 古

양손으로 쟁기를 잡고 있는 모습인데, 앞쪽에는 소가 잡아당기고 먼지를 일으키며 밭을 가는 농경 현장의 풍경을 그렸다.

01 도구의 발명

聖

shèng 성스러울 성

甲 金

귀가 큰 사람의 모습인데, 이런 사람은 예민한 청각을 가지고 있어 신이 내리는 지시[口]를 잘 이해하고 사회에 도움을 줄 수 있는 지도자임을 나타냈다.

聽

tīng 들을 청

甲 金

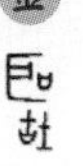

한쪽 귀 옆에 한두 개의 입이 있는 모습인데, 많은 사람들의 말을 들을 수 있음을 나타냈다.

堯

yáo 요임금 요

甲 篆

무릎을 꿇고 앉은 사람인데, 머리에 평평한 판이 있고 평평한 판 위에 여러 개의 흙덩이가 있는 모습이다. 천성적으로 대단한 힘을 갖고 태어난 사람임을 나타냈다.

賢

xián 어질 현

甲

간(臤)은 현(賢)의 원래 글자이다. 노예를 장악할 수 있는 재능이 있으면 대량의 인력을 조직하고 통제하여 어떤 일을 할 수 있다는 의미를 담았다.

才

cái 재주 재

甲 金

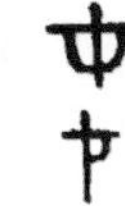

삼각형의 송곳은 각도를 측정하는 도구인데, 이로써 이러한 도구를 사용할 수 있는 능력 있는 사람을 나타냈다.

藝

yì 심을 예

甲 金

무릎을 꿇고 어린 묘목을 심는 사람의 모습인데, 손에 묘목을 들었다. 나중에 식물의 상징인 초(艸)를 더했고, 또다시 독음부호인 운(云)을 더해 지금의 해서체 자형이 되었다.

爇

ruò 불 사를 열/설

甲

무릎을 꿇고 앉은 사람인데 손에 횃불을 든 모습이다. 손에 횃불을 들고 어둠을 비추는 것은 해가 지고 났을 때 흔히 발생하는 현상이며, 이로부터 저녁 시간을 나타내는데 사용되었다.

制

zhì 마를 제

金

칼을 사용하여 고르지 않은 가지를 잘라내 나무제품을 만드는 모습이다. 자형에 보이는 나뭇가지는 들쭉날쭉한 모습이고 그 옆에는 작은 점까지 있어 칼로 긁어낸 나뭇조각을 나타냈다.

肇

zhào 칠 조

甲 金

무기는 날을 숫돌에 잘 갈아야만 예리하게 되고 적을 살상하는 무기로서의 기능을 하게 된다. 그리하여 조(肇)에 '시작하다'는 뜻이 생겼다.

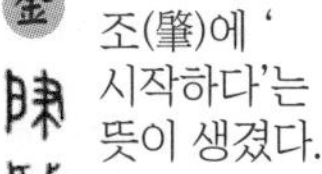

08 통용 도량형의 제정

爯 (稱) 둘을

chēng 한꺼번에 들 칭

甲 한 손으로 건축 자재(목재나 볏단 등)를 집어 들고 무게를 추정하는 모습을 그렸다.

金

重

zhòng/chóng 무거울 중

金 앞쪽에 갈고리가 있는 양쪽 끝을 동여매어 놓은 자루를 그렸다. 자루에 물건이 가득 들어 손으로 들 수 없어서 고리로 들어 올려야했는데, 이로써 '무겁다'는 뜻을 표현했다.

寸

cùn 마디 촌

篆 손으로 물건의 길이를 측정하는 모습이다. 가로획은 엄지손가락의 너비를 상징한다.

尺

chǐ 자 척

甲 손을 펴 손가락을 벌린 모습이다. 편 손바닥의 길이는 대략 엄지손가락 10개의 너비와 거의 같으므로 사물의 길이를 측정하는 데 편리하다.

金

量

liáng 헤아릴 량

甲 깔때기를 통해 쌀을 포대 속에 넣는 모습이다. 각각의 포대는 용량이 거의 같기 때문에 만들어 놓은 포대를 사용하여 화물의 부피 또는 무게를 계산할 수 있었다.

金

斗

dǒu 말 두

甲 물과 술을 뜨는 국자를 그렸다.

金

必

bì 반드시 필

甲 가로획으로 기구의 손잡이가 있는 곳을 가리켰는데, 이는 대표적인 지사자이다.

金

料

liào 되질할 료

金 미(米)와 두(斗)의 조합으로 이루어졌는데, 말(斗)(혹은 되)로 쌀의 양을 재다는 뜻이다.

篆

升

shēng 되 승

篆 요리에 쓰는 숟가락을 그렸다. 용량은 두(斗: 한 말)의 10분의 1이다. 지금의 용량 단위로 환산하면 2백 밀리리터(ml, cc)에 해당한다.

平

píng 평평할 평

金 받침대의 양쪽 끝에 물건이 놓인 모습인데, 저울과 관련된 것으로 보인다. '균형을 이루다', '치우치지 않다'는 의미를 갖는다.

于

yú 어조사 우

甲 저울(천평)의 가름대이다. 무거운 물건의 무게를 재야 했는데, 무게로 인해 저울의 가름대가 파손되는 것을 방지하기 위해 2개의 층으로 강화하였다. 이후 종종 전치사로 사용되었다.

金

경성대학교 한국한자연구소
HK+ 한자문명연구사업단 한자총서 04

About Characters.
문자학자의 인류학 여행기

허진웅 저
양영매 역

도서출판 3

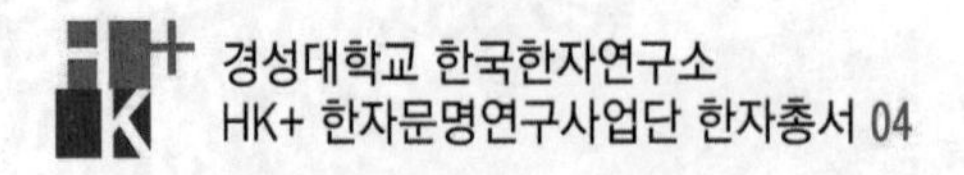

유래를 품은 한자 ❺ 기물제작

저자 허진웅((許進雄)
역자 양영매
디자인 김소연
펴낸 곳 도서출판 3

초판 1쇄 인쇄 2021년 1월 10일
초판 1쇄 발행 2021년 1월 15일

등록번호 제2018-000017호
전화 070-7737-6738
전자우편 3publication@gmail.com

ISBN: 979-11-87746-49-2 (93710)

This work was supported by the Ministry of Education of the Republic of Korea and the National Research Foundation of Korea (NRF-2018S1A6A3A02043693)

유래를 품은 한자

제5권

기물제작

허진웅 저
양영매 역

목차

추천사 1	황계방	/ 001
추천사 2	하대안	/ 007
추천사 3	임세인	/ 011
서문	허진웅	/ 015

제1부 도구의 발명 / 023

제2부 농업생산 / 043

제3부 농사 이외의 시간 / 101

제4부 백공의 흥기 / 129

제5부 직업의 번성 ❶ 피혁과 방직 / 187

제6부 직업의 번성 ❷ 도기와 금속 / 229

제7부 물자교류 화폐와 상업 / 291

제8부 표준의 통일 도량형 / 319

후기 허진웅 / 347
역자 후기 하영삼 / 349
찾아 보기 / 355

출현 한자

제1부 도구의 발명

성(聖)……027
청(聽)……029
요(堯)……030
현(賢)……032
재(才)……034
예(藝)……036
열(爇)……038
제(制)……039
조(肇)……041

제2부 농업생산

농(農)……047
전(田)……051
강(畺)……053
신(晨)……055
호(薅)……057
욕(蓐)……059
욕(辱)……060
분(焚)……061
적(耤)……063
방(方)……065
방(旁)……067
양(襄)……071
주(疇)……076
협(劦)……078
유(留)……082
주(周)……084
유(囿)……085
보(甫)……086
름(㐭)……087
색(嗇)……089
비(啚)……090
경(冏)……093
창(倉)……094
추(秋)……095
첨(𢦔)……098
삼(芟)……099

제3부 농사 이외의 시간

화(華)……104
엽(枼)……106
말(末)……109
본(本)……109
주(朱)……111
단(耑)……112
구(韭)……113
총(蔥)……114
과(果)……115
수(垂)……116
과(瓜)……117
률(栗)……118
모(某)……121
예(乂)……123
곤(困)……125
류(柳)……127

제4부 백공의 흥기

석(石)……134
경(磬)……136
옥(玉)……140
박(璞)……143
각(玨)……145
롱(弄)……147
골(骨)……149
각(角)……151
해(解)……152
죽(竹)……156
기(其)……158
방(匚)……161
곡(曲)……162
치(甾)……163
서(西)……164
목(木)……166
상(相)……168
장(匠)……169
절(折)……170
석(析)……172
편(片……174

사(乍)……176
계(㓞)……178
매(枚)……179
추(帚)……181
칠(桼)……182

제5부
직업의 번성
피혁과 방직

혁(革)……191
극(克)……193
피(皮)……195
유(柔)……197
연(甍)……200
주(壴)……202
고(鼓)……204
팽(彭)……206
주(尌……207
전(專)……211
경(巠)……213
기(幾)……215
사(絲)……217
멱(糸)……218
자(茲)……219
상(桑)……221
상(喪)……223
소(素)……226
색(索)……228

제6부
직업의 번성
도기와 금속

토(土)……233
도(匋)……235
부(缶)……237
요(窑)……239
금(金)……244
주(鑄)……246
법(法)……247
할(割)……249
쇠(釗)……249
길(吉)……252
철(哲)……255
엄(嚴)……258
감(敢)……260
심(深)……262
간(柬)……264
로(爐)……265
탁(橐)……267
복(复)……268
후(厚)……270
칙(則)……273
려(呂)……276
석(錫)……278
철(鐵)……280
야(冶)……284
단(段)……286
진(晉)……287

제7부
물자교류

시(市)……295
교(交)……297
역(易)……297
질(質)……300
패(貝)……301
영(嬰)……304
붕(朋)……305
매(賣)……307
매(買)……307
실(實)……309
보(寶)……311
뢰(賴)……313
상(商)……314

제8부
표준의 통일

패(敗)……321
패(敗)……321
칭(爯)……323
중(重)……325
촌(寸)……326
척(尺)……328
심(尋)……330
량(量)……332
두(斗)……333
필(必)……335
승(升)……337
료(料)……339
평(平)……340
우(于)……342

추천의 글

가장 신뢰할 수 있는 한자학 대중 시리즈

황계방(黃啟方)
(세신대학교 종신명예교수,
전 대만대학교 문과대학 학장, 전 국어일보사 회장)

문자의 발명은 인류사에서 중요한 사건입니다. "옛날 창힐이 문자를 만들자, 하늘에서는 곡식이 비 오듯 내렸고, 귀신은 밤을 새워 울었다."라는 기록처럼(『회남자』), 한자의 창제는 천지를 경동시키고 귀신을 놀라게 할 정도의 충격적인 일이었습니다. 현재 남아 있는 최초의 한자는 거북딱지나 짐승의 뼈에 칼로 새긴 갑골문(甲骨文)입니다.

갑골문은 고대의 매우 귀중한 문화 유물이지만 19세기 말(1899년)이 되어서야 비로소 발견되었습니다. 갑골문의 발견보다 183년 전인 1716년에 편찬된 『강희자전』에는 이미 5만 자 이상의 한자가 수록되어 있었습니다.

한나라 때의 허신(許慎)이 한자의 창제에 대해 '상형(象形), 지사(指事), 회의(會意), 형성(形聲), 전주(轉注), 가차(假借)'의 6가지 원칙으로 요약한 이

후, 역대 왕조의 한자 학자들은 이에 근거해 한자의 형체와 독음 및 의미를 설명하기 위해 열심히 노력해 왔습니다.

그러나 한자의 창제와 관련된 문제는 대단히 복잡해, 허신의 6가지 원칙으로 모두를 포괄하여 설명하기는 어려운 게 사실입니다. 그래서 갑골문이 발견된 이후, 그간 이루어졌던 역대 학자들의 해석에 대해 새로운 검증이 이루어졌습니다. 물론 재검증과 새로운 해석의 조건을 갖추기 위해서는 갑골문에 대한 특별한 연구 성과가 필요한데, 허진웅(許進雄) 교수는 오늘날 이 방면에서 가장 뛰어난 학자 중의 한 분입니다.

허진웅 교수의 한자에 대한 예리한 감각은 생각지도 않게 우연히 발견되었습니다. 그는 어느 날 한 서점의 서가에 놓여있던 청나라 학자 왕념손(王念孫)의 『광아소증(廣雅疏證)』을 읽자마자 곧바로 흥미를 느끼기 시작했고, 이를 계기로 한자연구의 세계에 들어서게 되었습니다.

1960년 가을, 허진웅 교수는 국립대만대학의 중문학과에 입학했습니다. 당시 2학년 필수과목이었던 '한자학' 때문에 대부분의 학생들이 골머리를 썩고 있었을 그때, 그는 고학년 과목이었던 '고대 문자학'은 물론 대학원에 개설된 '갑골학(甲骨學)' 과목을 청강하였을 정도였습니다.

당시 대만대학 중문학과에서 이 영역을 강의했던 교수진으로, 이효정(李孝定), 김상항(金祥恆), 대군인(戴君仁), 굴만리(屈萬里) 교수 등이 계셨습니다. 당시 대단한 학자들이셨던 그들 모두가 이 특이한 학생에게 특별한 관심을 기울였습니다. 허진웅 교수의 첫 번째 논문이 「은 복사에 나타난 5가지 제사에 대한 연구(殷卜辭中五種祭祀的硏究)」였는데, 이는 갑골문자에 근거해 상 왕조의 의례 시스템을 연구한 것입니다. 그는 동작빈(董作賓) 교수와 일본 학자 시마 쿠니오(島邦男)의 이론에 의문을 제기하고 은상 왕조의 왕위 계승에 관한 새로운 계보를 제안하여, 한자학계를 놀라게 하기도 했습니다. 그런 다음 그는 갑골에 남겨진 드릴링 패턴인 찬조(鑽鑿) 형태를 충분히 분석하여 『갑골문의 찬조 형태 연구(甲骨上鑽鑿型態的研究)』를 완성했습니다. 이는 갑골문자 형성의 기초에 대한 직접적인 논의로, 오늘날 갑골학계에서 그 학술성을 완전히 인정받았습니다. 또한 중국 안양박물관의 갑골문 전시 센터에서 선정한 지난 1백 년 동안 갑골학에 기여한 25명 중의 한 사람으로 뽑히기도 했습니다.

허진웅 교수는 1968년 굴만리(屈萬里) 교수의 추천을 받아, 캐나다 토론토에 있는 로열 온타리오 박물관(Royal Ontario Museum)의 극동부 연구원으로 근무했으며, 그곳에 소장되어 있던 상나라 갑골의 정리 책임자로 일했습니다. 그의 뛰어난 성과로 인해 그는 곧 연구조교, 조교 연구원, 준 연구원 등을 거쳐 연구원으로 승진했습니다. 박물관에서 20년 동안 일하면서 그는 중국 문화유물의 수집 및 전시 활동에도 참여를 많이 하여, 고대의 중국 문물에 직접 접촉할 수 있는 풍부하고도 실제적인 경험을 가질 수 있었습니다. 이러한 경력은 그로 하여금 중국문자학과 중국 고대사회연구에 큰 장점을 발휘하게 하였으며, 한자학과 고대사회연구를 서로 보완하여 더욱 훌륭한 성과를 낼 수 있게 하였습니다.

고대한자를 이야기하면서, 고대사회와 고대 문화유적에 대한 연구에 뿌리가 없어서는 안 될 것입니다. 허진웅 교수는 고대한자에 대한 정확한 분석, 고대한자의 원시의미와 그것의 변화에 대한 해석 등에서 방대한 증거와 논증을 동원하여, 근거를 가진 매우 창의적인 해석을 해왔습니다. 한번은 허진웅 교수가 이렇게 설명한 적이 있습니다. "대문구(大汶口)에서 출토된 상아로 만든 빗을 소개할 때, 갑골문의 희(姬)자를 들어서 헤어 액세서리와 귀족의 신분 관계에 대해 이야기했었습니다. 또 동주 왕조의 연꽃 꽃잎 모양의 뚜껑이 달린 청동 호리병에 대해 이야기하면서 뚜껑의 술 거르는 필터가 특수하게 설계되었음을 언급했었습니다. 그런가 하면 금(金)나라의 나무로 조각된 채색 관세음보살상을 소개하면서 관세음보살의 전설과 신앙을 소개하기도 했습니다."

그는 또 미(微)자에 대해 갑골문, 양주 시대의 금문, 진나라 때의 소전으로부터 현대의 해서에 이르기까지의 자형 변화에 근거하고, 또 "미(微)는 희미하다, 몰래 가다는 뜻이다(微, 眇也, 隱行也.)"라는 『설문해자』의 해설에 담긴 의미를 다시 해석하여, 사람들의 의표를 찌르는 전혀 예상치 못한 의견을 제시했습니다. 즉 "미(微)는 맹인이나 힘이 약한 노인을 살해하던 고대의 장례 관습을 반영했으며", 이런 장례 관습은 근세에 이르기까지도 일본에 여전히 존재했다고 했습니다. 유명한 「나라야마 부시코(楢山節考)」는 이러한 관습을 탐구한 일본 영화입니다. 허진웅 교수의 논리적인 설명은 갑골문과 고대사회사 연구에서 그의 독창성과 정교한 견해를 잘 보여준다 하겠습니다. 그의 책을 읽은 독자들은 감탄이 저절로 나올 것입니다.

허진웅 교수는 대학에서의 강의는 물론 각종 웹 사이트에 연재한 기사 모두 상당히 큰 인기를 끌었습니다. 그의 친구인 양혜남(楊惠南) 교수가 인터넷에서 '은허검객(殷墟劍客, Yinxu Swordsman)'이라는 필명으로 '은허서권(殷墟書卷, Yinxu Book Scroll)'이라는 블로그를 개설하도록 독려했으며, 네티즌의 빗발치는 요구에 따라 133개 한자의 창제의미와 자형 간의 의미를 설명하기도 했습니다. 이러한 글들은 섭렵된 내용이 광범위할 뿐 아니라 또 재미있고 말랑말랑하게 쓴 글이어서 독자들의 큰 반향을 얻었습니다.

'유래를 품은 한자' 시리즈는 허진웅 교수의 저작 중 가장 특별한 책입니다. 그 이유 중 첫 번째는 이 총서가 체계성을 가지고 전체적으로 설계되었기도 하고 또 동물, 전쟁과 형벌, 일상생활, 기물 제작, 인생과 신앙 편 등으로 나뉘어져 있어 독자들이 주제별로 고대한자와 고대사회의 삶의 관계를 이해할 수 있기 때문입니다. 두 번째는 이 책이 국내에서는 대중들을 위해 중국의 철학, 인류학 및 사회학 연구를 융합한 최초의 한자학 총서이기 때문입니다. 세 번째는 허진웅 교수가 국내외의 존경받는 한자학자임에

도 불구하고, 세상과 단절된 상아탑의 강의실에서 벗어나 독자들에게로 다가갈 수 있게 간략하면서도 흥미롭게 한자를 기술하였기 때문입니다. 이 시리즈는 엄격한 학문적 연구와 텍스트 연구를 통한 결과물이며, 고상함과 통속성이라는 두 가지 토끼를 모두 잡을 수 있도록 해주고 있습니다. 이 저작을 통해 한자에 대한 흥미로운 면면을 다시 인식하게 만들 것이라 믿습니다.

아울러 허진웅 교수의 학문적 성취와 업적들을 모든 독자들이 신뢰할 수 있을 것이라 확신합니다.

추천의 글

수많은 이야기를 담은 한자,
『유래를 품은 한자』에서 그 이야기들을 가장 깊고 넓게 풀어내다!

하대안(何大安)
(대만중앙연구원 원사, 언어학연구소 전 소장)

저는 『유래를 품은 한자』를 읽은 소감을 두 문장으로 요약하고자 합니다. 첫 번째 문장은 '한자는 수많은 이야기를 담고 있다.'입니다.

이렇게 말할 수 있는 이유가 뭘까요? 한자의 특색에서 그 대답을 찾을 수 있을 것입니다. 혹자는 문자가 그림문자에서 표의문자로 발전하며, 다시 표의문자에서 표음문자로 발전한다고 주장합니다. 이렇게 '그림에서 시작하여 음성으로 끝난다.'라는 견해는 일부 표음문자의 발전과정이라 해석할 수 있는데, 그것은 말을 음성으로 내뱉는 것에서 그 근원을 두고 있습니다. 그러나 이 문자에 내재된 정보의 질과 양으로 따지자면, 이러한 문자는 '소리'와 그 '소리'로 인해 우연히 생기는 연상 외에는 아무 것도 없습니다. 문자는 극도로 발전하면 절대적인 부호가 되어, 어떠한 문화도 담지 않은 깨끗한 상태와 순수 이성의 기호체계가 됩니다. 이러한 문자에는 문화가 축적된 모든 흔적이 없어졌고, 문명의 창조에서 가장 귀중한 정수인 인문성도 사라졌습니다. 이는 옥을 포장하기 위해 만든 나무상자만 사고 그 속의 옥은 돌려준다는 매독환주(買櫝還珠)와 다를 바 없어, 매우 안타까운 일이 아닐 수 없습니다.

다행스럽게도 한자는 이러한 인문성을 가지고 있으면서, 수천 년 동안 끊임없이 성장하고 발전해왔습니다. 이렇게 '성장하는 인문정신'은 한자의 가장 큰 특징에 그 근원을 두고 있습니다. 이 특징은 독자들이 예상 못한 것일 수 있습니다. 바로 '사각형 속의 한자'입니다.

한자는 네모난 글자입니다. 지금으로부터 4~5천 년 전 반파(半坡), 유만(柳灣), 대문구(大汶口) 등 유적지에서 발견된 한자의 최초 형태라고 인정된 부호들을 보아도 이미 가로세로에 순서가 있으며 크기도 거의 비슷한 '네모난 글자'였습니다. '네모'났기 때문에 이들과 다른 그림문자, 예를 들면 고대 이집트 문자와는 처음부터 전혀 다른 발전 경로를 걷게 되었습니다. 이집트 문자는 '한 장의 그림으로 된' 표현들입니다. '한 장'에서 하나의 그림을 구성하는 각각의 구성성분들은 명확하게 독립된 지위가 없으며, 단순한 부속품으로 존재할 뿐입니다. 한자의 '사각형'은 원시 그림의 구성성분들을 추상화시켜 독립하여 나온 것입니다. 하나의 네모난 글자는 독립된 개념을 나타내며, 서술의 기본 단위가 됩니다. 고대 이집트 문자의 구성성분에서 최종적으로 '단어'가 된 것은 매우 드물며, 대부분 의미가 없는 음표 기호가 되었습니다. 한자에서 각각의 네모는 모두 독립된 '단어'가 되었으며, 자기만의 생명력과 역사성을 지닙니다. 그러므로 '사각형'은 '그림'을 추상화시킨 결과입니다. '구상'에서 '추상'으로, '형상적 사유'에서 '개념적 사유'로의 발전은 문명을 더욱 높은 경지까지 끌어올리는 것이며, 인문정신을 널리 펼치는 것입니다.

그래서 한자의 숫자는 가장 기본적인 개념의 숫자와 동일합니다. 이것이 '한자에 이야기가 많다.'고 말한 첫 번째 이유입니다. 한자의 전승은 수천 년 동안 가차와 파생을 거쳐 다양한 개념과 의미, 사용 과정에서의 변화를 만들어냈습니다. 그리하여 각각의 글자에 모두 자신만의 변천사를 가지고 있습니다. 이것이 '한자에 이야기가 많다.'고 말한 두 번째 이유입니다.

세 번째 '많음'은 누가 말한 이야기인지와 관련 있습니다. 조설근(曹雪芹)이 말한 『홍루몽(紅樓夢)』에는 이야기가 많습니다. 포송령(蒲松齡)이 말한 『요재지이(聊齋志异)』에도 이야기가 많습니다. 한자는 문화의 역사를 반영하고 있습니다. 성곽이나 도읍과 관련된 것들은 고고학자가 말할 수 있고, 종이나 솥이나 제기와 관련된 것들은 대장장이가 말할 수 있으며, 새와 들짐승과 벌레와 물고기와 관련된 것들은 생물학자가 말할 수 있으며, 생로병사와 점복과 제사와 예악과 교화와 관련된 것들은 의사나 민속학자나 철학자들이 말할 수 있습니다. 그러나 수많은 한자를 모아 하나의 체계를 완성하고 정밀함을 다하며, 한자에 담긴 수많은 이야기들을 풀어낼 수 있는 사람은 누구일까요? 제가 읽었던 비슷한 작품 중에서 『유래를 품은 한자』의 저자인 허진웅 교수만이 그렇게 할 수 있을 것입니다. 그러므로 제가 말하고 싶은 두 번째 문장은 다음과 같습니다. '『유래를 품은 한자』에서 옛 이야기들을 가장 깊고 넓게 풀어내고 있다.'고 말입니다.

추천의 글

이 책은 한자문화의 유전자은행이다.

임세인(林世仁)
(아동문학작가)

십여 년 전, 제가 갑골문의 탄생에 흥미를 가졌을 때, 세 권의 책이 저를 가장 놀라게 하였습니다. 출판 순서에 따라 나열하면, 허진웅 교수의『중국고대사회(中國古代社會)』, 세실리아 링퀴비스(Cecilia Lindqvist)의『한자왕국(漢字王國)』(대만에서는『한자 이야기[漢字的故事]』로 이름을 바꿨다. 한국어 번역본, 김하림.하영삼 옮김, 청년사, 2002), 당낙(唐諾)의『문자 이야기[文字的故事]』입니다. 이 세 권의 책은 각각 고유한 방향을 제시하고 있습니다. 즉『중국고대사회』는 갑골문과 인류학을 결합시켜 '한자그룹'을 통해 고대 사회의 문화적 양상을 구성해내었습니다.『한자왕국』은 갑골문과 이미지를 결합시키고 사진과 영상과의 대비를 통해 한자의 창의성에 감탄하게 만들었습니다.『문자 이야기』는 갑골문과 에세이를 결합시켜 한자학을 문학적 감각으로 물들여 놓았습니다.

십여 년 동안, 중국과 대만에서는 『설문해자』의 각종 신판본이 쏟아져 나왔습니다. 그러나 사실 이들은 옛 내용을 새롭게 편집한 것이거나 『한자왕국』이 개척한 길 위에 몰려있는 것이 대부분입니다. 『문자 이야기』의 경우, 장대춘(張大春)의 『몇 글자를 알아보자[認得幾個字]』 등과 같은 몇몇 아류작들이 있지만, 『중국고대사회』는 아직까지 이와 비슷한 저작이 나온 적이 없습니다. 어째서일까요? 이 책은 문자학의 범주에서 벗어나 인류학과 고고학을 결합시키고 여기에다 문헌과 기물과 고고학 자료들로 보충하여, 이미 일반인들이 쉽게 따라할 수 있는 수준이 아니었기 때문입니다.

이번에 허진웅 교수는 관점을 새로이 바꿔, 직접 한자 자체를 주인공으로 한 『유래를 품은 한자』 시리즈를 통해 독자와 다시 만납니다. 일곱 권이 한 세트로 된 이번 시리즈는 '한 권이 하나의 주제'로 되어 있으며, 독자를 '각 글자들이 담고 있는 세계'로 데려다 주어 옛 사람들이 글자를 만든 지혜를 보고 한자 뒤에 숨겨진 문화의 빛을 보게 합니다.

옛 사람들은 글자를 만들면서 그 글자에 대한 설명을 남기지 않았기 때문에, 후대 사람들은 글자를 보고 각자의 능력에 따라 그 어원을 되짚을 수밖에 없었습니다. 허진웅 교수의 장점은 일찍이 박물관에 재직하면서 갑골을 직접 정리하고 탁본한 경험을 가지고 있다는 점입니다. 이로 인해, 그는 고서를 통해서 옛것을 고증하는 일반 문자학자의 훈고학 틀을 벗어날 수 있었습니다. 또한 그는 박물관에서 넓힌 시야를 통해, 신중하게 증거를 찾는 능력과 대담하게 가정하는 용기를 갖게 되었습니다. 이 부분이 제가 가장 존경하는 부분입니다.

예를 들어, 그는 갑골을 불로 지지기 위해 판 홈인 찬조 형태를 가지고 복사의 시기를 알아내었고, 갑골문과 쟁기의 재질을 통해 상나라 때 이미 소로 밭을 가는 우경이 이루어졌음을 밝혀내었습니다. 또 기후의 변화로 인해 코끼리나 코뿔소나 해태와 같은 동물들이 중국에서 자취를 감추게 된

원인도 해석하였습니다. 거(去,)자를 '대변을 보는 것'에서 영감을 얻어 만들었다고 해석한 것은 사람들의 눈을 번쩍 뜨이게 하는 부분입니다. 그래서 이 시리즈는 진부한 말들을 나열한 것이 아니라 '허진웅 교수만의 특색'이 담긴 책인 것입니다.

한자학을 모른다 해도, 갑골문을 보면 흥미가 일어납니다. 사람이 성장하듯 한자도 성장합니다. 성장한 한자는 어릴 때와는 많이 다릅니다. 예를 들어, 위(爲)자는 원래 사람이 코끼리의 코를 끌고 있는 모습( )으로, '하다'라는 뜻을 가지고 있습니다(나무를 옮기러 가야 했을 것입니다). 축(畜: 가축)자는 의외로 동물의 창자와 위의 모습( )인데, 우리가 평소에 먹는 내장은 모두 가축으로 기른 동물에서 나온 것이기 때문에 이런 뜻을 갖게 되었습니다. 금문에서 함(函,)자는 밀봉한 주머니에 화살을 거꾸로 넣은 모습이기에, 이로써 '포함하다'라는 의미가 생겼습니다. 이러한 것들은 사람들에게 '한자의 어린 시절을 보는'듯하여 놀랍고도 기쁜 마음과 큰 깨달음을 안겨 줍니다.

이 시리즈에 수록된 모든 한자들에는 갑골문이나 금문의 자형들이 나열되어 있어, 마치 한자의 그림판을 보는 것 같습니다. 예를 들어 록(鹿)자는 한 무리가 줄지어 서 있는 모습인데 보기만 해도 정말 귀엽습니다. 또 어떤 글자는 해서체는 익숙하지 않다 해도, 갑골문이 상당히 흥미로운 경우가 있습니다. 바로 공(龏)자가 그렇습니다. 이 글자는 거의 아는 사람이 없을 것입니다. 그런데 이 글자의 금문 자형을 보면 '두 손으로 용을 받쳐 들고 있는 모습'으로 신비롭고 환상적이기까지 합니다. 이러한 글자들이 많기 때문에, 이들의 갑골문을 보는 것만으로도 독특한 경험이 될 것입니다.

저도 최근 몇 년 동안 흥미로운 한자들을 정리하여 어린 독자들에게 소개하기 시작했습니다. 언제나 제 책상머리에 있는 책이 바로 허진웅 교수의 책이었습니다. 비록 어떤 뜻풀이에 관한 지식이 저에게는 '흰 것은 종이요, 검은 것은 글자'처럼 어렵기도 하지만, 글자를 만드는 창의성과 그 속에 내포된 문화를 보는 재미를 방해하진 못했습니다.

한자는 중국문화의 유전자로, 『유래를 품은 한자』 시리즈는 대중을 향한 유전자은행이라고 할 만합니다. 일찍이 진인각(陳寅恪) 선생께서는 "글자 하나를 해석하는 것은 한 편의 문화사를 쓰는 것이다."라고 하였는데, 이 시리즈가 바로 이 말의 발현이자 예시라고 하겠습니다.

서문

한자의 변화에는 관찰할 수 있는 흔적이 숨어 있다.
한자의 융통성과 공시성(共時性)

허진웅(許進雄)

캐나다의 온타리오 왕립 박물관에서 은퇴한 후 대만으로 다시 돌아와 대학의 중국학과에서 강의를 했는데 사실은 이미 은퇴한 상태였습니다. 원래는 먹고 노는 재밋거리로 시작하였기에 아무런 스트레스도 없었습니다. 그런데 필자의 친구인 황계방(黃啟方) 교수가 뜻하지도 않게 필자를 『청춘공화국』이라는 잡지에 추천하여 한자에 담긴 창의적 생각을 매월 한 편씩의 글로 쓰게 하였는데, 바로 청소년들을 대상으로 한 것이었습니다. 원래는 이 일이 매우 간단하고 쉬운 일일 줄로 알았습니다. 그러나 몇 편의 글이 나가자 생각지도 않았는데 풍(馮) 회장께서 같은 성격의 대중적인 한자학 총서를 저술하여 고대한자와 관련 사회적 배경을 범주별로 소개하자고 제안했습니다.

필자는 일찍이 『중국고대사회』(한국어 번역판, 홍희 역, 동문선, 1991)를 출판한 적이 있는데, 이 또한 한자를 관련 주제와 범주로 나누어 고대 중국사회의 몇몇 현상에 대해 토론하고, 관련 고대 인물을 소개하였기에, 이를 바탕으로 새로운 자료를 추가하고 재결합한다면 기대에 대체로 부응할 수 있을 것이라고 생각했습니다. 그래서 선뜻 동의해버렸습니다. 지금 그 첫 번째 책이 완성되었으므로, 이 기회를 빌려 '한자가 갖고 있는 융통성과 공시성'을 이 책을 읽기 위한 지침으로 활용하고자 합니다.

중국은 아주 이른 시기부터 문자를 가지고 있었는데, 처음에는 대나무 찌와 같은 죽간(竹簡)을 일반적인 서사 도구로 사용했습니다. 그러나 죽간은 오랜 세월 동안 땅속에서 보존되기가 쉽지 않기에 발견될 때 이미 부식되고 썩어버렸습니다. 그래서 지금 볼 수 있는 것들은 거북이 껍질 또는 짐승의 견갑골(어깻죽지 뼈)에 새겨진 갑골문이나 일부 주조된 청동기에 새겨진 명문들과 같이 모두가 잘 썩지 않는 재료들입니다. 갑골문자가 절대 다수를 차지하기 때문에 모두 갑골문이라는 이름으로 상 왕조의 문자를 통칭합니다. 상 왕조의 갑골문의 중요성은 하나는 그 시기가 이르다는 것이고, 또 수량이 많아서 한자의 창의성을 탐구하는 데 없어서는 안 될 재료라는 데 있습니다. 이와 동시에, 그것들은 상 왕실의 점복 기록으로, 상나라 왕 개인은 물론이고 나라를 다스리면서 마주했던 여러 가지 문제를 포함하고 있기에, 상나라 최고 정치 결정과 관련된 진귀한 제1차 사료입니다.

상 왕조의 갑골문에서 한자의 자형 구조는 그림의 단순성, 필획의 수 또는 구성성분의 배치에 국한되지 않고 의미의 표현에 중점을 두었습니다. 그래서 자형의 변이체가 다양하게 존재합니다. 예컨대, 물고기를 잡는다는 뜻의 어(魚)자를 갑골문에서는 ❶(물속에서 물고기가 헤엄치는 모습), ❷(낚싯줄로 물고기를 낚는 모습), ❸(그물로 물고기를 잡는 모습) 등 창의적 모습으로 다양하게 표현되고 있습니다.

또 다른 예로는, 출산을 뜻하는 육(毓)(=育)자의 경우, 갑골문에서 두 가지 다른 독창적 인 구조가 보입니다. 하나는 임산부가 피를 흘리는 아기를 낳는 모습이고❹, 다른 하나는 아기가 이미 자궁 밖으로 나온 모습입니다. 앞의 자형의 경우, 어머니는 머리에 뼈로 만든 비녀를 꽂았는지 그러지 않았는지의 차이가 있습니다. 심지어 대대적으로 생략하여 여성이 남성처럼 보이는 모습으로 되기도 했으며, 심한 경우에는 아이를 낳는 여성을 아예 생략해 버린 경우도 있고, 또 어떤 경우에는 한 손으로 옷을 잡고서 신생아를 감싸는 모습이 그려지기도 했습니다.

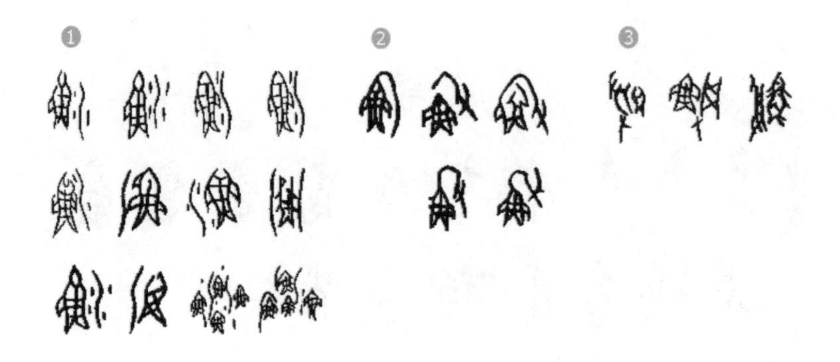

게다가 아기가 자궁 밖으로 미끄러지는 자형의 경우, 두 가지의 위치 변화가 존재합니다. 설사 육(毓)(=育)자의 자형에 많은 변화가 있었지만 육(毓)(=育)자가 표현한 창의성을 이해한다면 이 이체자들에 대한 이해도 가능합니다.

갑골문은 절대 다수가 칼로 새긴 것이기 때문에, 필획이 칼의 작동에 영향을 받아서 둥근 필획은 종종 네모나 다각형의 모양으로 새겨집니다. 이 때문에 청동기의 명문이 그림에 가까운 것만큼 흥미롭지는 않습니다. 예컨대, 어(魚)자의 경우, 초기 금문의 자형이 갑골문보다 훨씬 사실적입니다❺. 상 왕조 시대의 갑골문자는 2백여 년 동안의 상나라 왕실의 점복 기록입니다. 그래서 사용 환경과 장소가 제한적이며 전용 기관도 존재했습니다. 그 때문에 각 시대의 서체 스타일 특성은 비교적 쉽게 이해할 수 있습니다. 그리고 시기 구분에 대한 엄격한 표준도 이미 마련되었기에 각각의 갑골 편에 대한 시대를 결정하는 것은 어렵지 않습니다. 이러한 점은 한자의 변화 추이와 제도 및 관습의 진화 등과 같은 다양한 문제의 탐구에 매우 편리하고 유익합니다.

❹

❺

모든 민족의 언어는 줄곧 천천히 변화해 왔습니다. 알파벳 체계를 사용하는 문자의 경우 종종 언어의 변화를 반영하기 위해 철자법을 변경하는 바람에 고대부터 현대에 이르기까지 언어의 여러 단계가 전혀 관계없는 완전히 다른 언어처럼 보이게 되었습니다. 발음의 변화는 개별 어휘에 반영될 뿐만 아니라 때때로 문법 구조를 변화시키기 때문에, 같은 언어 체계의 여러 방언이 의사소통을 할 수 없을 정도로 완전히 다른 경우도 있습니다. 그래서 특별한 훈련 없이는 100년 이전의 문자도 전혀 이해할 수가 없습니다. 그러나 중국의 한자는 설사 글자와 어휘의 발음과 외형이 크게 바뀌었지만 수천 년 전의 문서라 하더라도 그것을 읽는 것은 어렵지 않는데, 이것이 한자의 큰 특징 중의 하나입니다. 이러한 특징은 고대 중국 문화 탐색에 관심 있는 사람들에게 큰 편의를 제공해 줍니다.

서구 사회가 알파벳의 길을 택한 것에는 응당 그 언어의 본질에 영향을 받았을 것입니다. 서구 언어는 다음절 시스템에 속하여 몇 가지 간단한 음절을 조합하여 다양한 의미의 어휘를 쉽게 만들 수 있습니다. 음절이 많고 가능한 조합이 다양하기 때문에 여러 음절을 사용하여 오해 없이 정확한 의미를 표현할 수 있습니다. 이것이 서구어의 장점이자 편리한 점입니다. 그러나 중국어는 단음절에 치중되어 있어 말할 수 있는 음절이 제한되어 있습니다. 만약 많은 단음절 음표 기호로써 의미를 표현할 경우 의미 혼동의 문제에 직면하기 때문에, 오늘날 같이 알파벳의 길을 걷지 않고 의미 표현 형태로 발전할 수밖에 없었습니다.

한자는 의미를 표현하기 위해 음성 기호를 사용하지 않기 때문에 문자 모양의 변화는 언어의 진화와 직접적으로 관련이 없습니다. 예를 들어, 대(大)자를 진(秦)나라 이전 시대에는 /dar/로, 당송 왕조에서는 /dai/로 읽었으며, 오늘날의 표준어에서는 /da/로 읽습니다. 또 목(木)자의 경우, 진(秦) 이전 시대에는 /mewk/으로 읽었고, 당송 왕조 시기에는 /muk/처럼 읽혔고, 오늘날에는 /mu/로 읽힙니다.

글자 형태의 경우, 옛날을 뜻하는 석(昔)자의 경우, 갑골문에서는 ❻과 같이 표현했는데, 홍수를 걱정거리로 생각하던 시절이 이미 '지난날'의 일이 되었다는 의미입니다. 상나라 후기에 이르면 홍수를 제어하는 기술이 향상되어 홍수가 더 이상 주요 재난이 아니게 되었으므로, 석(昔)이 과거의 시간대를 표현하는 데 사용되었던 것입니다.

주나라 때의 금문(金文)의 경우에도 자형에 ❼처럼 다양한 이미지가 표현되고 있습니다. 진(秦) 왕조에서 한자는 통일되었고, 소전(小篆)이라는 고정된 자형이 등장했습니다. 한 왕조 이후에는 더욱 진일보하게 필세를 바꾸어 예서(隸書)와 해서(楷書) 등이 등장하여 지금의 석(昔)자가 되었습니다.

수천 년 동안 한자는 그림과 같은 상형 문자에서 지금처럼의 매우 추상적인 구조로 진화했지만, 자형의 진화는 추적 가능하고 약간의 훈련만으로도 인식할 수가 있습니다. 융통성과 동기화(공시성)는 한자의 가장 큰 특징입니다. 개별 한자에는 수천 년에 걸친 글자 형태에 대한 모든 종류의 변화가 포함되어 있을 뿐만 아니라, 수천 년 동안 각기 다른 시대와 다른 지역에서 존재했던 다양한 독음 정보도 내포되어 있습니다. 약간의 연구만으로, 우리는 상 왕조 이래로 3천년 이상 이어진 문헌을 읽어 낼 수 있을 뿐만 아니라, 당(唐)나라에서 단어가 그것들이 어떻게 발음되었던 지에 관계없이 그들이 쓴 시를 이해할 수 있습니다.

마찬가지로, 다른 지역의 방언은 서로 대화할 수 없었지만, 그 시대의 문자 이미지는 일치했었기 때문에 글을 써서 서로 소통할 수 있었습니다. 중국의 영토가 그렇게 넓고, 지역도 종종 큰 산과 강으로 격리되어 있으며, 인종도 매우 복잡하지만, 공감하고 식별 가능한 그룹으로 통합될 수 있었는데, 이러한 특별한 언어적 특성이 그것의 중요한 요소임에 분명합니다. 한자는 겉보기에는 매우 복잡하고 배우기 쉽지 않은 것으로 보이지만 실제로는 한자를 만들 때 비슷한 방식으로 유추할 수 있는 규칙이 존재하며 일관된 논리를 가지고 있으므로 억지로 외울 필요가 없습니다. 특히 한자의 구조는 끊임없이 변화하고 있으며 필획은 우아하고 아름다우며 스타일은 독특하기 때문에, 알파벳 필기 시스템의 문화와 비교할 수없는 높은 수준의 독특한 서예 예술을 형성하기도 했습니다.

세계의 오래된 고대 문명에 존재하는 표의문자는 그 시대의 사회적 모습을 이해할 수 있게 해줍니다. 이러한 문자들은 회화성이 매우 강하기 때문에 당시에 존재했던 동물과 식물뿐만 아니라 사용된 도구에 대해서도 정보를 제공해줄 뿐 아니라, 종종 문자를 만들 당시의 구상과 이를 통해 의미를 표현하고자 했던 사물의 정보를 엿볼 수 있게 해 줍니다. 한 글자의 진화 과정을 추적할 때 때로는 고대 기물의 사용 정황, 풍속과 관습, 중요한 사회 시스템, 가치 개념과 공예의 진화 등과 같은 여러 가지 흔적을 살펴볼 수 있습니다. 서구의 초기 문자에서는 음절로 언어를 표현하는데 편중되었기 때문에 이미지로 표현한 글자가 매우 적습니다. 이 때문에 고대 사회의 동태를 탐구하는 데 사용할 수 있는 자료가 거의 없습니다. 그러나 중국의 경우 언어의 주체가 단음절이므로 동음어 간의 혼동을 피하기 위해 이미지를 통해 추상적인 개념을 표현했고, 생활의 경험과 연관성을 사용하여 문자를 만드는 데 최선을 다했습니다. 이 때문에 한 글자의 창의성을 이해하기만 하면 글자 창조 당시의 사회적 배경과 삶의 경험을 어느 정도까지는 이해할 수 있습니다.

제1부

도구의 발명

제1부
도구의 발명
문명의 도약을 이끌다

인간은 신체적 능력이 동물들보다 훨씬 떨어지지만 동물을 통제하고 식물을 개량하고 휘황찬란한 문화를 창조해낼 수 있다. 가장 중요한 이유는 인간이 재주 많은 두 손을 가지고 있어서 도구를 만들 수 있기 때문이다. 도구의 도움으로 인간은 신체적 능력을 뛰어넘는 일에 종사하면서 원료가 더 높은 효과를 발휘하도록 하면서 모든 측면에서 삶의 질을 향상시킬 수 있다. 생활수준의 향상은 거꾸로 도구의 개량을 자극한다. 결과적으로 도구가 더 정교해질수록 생활은 더 좋아지고 문명의 정도도 나날이 향상된다.

인간은 무지한 단계에서 점진적으로 조직화된 문명사회로 진화하였는데, 이는 수많은 사람들의 노동력과 경험이 장기적으로 점진적으로 누적되고 발전된 결과임을 부인할 수 없다. 그러나 그들 중 일부 사람들은 지능이 비교적 높아 발명의 단서들을 제공하였고 다른 사람들이 그 발자취를 따라갈 수 있게 함으로서 문명이 진일보 발전할 수 있게 했다. 그래서 고대역사 첫 단계의 영웅은 모두 도구를 발명창조한 사람들이다.

전국시대 말기의 『고공기(考工記)』에는 다음과 같은 기록이 있다.

"지혜가 있는 사람은 물건을 발명하였고 재주가 있는 사람은 그것을 발전시키고 보존하였는데 세상 사람들은 그들을 '공(工: 장인)'이라고 존중하여 불렀다. 백 가지 작품은 모두 성인들이 만든 것이다. 쇠를 녹여서 칼날을 만들었고, 진흙을 이겨 기물을 만들었고, 수레를 만들어 육로를 여행하고, 배를 만들어 물길을 다녔다. 이 모든 것이 성인들이 만든 작품들이다.(知者創物, 巧者述之·守之, 世謂之工. 百工之事, 皆聖人之作也. 鑠金以為刃, 凝土以為器, 作車以行陸, 作舟以行水, 此皆聖人之所作也."

이처럼 성인들은 사람들의 삶을 향상시킬 수 있는 다양한 노동 방법과 기물을 연이어 발명했으며 나중에 국가 조직을 설립하는 데 필요한 물질적 기반을 제공했다.

001 성인 성

聖

shèng

갑골문 성(聖)자❶의 자형은 큰 귀( )를 가진 한 사람( )이 입( )의 옆에 있는 모습이다. 이 글자는 이 사람이 밝은 청력을 가지고 있어서 입으로 내는 소리를 변별할 수 있음을 나타낸 것이다.

상고시기 사람들은 수렵으로 생업을 유지하고 있었기 때문에 예민한 청력은 목숨을 지키고 수렵을 통해 음식물을 취하는 데 있어서 중요한 부분이었다. 청력을 통해 효과적으로 산짐승이 출몰하는 장소와 시간을 정찰할 수 있다면 수렵효과는 자연스럽게 향상되었을 것이고 이로 인해 사람들이 믿고 따르는 지도자가 되기에 수월했던 것이다.

인류사회가 더욱 발전한 시기가 되자, 이 입은 신의 지시를 의미하는 것으로 바뀌었다. 신비하고 불가사의한 사물로 가득한 시대에서는 신령들과 의사소통을 하면서 신령들로부터 행운을 좇고 불행을 피하는 지시를 받는다는 것은 생활을 보장받을 수 있는 중요한 부분이었기 때문이다.

❶

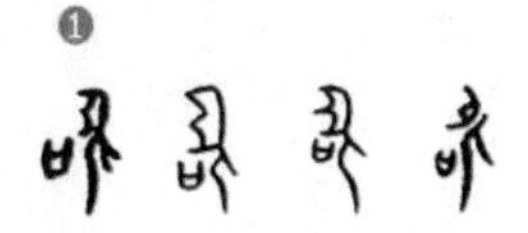

일반 사람들은 신령이 보내는 무형의 지시를 들을 수 없다. 그런데 누군가가 이러한 능력을 가지고 있다면 당연히 모두가 신뢰하고 옹호하며 지지하는 지도자 감이었을 것이다. 따라서 '성(聖)'자의 최초 의미는 재능이 평범한 사람들을 훨씬 능가하는 사람을 가리키는 것이었다. 다시 말해서, 사회에 복을 가져다 줄 수 있는 사람은 모두 성인이라고 할 수 있었던 것이다.

금문 자형 ❷를 보면 이때부터 인체 부위가 변하기 시작하였다. 먼저 인(人)자 아래에 평평한 선을 추가하여 땅을 표현하였고, 이어서 사람의 몸통에 장식으로 작은 점을 하나 추가하였다. 그리고 또 그 작은 점을 연장하여 평평한 필획으로 만들었으며, 나중에는 몸통과 귀를 분리하였다. 따라서 『설문해자』에서는 "성( )은 '통하다'는 뜻이다. 이(耳)가 의미부이고, 정(呈)이 소리부이다.(, 通也. 从耳, 呈聲.)" 라고 풀이하였다. 허신은 성(聖)자를 형성자로 잘못 알고서 몸통과 입을 결합하여 정(呈)자로 만들었으며, 그리하여 소리부가 정(呈)이라고 해석했던 것이다.

중국인들에게서 성인이란 원래 인류 문명에 아주 큰 공헌을 한 지도자들을 뜻한다. 중국 문화 발전에 지대한 영향을 미쳤던 공자가 등장하기 전까지는 정치 지도자로서의 권위가 없어도 많은 추앙을 받으면 '성인'으로 존칭하였다. 공자 때부터 성인에 대한 사람들의 기준이 조금 바뀌었는데, 인품이 고상한 어진 사람이야말로 인생의 최고 경지라고 인식하게 되었다. 기물을 창조한 지혜로운 사람[智者]과 정치 조직의 지배자[霸者]는 더 이상 성인으로 간주되지 않았다.

❷

002 들을 청

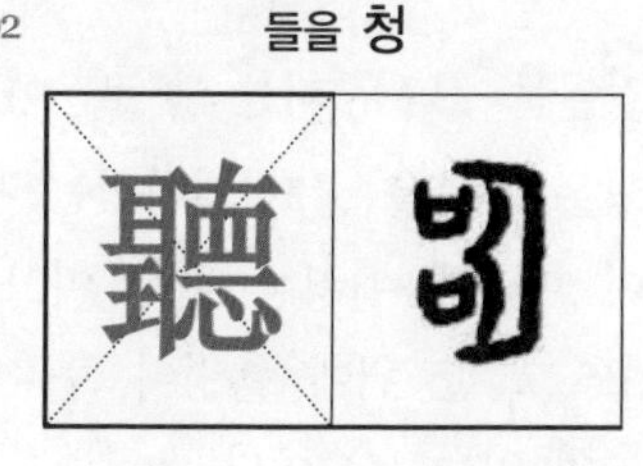

ting

갑골문 청(聽)자❶는 비교적 이른 시기의 자형이며, 한쪽 귀 옆에 한 두 개의 입이 있는 모습이다.

사람은 입이 하나 밖에 없기 때문에 이 글자는 군중들이 하는 말을 들을 수 있다는 것을 표현한 것으로, 어떤 특정인의 특별한 재능이 아닌 일반인들이 모두 가지고 있는 청각이라는 의미를 나타낸다. 나중에는 입이 하나만 있어도 청각이라는 의미를 표현하기에 충분하다고 여겨 단순화하여 입 구(口)자를 하나 생략했다.

금문에 이르러 자형은 점점 복잡해지기 시작했다. ❷는 갑골문에 비해 부호가 두 개 더 많아졌는데, 하나는 사람의 몸통으로, 성(聖)자의 좌측 형태와 닮았고, 다른 하나는 고(古)자인 古를 닮았는데, 소리부로 사용된 것은 아니지만 그것이 나타내는 정확한 의미를 알 수는 없다. 결국 이 고(古)자는 변화하여 덕(悳)자 모습이 되었다. 그리하여 『설문해자』에서는 "청(聽)은 '경청하다'는 뜻이다. 이(耳)와 덕(悳)이 의미부이고 정(壬)이 소리부이다.(聽, 聆也. 从耳悳, 壬聲.)"라고 풀이했는데, 이는 몸통의 '정(壬)'자를 잘못 분리하여 청(聽)자의 소리부로 삼은 것이다.

❶

❷

003 **요 임금 요/높을 요**

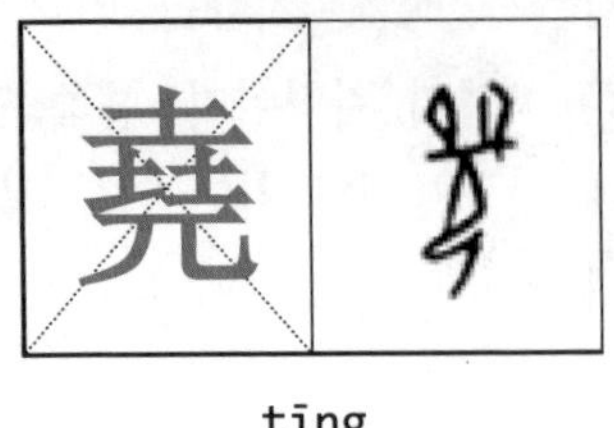

tīng

갑골문 요(堯)자는 로, 이 자형은 무릎을 꿇고 앉아있는 사람이 머리에 평평한 판을 이고 있고 그 판 위에 흙덩이 두 개가 놓여 있는 모습이다.

한자는 종종 '위에 1개, 아래에 2개'의 중첩된 형식으로 어떤 물건의 많은 양을 표현한다. 따라서 이 글자는 나중에 인(人)자 위에 토(土)자가 3개 놓여있는 배열로 변화하였다.

『설문해자』에서는 요(堯)자에 대해 이렇게 풀이했다.

> "요( )는 높이 쌓인 흙의 모양이다. 3개의 토(土)로 구성되었다. 요(垚) 부수에 속하는 글자들은 모두 요(垚)가 의미부이다.(, 土高貌. 从三土. 凡垚 窯之屬皆从垚.)"

또 이렇게 말했다.

> "요( )는 '높다'는 뜻이다. 요(垚)가 올(兀) 위에 있는 모습이며, '높고 멀다'는 뜻이다. 는 요(堯)의 고문체이다.(, 高也. 从垚在兀上, 高遠也. , 古文堯.)"

요(垚)와 요(堯)의 의미로부터 요(堯)자의 본래 의미를 추측할 수 있는데, 바로 '어떤 사람이 타고난 힘을 가지고 있다'는 뜻이다. 보통 사람들은 머리에 나무판을 이고 흙을 운반할 때 흙덩이를 한 개만 운반할 수 있지만 이 사람은 두 개(여러 개를 나타냄)를 운반할 수 있음으로 표현했기 때문이다.

인류사회의 첫 번째 단계는 모두가 평등한 사회로, 개인 체력의 우월성을 중요시한다. 따라서 요(堯)자의 본래 의미와 성(聖)자의 본래 의미는 비슷하다고 볼 수 있다. 즉, 어떤 사람의 체력이 뛰어나서 다른 사람들보다 더욱 많은 성과를 내었고 다른 사람들이 의지하게 되어 지도자가 되었음을 표현했다는 것이다. 요임금은 중국 전설 중의 네 번째 제왕으로, 어쩌면 그가 바로 특별히 건장하고 힘이 세서 왕이 된 사람일 수도 있다.

004 **어질 현**

賢

xián

금문 현(賢)자❶에는 4개의 자형이 나타나는데, 글자 구조를 보면 패(貝,)(目은 貝자를 잘못 간화하여 쓴 글자임) 또는 자(子,)로 구성된 형성자인 듯하다. 의미부로 쓰인 패(貝)자의 중심의미는 재물이고, 또 다른 의미부 자(子)자의 중심의미는 인재이다.

『설문해자』에서는 현(賢)자에 대해 이렇게 풀이했다. "현()은 '재능이 많다'는 뜻이다. 패(貝)가 의미부이고, 간(臤)이 소리부이다.(, 多才也. 从貝, 臤聲.)" 또 이렇게 말했다. "간()은 '단단하다'는 뜻이다. 우(又)가 의미부이고, 신(臣)이 소리부이다. 간(臤) 부수에 속하는 글자는 모두 간(臤)이 의미부이다. 갱장(鏗鏘)이라고 할 때의 갱(鏗)처럼 읽는다. 고문체에서는 현(賢)자로 여긴다.(, 堅也. 从又, 臣聲. 凡臤之屬皆从臤. 讀若鏗鏘之鏗. 古文以為賢字.)"

여기에서 간(臤)자는 현(賢)자의 원시형태이고 그래서 고문체에서는 현(賢)자로 사용되었다는 것을 알 수 있다. 『설문해자』에서 간(臤)자를 우(又)가 의미부이고 신(臣)이 소리부라고 설명하고 있는데, 이것은 틀린 것이다. 왜냐하면 두 글자의 운부(韻部)가 달라서 형성자의 규칙에 부합되지 않기 때문이다. 간(臤)자는 표의자임이 틀림없다.

❶

신(臣,)자의 본래 의미는 『유래를 품은 한자』 제2권 '전쟁과 형벌'에서 이미 소개한 바 있다. 세로로 놓은 눈의 형상은 신하 또는 범죄자가 고위관리를 면회할 때 들고 있는 고개에서 눈의 위치를 그린 것이므로 범죄자 또는 하급 관리를 나타낸다.

노(奴,)자의 구조를 다시 살펴보면 한 여자 옆에 통제하는 손이 하나 있는 모습인데, 노(奴)는 노예를 통제하는 능력을 가지고 있음을 나타낸다는 것을 알 수 있다. 노예를 효과적으로 통제하면서 생산 활동을 하려면 효과적인 관리제도가 필요하다. 사람들을 통제하고 관리하는 수단의 발달은 국가 조직의 조기 완성을 촉발하였다. 개개인의 작업 능력은 제한적이지만 만일 다수의 인력을 합쳐 물건 생산이나 대규모 공정을 진행시킨다면 사회에 미치는 영향이 클 것이며, 비로소 사회 전체의 능력이 향상되어 인류는 계급 구별이 있는 단계에 진입하게 될 수 있었을 것이다.

성(聖)자는 인류 사회 조직의 첫 단계를 나타낸다. 개인의 타고난 능력에 의존하여 물건을 만든다면 완성되는 양은 그리 많지 않을 것이다. 현(賢)자는 더 높은 수준의 능력과 효과를 나타낸다. 누군가가 많은 인력을 조직하고 통제할 수 있는 능력을 가지고 있다면 생산량은 대폭 증가할 수 있을 것이다. 한편, 문자 변천의 일반적인 추세는 더 적은 필획을 사용하는 의미부로 더 많은 필획을 사용하는 의미부를 대체하는 것이다. 무슨 이유인지는 모르겠으나 자(子)로 구성된 현(賢)자가 상대적으로 늦게 나타났지만 오히려 살아남지는 못했다. 어쩌면 그 후 상업이 발달하고 돈 있는 사람들의 사회적 지위가 높아져서 통화 거래에서 사용되는 패(貝)를 선택하여 현명하고 사리에 밝은 사람의 표준으로 삼았을 수도 있다. 성(聖)과 현(賢)은 모두 평범한 사람을 넘어서는 능력을 가진 사람을 나타내기 때문에 결합하여 합성어인 '성현'이 되었다.

005 재주 재

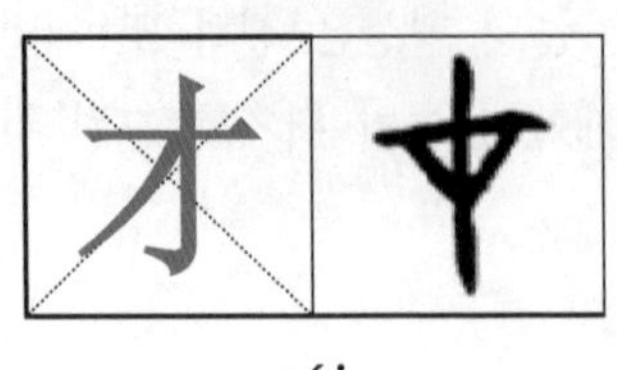

재(才)자의 뜻도 일처리 능력이 일반 사람들보다 높은 사람을 가리킨다. 갑골문 재(才)자❶는 형태와 구조가 너무 단순하여 글자의 본래 의미를 추측하기 어려워 어떤 특정한 기물의 형상 같다는 정도로만 추측이 가능하다.

이 글자의 특징은 물체의 아랫부분이 날카롭다는 것이다. 재(才)자는 장소를 나타내는 지시사로도 사용되는데, 이 기물을 어디서 어떻게 사용하는지와 관련이 있을 수 있다. 재(才)자의 갑골문 자형 중, 한 자형은 한 손으로 재(才)를 들고 있는 모습이다. 재(才)자는 어떤 표지물이며, 발로 밟아 땅에 박아놓고 상당한 주의가 필요한 어떤 지점을 나타내는 것일 수 있다.

『유래를 품은 한자』 제4권 '일상생활(2) 주거와 이동'에서 도로 건설과 관련된 덕(德)자를 소개한 적이 있는데, 덕(德)자는 도로를 직선으로 건설할 수 있는 능력을 나타냈다. 두 도시 사이의 도로를 직선으로 만들어 거마(車馬)가 달리기 편리하도록 하려면 도로 방향의 각도를 정확하게 파악해야 하며, 이를 위한 측량학(測量學)은 반드시 지녀야 할 능력이었다.

❶

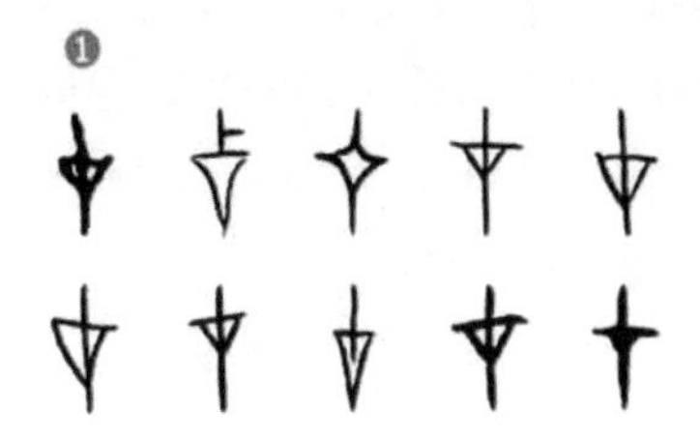

또한 집을 지을 때 기둥이 지면에 똑바로 세워져 있어야만 비로소 대들보와 지붕의 무게를 지탱할 수 있다. 그렇지 않으면 기울어진 집은 쉽게 무너진다. 이때 기둥이 세워진 각도를 측정하는 데 가장 일반적으로 사용되는 방법은 삼각추를 실 아래에 묶고 실을 자연스럽게 드리우는 것이었는데, 이렇게 하면 90도의 수직각을 얻을 수 있었다. 재(才)자는 삼각추의 모습일 것이다. 삼각추는 각도 측정에 없어서는 안 될 필수 도구였기 때문에 나중에 차용되어 '인재'나 '정점'을 나타냈을 것이다.

금문 자형 ❷를 보면 일부는 한쪽의 필획이 사라진 才로 잘못 변화하였는데 이 자형은 소전 자형의 근원이다. 『설문해자』에서는 재(才)자에 대해 이렇게 풀이했다. "재(才)는 '초목의 처음 자란 모습'이라는 뜻이다. 곤(丨) 위로 가로획[一]이 관통한 모습이다. 곧 가지와 잎이 자라날 것임을 그렸다. 가로획[一]은 땅을 말한다. 재(才) 부수에 속하는 글자들은 모두 재(才)가 의미부이다.(才, 草木之初也. 从丨上貫一. 將生枝葉. 一, 地也. 凡才之屬皆从才.)"

갑골문과 금문의 자형 비교를 통해 이 해석이 분명히 잘못되었다는 것을 알 수 있다. 재(才)자는 어떤 기물의 형상인데, 차용되어 사용할 능력을 가가진 사람을 나타낸 것일 수 있다. 나중에 재(才)자 아래에 토(土)자를 추가해 재(在)자가 되었는데, 인재(人才)의 재(才)자와 구별된다. 이것 또한 재(才)자가 흙에 꽂아서 사용하는 물건이기 때문에 의미를 더 명확하게 만들기 위해 토(土)를 추가했을 수 있다.

❷

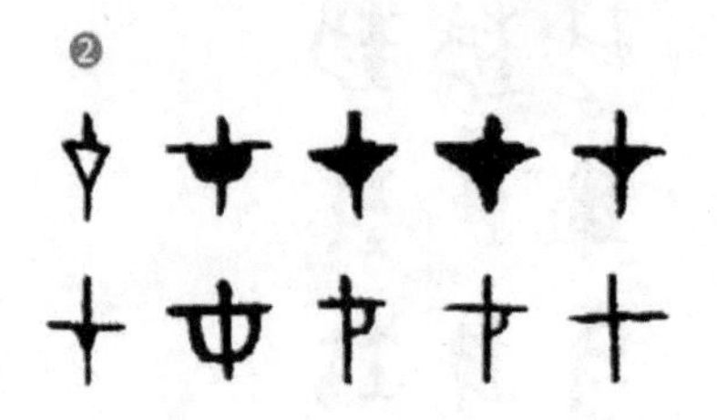

006 재주 예, 심을 예

藝 yì

재능은 자주 사용되는 합성어이다. 예(藝)자의 초기 형태는 예(埶)이다. 갑골문 예(藝)자❶는 무릎을 꿇고 앉아있는 사람으로, 양손에 나무 묘목을 들고 있는 모습이다.

무릎을 꿇고 앉는 것은 실내에서의 귀족들이 앉던 자세이고, 심는 행위는 야외에서 하는 일이다. 땅에 나무 묘목을 심을 때 땅에 무릎을 꿇고 하고, 그 외에는 서서 심는 일을 한다. 나무 묘목은 너무 작아서 서서 심을 수 없으므로 무릎을 꿇거나 쪼그리고 앉는 자세를 취해야만 했던 것이다.

금문 자형 ❷를 보면, 묘목은 땅에 심어야 하기 때문에 묘목 아래에 흙을 나타내는 기호 ⊥를 추가하여 심는 의미를 더욱 명확하게 하였다. 이어서 묘목과 흙 토(土)를 연결하여 묘목의 형태를 알아보기 어렵게 만들었다.

❶

❷

『설문해자』에서는 예(藝)자에 대해 이렇게 풀이했다. "예(埶)는 '심다'는 뜻이다. 극(丮)과 육(坴)으로 구성되었는데, 극(丮)은 손에 쥐고 심는 것을 나타낸다. 『시경』에서 '나는 기장과 피를 심는 일에 열중하리라.'라고 하였다.(埶, 種也. 从丮·坴. 丮, 持種之. 詩曰: 我埶黍稷." 또 이렇게 말했다. "육(坴)은 '흙덩어리가 아주 크다'는 뜻이다. 토(土)가 의미부이고, 록(圥)이 소리부이다. 축(逐)처럼 읽는다. 일설에는 육양(坴梁: 지명)을 가리킨다고도 한다.(坴, 土塊坴坴也. 从土, 圥聲. 讀若逐. 一曰坴梁.)"

여기에서는 자형에 묘목이 보이지 않는다. 이 글자의 구조는 그렇게 간단하지 않다. 아마도 소전의 자형이 이미 잘못 변하여 초목의 모습이 보이지 않기 때문에 식물을 대표하는 기호인 초(艸)를 추가하였고, 나중에 소리부인 운(云)을 추가하여 지금의 예(藝)자가 되었을 것이다. 식물은 사람들의 삶에 없어서는 안 될 필수 요소이며 과일과 채소는 음식물의 출처이며 나무는 도구와 무기를 만드는 재료이다. 사람들이 필요로 하는 식물은 어디에서나 구할 수 있는 것이 아니며 일부러 심어야 하며 접목, 비료 주기, 물주기, 구충, 토양, 기후 등의 전문 지식을 알아야 한다. 되는대로 대충 해서 잘할 수 있는 일이 아니다.

공예(工藝)도 자주 쓰는 합성어이다. 공(工)은 기술을 가진 사람을, 예(藝)는 장인[工]이 가지고 있는 기술을 가리킨다. 공(工)자는 제2권 『전쟁과 형벌』에서 소개 된 글자로, 음률을 조절하여 맞추기 위해 악공들이 매달아 놓은 석경(石磬) 모습이다. 귀신을 가르침의 수단으로 삼던 고대에서 음악은 귀신을 부를 수 있고 그 보호를 받을 수 있는, 신기한 힘을 가지로 있는 존재로 여겨졌다. 음악은 고대에서는 중요한 정치 행사였고, 악사는 제사에 참여할 수 있는 몇 안 되는 사람 중 하나였으며 신분이 높았고 심지어 일반 관료보다도 높았다. 나중에 음악은 점차 사람들을 즐겁게 하기 위한 프로그램으로 변하였고, 그 직업에 종사하는 사람들의 수가 늘어나자 신비감도 사라졌고 지위도 낮아졌다.

007 **불사를 설/불사를 열**

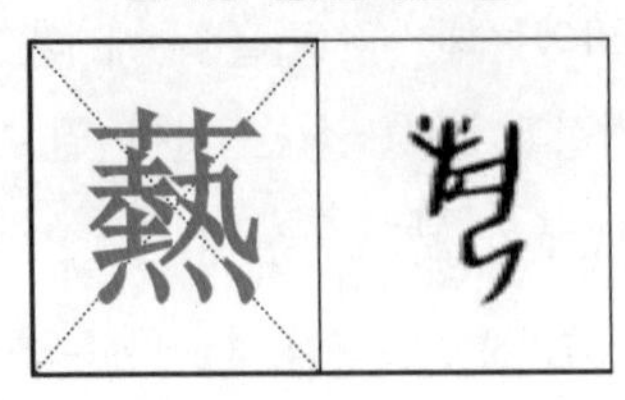

rè

갑골문에는 자형이 예(藝)자와 너무 흡사한 상용자가 하나 있는데 상나라시기에 이미 두 글자를 혼동하기 시작하였다.

열(爇)자❶는 무릎을 꿇고 앉은 한 사람이 양손에 횃불을 들고 밝게 비추는 모습이다. 낮에는 햇빛이 비추고 있어서 불을 밝히기 위해 불을 사용할 필요가 없지만 해가 진 뒤에 하늘과 땅이 어두워지기 시작하면 밝게 비추어야 움직이지 편하다. 손에 횃불을 들고 있는 것은 해가 질 때 흔히 볼 수 있는 현상이므로 이 시간을 나타내는 데 차용되었다. 글자로 쓰면 횃불은 불, 묘목은 뿌리의 수염이 특징이 되었다. 이 밖에 두 글자의 다른 부분이 똑같아 혼동하기 쉬워서 아예 형성자의 방식으로 구별하였다.

『설문해자』에서는 "열(爇)은 '태우다'는 뜻이고, 화(火)가 의미부이고 예(埶)가 소리부이다.(爇, 燒也. 从火埶聲.)"이라고 풀이하고 있다. 상나라시기에 열(爇)자는 자주 사용하던 시간대의 명칭이었다. 후대에는 조명 도구의 변화로 이 글자를 더 이상 사용하지 않은 것 같다.

❶

008 **절제할 제/지을 제**

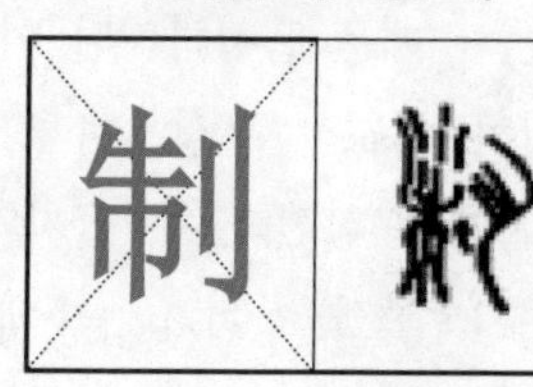

zhì

제조(製造)의 제(製)는 원시형태가 제(制)자이다. 아마도 옷을 재단하는 것이 일상생활에서 흔한 일이기 때문에 의미부 의(衣)를 추가한 것 같다.

금문의 제(制)자에는 등과 같은 자형이 있다.

『설문해자』에서는 제(制)자에 대해 이렇게 풀이했다.

> "제( )는 '자르다'는 뜻이다. 도(刀)와 미(未)로 구성되었다. 미(未)는 사물이 성숙하여 맛이 들어 자를 수 있음을 말한다. 일설에는 '제지하다'는 뜻으로 해석하기도 한다. 는 제(制)의 고문체인데 이렇게 쓴다.(, 裁也. 从刀·未. 未, 物成有滋味, 可裁斷. 一曰止也. , 古文制如此.)"

이처럼 허신은 물건이 성숙하여 맛이 들면 칼로 자를 수 있다고 설명하고 있다. 여전히 글자를 만든 진정한 요점을 찾지 못한 것 같다.

갑골문의 미(未)자는 ❶과 같은 자형들이 있는데 앞쪽의 두 자형인 는 초기 자형이다. 미(未)는 목(木, )과 매우 흡사하지만 여전히 차이가 있다. 미(未)자는 나무의 가지와 잎이 비교적 무성하여 상단을 넓게 표현했고, 목(木)자의 상단은 비교적 좁게 표현했다. 두 글자가 너무 비슷해 혼동하기 쉬우므로 나중의 미(未)자(뒤쪽의 세 가지 자형)에서는 나무의 윗부분에 두 겹의 가지와 잎을 넣었는데, 이렇게 하여 목(木)자와 구분할 수 있게 되었다.

『설문해자』에서는 아마도 미각의 관점 (味: 口가 의미부이고 未가 소리부임)에서 영감을 받아서 이 글자를 나무의 열매가 잘 익으면 칼로 자르고 채취할 수 있다고 풀이한 것 같다. 사실 기물을 만드는 것은 중점이 재료를 유용한 기물로 가공하는 것에 있지 맛과는 상관이 없다.

이 글자는 원래 목재로 된 기물을 만들기 위해 칼 한 자루로 가지가 고르지 않는 나무를 자르는 것을 표현했을 것이다. 『설문해자』에 나타나는 고문체 제()는 나무의 가지가 깔끔하지 않고 그 옆에 세 개의 작은 점이 있는데, 이는 칼로 긁어 낸 나뭇조각을 나타낸다. 가지가 비대칭인 나무는 가지가 대칭인 목(木)자와 혼동되기 쉬우므로 미(未)자와 도(刀)자로 구성된 제(制)자를 만들었다. 목기는 사람들이 석기를 사용한 후 발전하기 시작한 공예이다. 나무는 초기 사람들이 가장 널리 사용하던 소재이다. 칼로 나무를 긁어내는 것은 유용한 도구를 만들기 위한 전 단계 작업이며, 누구나 이해할 수 있는 이치이기 때문에 글자의 본래 의미가 되었던 것이다.

❶

009 비롯할 조

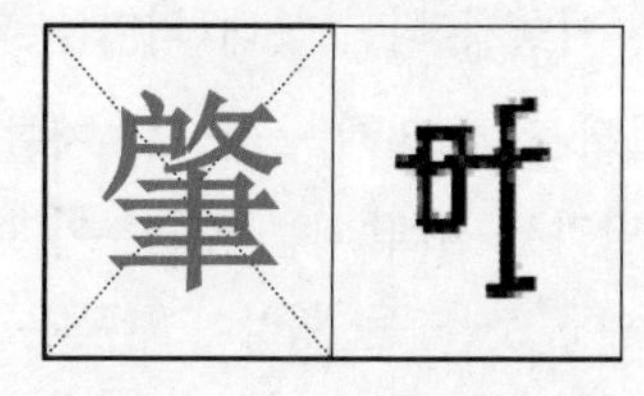

zhào

갑골문의 조(肇)자❶는 무기의 칼날 부분에 직사각형 물건이 놓여 있는 모습이다. 이 글자의 뜻은 '시작하다'는 뜻이다.

야금 기술로 볼 때 무기는 반드시 숫돌에 가는 절차를 거쳐야만 예리한 칼날을 가질 수 있음을 나타낸다. 그래야 무기에 적을 죽이는 효용이 생기기 때문이다. 과(戈)를 만들었는데 무기가 되었으므로 '창조'의 의미가 생겼다. 과(戈)는 두 개의 진흙 거푸집을 사용하여 주조한 청동기물이다. 진흙 거푸집을 깨고 동과(銅戈: 청동으로 만든 낫창)를 꺼내더라도 이때의 과(戈)는 사람을 다치게 하는 예리한 칼날이 없고 숫돌로 가장자리를 날카롭게 깎아야만 날카롭고 사람을 다치게 할 수 있다. 마치 진흙 거푸집에서 청동 거울을 꺼냈을 때 얼굴을 비추지 못하고 검은색 주석으로 연마해야만 이미지를 반사할 수 있게 되는 것과 같다. 동과는 일정 기간 사용하면 무뎌지며 숫돌로 갈아야 하므로 무인도 몸에 숫돌을 지니고 다녀야 했다.

❶

금문시대 ❷에 이르러서는 먼저 숫돌이 병과와 분리되었고 잘못 변화하여 호(戶)자 의 모습이 되었는데, 이렇게 되면 본래 의미를 파악하기 매우 어렵다. 그 이후 의미를 명확히 하기 위해 율(聿,)자를 추가했다. 율(聿)과 조(肇)는 운부(韻部)가 달라서 율(聿)자는 소리부가 아니고 의미부와 관련이 있다. 율(聿)자는 손에 붓을 든 형상이고 뜻은 '붓'이다. 글자를 쓸 때 때로는 잘못 써서 칼로 글자를 긁어내고 다시 써야 하는데 이때의 칼도 숫돌로 날카롭게 갈아야 했다. 그리하여 율(聿)자는 조(肇)자가 쓰기와 관련이 있다는 것을 강조하기 위해 사용되었다고 보아야 한다. 그렇지 않으면 조(肇)자의 본래 의미를 이해할 방법이 없다.

『설문해자』에서는 다음과 같이 풀이하고 있다. "조(肁)는 '시작하다'는 뜻이다. 호(戶)와 율(聿)로 구성되었다. (肁, 始開也. 从戶·聿.)" 또 잃게 말했다. "조(肇)는 '황제의 이름자이다.'는 뜻이다. (肇, 上諱.)" 자형분석에서 호(戶)로 구성되었다고 했기 때문에 이 글자의 본래 의미를 해석할 방법이 없었던 것이다. 조(肁)는 조(肇)에서 생략된 모습의 글자로, 그 자체로는 '시작'의 의미를 얻어낼 수 없다.

❷

제2부

농업생산

제2부
농업생산
국가 조직의 기반 마련

사람들은 우선 배불리 먹어야 다른 활동에 참여할 기운이 생긴다. 농업이 아직 발전하기 전, 사람들은 채집, 낚시와 사냥의 방식으로 살았다. 채집 생활은 비록 농경 생활보다 덜 힘들고 수월했지만 인구가 점차 증가하면서 식량이 부족하게 되자 사람들은 어쩔 수 없이 점차 식물의 성장 조건에 관심을 기울이게 되었고, 집 근처에서 생산할 수 있는 농업을 발전시켰다. 농업의 발전은 씨족사회가 국가로 발전할 수 있게 촉진했다.

경제적 약탈은 흔히 전쟁을 유발하는 주요 동기 중 하나이다. 농업에 종사하는 사람들은 무장 군대를 조직하여 따뜻하고 비옥한 땅을 점령하고, 식량을 생산할 수 있는 충분한 수원을 확보하고, 동시에 그들의 노동 결과물이 약탈당하거나 파괴되지 않도록 보호해야 할 필요가 있었다. 소규모의 무장 집단은 강력한 지도자의 지도하에 점차 더 큰 집단 및 부락으로 확장되었다. 이렇게 천연 자원을 쟁탈하는 전쟁은 산업 발전과 조직 능력의 향상을 촉진했다.

수자원은 농업 발전의 중요한 조건이다. 수자원을 효과적으로 관리하기 위해서는 부족한 강우량을 보충하기 위한 관개 수로와 저수지를 파야 했다. 또는 관개 수로를 지키고 물을 합리적으로 배분해야 했다. 그러나 이런 일에는 많은 사람들을 동원하여야 할 뿐만 아니라 더더욱 필요한 것은 효과적인 조직과 통일된 명령에 따라 실행하도록 하는 것이었다. 따라서 대중을 이끌 수 있는 현명한 인재가 곧 새로운 지도자가 되었다. 이러한 요인들은 중앙집권적 정부를 수립하려는 사람들의 요구와 소망을 불러 일으켰다.

다양한 산업 중에서 농업의 발전은 가장 중요하였기 때문에 관련 글자도 많다. 중국의 농업은 약 10,000년 전의 중국의 화남(華南)지역에서부터 발전했다. 나중에 기온이 급격히 상승하여 사람들은 어쩔 수 없이 북쪽으로 이주하게 되었고 곡물 재배에 관한 지식도 함께 화북(華北)지역으로 가져왔다.

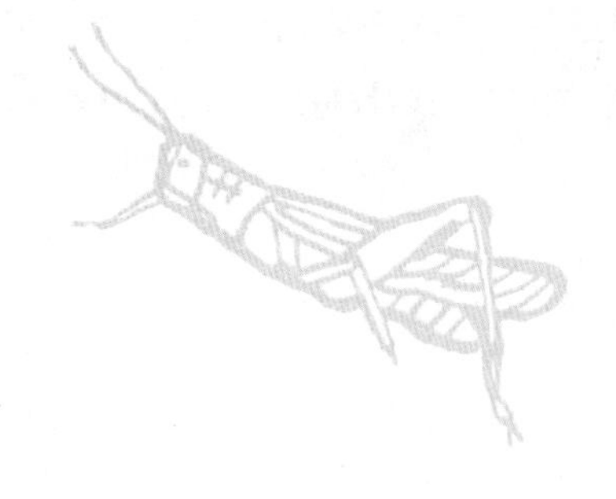

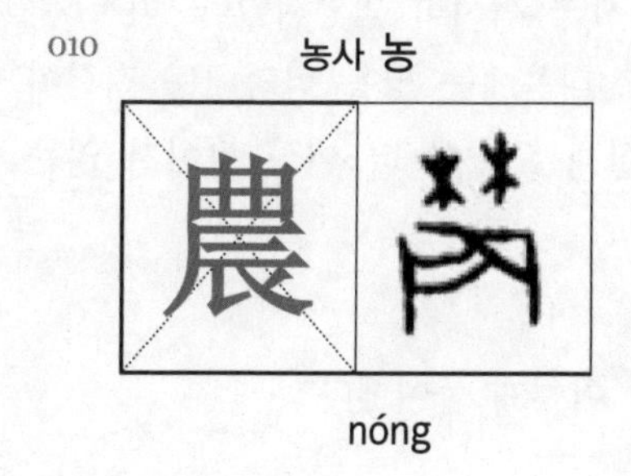

갑골문의 농(農)자❶는 기본적으로 두 가지 글자로 조합되었다. 한 글자는 작업 장소를 나타내고 다른 한 글자는 사용 도구를 나타낸다.

첫 번째는 작업 장소를 나타내는 글자들인데 림(林)(수림, 나무가 많은 곳), 삼(森)(삼림, 나무가 더욱 많은 곳), 초(艸)(초목, 풀이 많은 곳)가 있으며 주로 농업에 종사하는 환경을 나타냈다. 상이한 단계에 따라 농사를 짓는 환경도 달랐다. 초기 장소는 나무가 많은 숲이나 삼림이었고 후기에는 기술이 향상되어 풀이 있는 넓은 평원으로 이주했다.

두 번째는 도구를 나타내는 신(辰)자이다. 갑골문에서 신(辰)자 ❷는 특정 생물의 모습이다. 초기에는 로 썼지만 가로로 처럼 보는 것이 타당하며 딱딱한 껍데기를 가진 조개류의 연체생물이 평면에 머무르는 모습을 묘사했는데 죽간의 넓이가 제한적이어서 글자를 세로로 쓴 것이다.

❶

❷

문자가 많이 사용됨에 따라 신(辰)자는 서서히 변형되었다. 먼저 위쪽에 짧고 평평한 획이 추가되었고 그 다음에는 땅을 나타내는 직선이 점차 비틀어졌다. 금문 자형 ❸에는 실제 모습이 더 이상 보이지 않는다.

『설문해자』에서는 신(辰)자에 대해 이렇게 풀이했다.

> "신(辰)은 '진동'이라는 뜻이다. 3월을 대표하는데, 이 시기는 기운이 바뀌면서 움직임이 생기고, 천둥과 번개가 땅을 뒤흔들며, 사람들이 농사를 지을 시기로, 만물이 깨어난다. 을(乙)과 비(匕)는 의미부이다. 비(匕)는 싹트는 모습을 본뜬 것이고, 엄(厂)은 소리부이다. 신(辰)은 농사와 관련 있는 방성(房星)을 가리키므로 천시(天時)라고도 한다. 이(二)가 의미부이다. 이(二)는 상(上)의 고문체이다. 신(辰) 부수에 속하는 글자들은 모두 신(辰)이 의미부이다. 辰은 신(辰)의 고문체이다.(辰, 震也. 三月昜气動, 雷電振, 民農時也, 物皆生. 从乙·匕. 匕象芒達. 厂聲. 辰, 房星天時也. 从二. 二, 古文上字. 凡辰之屬皆从辰. 辰, 古文辰.)"

비록 자형이 농업과 관련이 있다는 것은 알고 있지만 신(辰)자의 실제 모습은 결국 알아볼 수 없다.

❸

신(辰)은 신(蜃)의 초기 형태인 것으로 보인다. 신(辰)이 차용되어 간지자(干支字)로 사용되면서 충(虫)을 추가하여 신(蜃)이 되었으며 조개류의 생물을 지칭하게 되었다.

민물조개(河蚌)는 구석기 시대부터 사람들이 자주 먹는 생물이었고 민물조개로 장식품도 만들었다. 민물조개의 껍질은 가볍고 단단하며 균열된 부분이 매우 날카로워 많은 가공을 거치지 않아도 절삭 도구로 만들 수 있어 초기에 사람들이 흔히 사용하는 이상적인 절삭 도구였다. 민물조개 껍질이 크기가 작아서 비록 숲의 나무를 자르는 도구로 사용할 수는 없었지만 풀을 제거하고 익은 곡식의 이삭을 자르는 데는 이상적인 도구였다.

『회남자·범론훈(淮南子·氾論訓)』에 다음과 같이 말했다. "옛날 사람들은 날카로운 쟁기로 밭을 갈았고 조개를 갈아 만든 괭이로 잡초를 제거했다.(古者剡耜而耕, 磨蜃而耨." (옛날의 사람들은 나무를 뾰족하게 깎아서 경작할 때 흙을 파는 도구로 사용하였고, 조개껍질을 다듬어 잡초를 베는 도구를 만들었다.) 이러한 정보를 통해 논(農)자는 나무가 많은 곳에서 조개로 만든 도구를 사용하여 해로운 잡초를 제거하고 수확하는 등 농경에 관한 일을 가리킨다는 것을 추론할 수 있다.

초기의 농경방식은 산림을 태워 경작지를 깨끗이 정리한 후 타고 남은 나무 재를 비료로 사용하는 방식이었다. 그 당시 사람들은 초지를 개간할 수 있는 능력이 없었고 농지에도 일정한 경계가 없었다. 갑골문 농(農)자의 본래 의미는 매우 오래된 농업 기술에서 비롯된 것으로 보인다.

나중에 정연하게 잘 계획된 평지에서 경작할 수 있게 발전되었는데, 더 이상 계획과 규칙이 없이 산을 태우는 방식이 아니었다. 따라서 서주(西周)의 금문은 상나라시기의 자형에 ❹와 같이 변두리를 가지런하게 그린 전(田)자를 추가하여 보편적으로 더 진보된 농경방식을 사용하고 있음을 나타냈다.

소전에 이르러서는 전(田)자 부분이 잘못 변하여 신(囟)이 되었고 임(林)도 양손으로 대체되었다.

『설문해자』에서는 농(農)에 대해 다음과 같이 풀이했다.

> "농(農)은 '경작하는 사람'이라는 뜻이다. 신(晨)이 의미부이고, 신(囟)이 소리부이다. 𨑇는 농(農)의 주문체이고, 𦦶는 농(農)의 고문체이다. 䢉도 농(農)의 고문체이다.(農, 耕人也. 从晨, 囟聲. 𨑇, 籀文農. 从林. 𦦶, 古文農. 䢉, 亦古文農.)"

여기에서는 신(囟)이 소리부인 형성자라고 설명할 수밖에 없었다. 지금은 갑골문과 금문의 자형을 비교할 수 있기 때문에 당연히 『설문해자』의 설명이 틀린 것이라고 판단할 수 있다.

❹

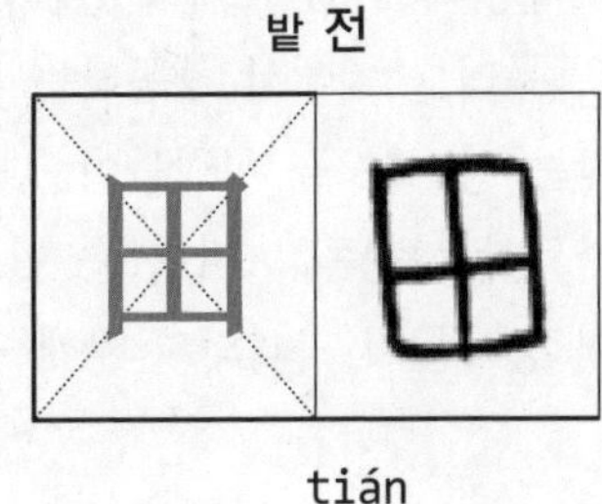

갑골문의 전(田)자는 두 가지 표현방법이 있다. 하나는 네모반듯한 틀 안에 네 개의 직사각형 모양의 밭이 있는 모습(田田)이다.

다른 하나는 직사각형 모양의 밭이 더 많은 모습(❶)으로 그 숫자는 많게는 12개까지 있으며 외부 틀도 반드시 직사각형이 아니어도 된다. 사용에 있어서, 첫 번째 자형은 대체로 '사냥'의 의미로 사용했지만 '농지'의 의미로도 사용했다. 두 번째 자형은 모두 '농지'의 의미를 나타냈다. 두 번째 자형은 너무 복잡해서인지 금문시대에 이르러서는 첫 번째 자형 ❷만 사용했다.

『설문해자』에서는 전(田)자에 대해, "전(田)은 '논밭'이라는 뜻이다. 곡식을 심어서 전(田)이라고 한다. 4개의 구(口)의 모습을 본뜬 것이다. 십(十)은 논두렁이다. 전(田) 부수에 속하는 글자들은 모두 전(田)이 의미부이다. (田, 陣也. 樹穀曰田. 象形. 口十, 阡陌之制也. 凡田之屬皆从田.)"라고 풀이했는데, 이 풀이는 정확하다.

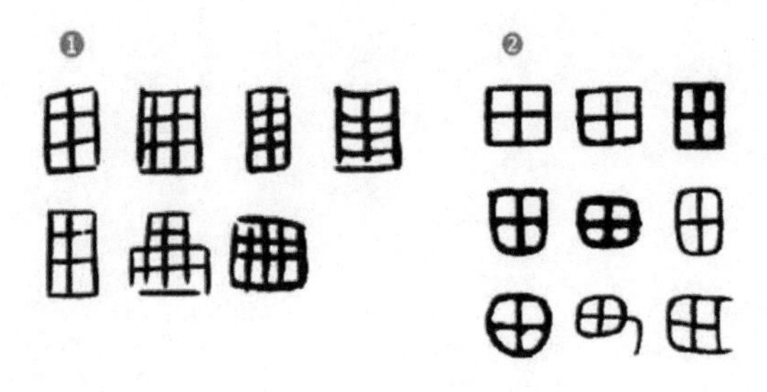

갑골문에서는 무엇 때문에 논밭으로 '사냥'의 의미를 나타냈을까? 여기에는 이유가 있다. 사냥 대상인 사슴은 무리를 지어서 행동하는 것을 좋아하는 습성을 가지고 있고, 먹이를 찾는 장소도 늘 사람들이 농작물을 재배하는 곳이었다. 사슴 무리는 농작물의 성장을 파괴할 수 있으므로 농민들은 사슴무리를 잡거나 몰아내어 농작물이 파괴되지 않게 했다.

『춘추(春秋)』 노장공(魯莊公) 17년에는 "사슴이 많아서 재앙이 되었다.(多麋為災)"라는 기록이 있는데 필자가 사슴과 같은 동물이 번식을 지나치게 많이 하는 것에 대해 염려했다는 것을 나타냈다.

『예기(禮記)·월령(月令)』에도 맹하(孟夏)의 계절에는 오곡을 파괴하지 못하게 야생짐승을 몰아내어 적극적으로 묘목을 보호하는 조치를 취했다는 기록이 있다. 이들이 몰아냈던 야생짐승은 주로 사슴이었다.

'사냥'을 의미하는 전(田)이 경계가 분명한 밭으로 나타냈던 것은 필연적으로 야생짐승이 묘목을 짓밟고 먹어버리는 것을 방지하기 위해 야생짐승을 포살하고 몰아내던 일이 늘 농지에서 이루어졌기 때문일 것이다. 글자가 생겨난 단계에서 사냥은 이미 경작지의 보조 작업, 농작물을 보호하는 부수적인 작업으로 간주되었고, 전적으로 육식 혹은 짐승의 모피를 얻기 위한 것은 아니었다. 반면, 『01동물편(01動物篇)』에서 소개한 분(奮)자는 밭에 함정을 설치하여 묘목을 쪼아 먹는 조류를 유인하여 잡는 것을 묘사했다.

012 지경 강

畺

jiāng

금문의 강(畺)자❶는 밭이 두 개인 모습으로 중간에는 짧은 획이 한 개 있는데 강(疆)의 초기 형태이다. 전(田)이 여러 개의 밭을 가지런하게 배열해 놓은 것과 달리 이 글자는 두 개의 밭을 분리해놓은 모습으로, 서로 다른 소유자의 경계를 나타냈다.

『설문해자』에서는 강(畕)자에 대해 다음과 같이 풀이했다. "강(畕)은 '밭을 비교하다'는 뜻이다. 두 개의 전(田)으로 구성되었다. 강(畕) 부수에 속하는 글자들은 모두 강(畕)이 의미부이다. 왜 그런지는 불명확하야 비워둔다.(畕, 比田也. 从二田. 凡畕之屬皆从畕. 闕." 이른바 결(闕)이라고 하는 것은 이 글자의 독음이 명확하지 않음을 의미한다. 사실 이것은 강(畕)의 초기 형태인데, 나중에 변두리를 더욱 분명하게 표현했을 뿐이다.

❶

금문의 강(疆)은 영토와 국경을 의미한다. 제일 먼저 ❷와 같이 궁(弓)이 의미부이고 강(畺)이 소리부인 강(強(疆?)자를 차용하였으며, 나중에 ❸과 같이 토(土) 혹은 산(山)을 의미 기호로 추가하여, 강(強)과 완전하게 구별했다.

『설문해자』에서는 "강(畺)은 '경계'를 뜻한다. 강(畕)으로 구성되었다. 삼(三)은 그 경계선을 나타낸다. 강(疆)은 강(畺)의 혹체로, 토(土)가 의미부이고, 강(彊)이 소리부이다. (畺, 界也. 从畕. 三, 其界畫也. 疆, 畺或从土. 彊聲.)"라고 설명하고 있는데 이 해석은 매우 정확하다.

❷

❸

013 새벽 신

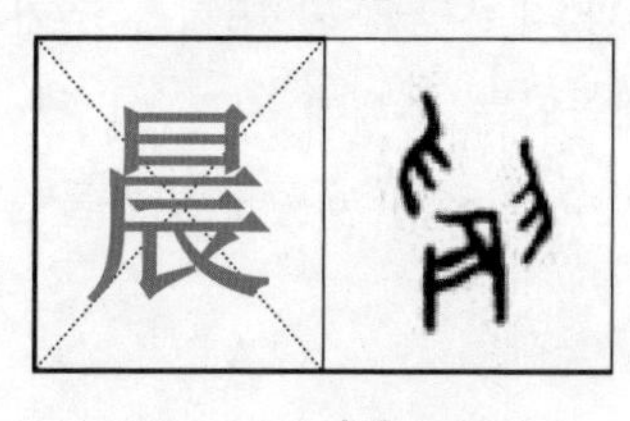

chén

갑골문의 신(晨)자 는 두 손으로 신(辰)제 도구를 정리하는 모습이다. 신(辰)자는 조개류 연체생물의 모습이다.

조개는 크기가 크지 않아 한손으로도 자유롭게 조작할 수 있다. 그런데 이 자형에서는 두 손으로 표현했는데 나타내고자 하는 중심 의미가 이 도구를 사용하는데 있는 것이 아니라 이 도구들을 정리하고 준비하는 데 있다.

신(晨)자는 '아침 시간'을 의미하는 것이기 때문에 농사 도구를 준비하여 일하러 가는 것은 반드시 아침 일찍부터 해야 되는 것임을 추론할 수 있다.

갑골복사에서 농(農)자는 농업에 관련된 의미로 사용될 뿐만 아니라 시간부사로써 아침의 시간으로 간주하고 사용할 수 있다. 이를 통해 금문 농(農)자 중 한 자형 에서는 두 손으로 림(林)자를 대체했다는 것을 알 수 있다. 밭에 가서 일하는 것은 이른 아침부터 해야 되는 것이므로 아침에 밭에 나가 일하는 것은 농업에 종사하는 것임을 뜻한다. 농(農)의 자형이 아침이라는 의미도 가지고 있다면 사람들은 혼란스러워질 것이다. 그리하여 신(晨)자의 금문 자형이 매우 많아서 더 이상 농(農)자를 '아침'의 의미로 사용하지 않았다.

금문에서 신(晨)자❶는 대부분 갑골문의 자형을 유지하고 있으며, 일부는 신(辰)자 위에 하나 또는 두 개의 짧은 가로로 된 필획을 추가하여 변화를 주었다. 자형을 네모반듯하게 배열되는 추세에 따라 이 한 두개의 짧은 필획이 두 손의 자형을 방해할 수 있었기 때문에 받아들여지지 않았다.

『설문해자』에서는 신(晨)자에 대해 이렇게 풀이했다.

> "신(晨)은 '아침, 날이 곧 밝을 시간'이라는 뜻이다. 구(臼)와 신(辰)이 의미부이다. 신(辰)은 시간을 나타내기도 하고 소리부이기도 하다. 극(丮), 석(夕)은 숙(夙)이 되고, 구(臼)와 신(辰)은 晨이 되는데 같은 의미이다. 晨 부수에 속하는 글자는 모두 晨이 의미부이다.(晨, 早昧爽也. 从臼辰. 辰, 時也. 辰亦聲. 丮夕為夙, 臼辰為, 皆同意. 凡晨之屬皆从晨.)"

신(辰)자가 조개껍질의 모양을 나타내는 것임을 몰랐기 때문에 아침 일찍 도구를 준비하는 의미를 정확하게 설명할 수 없었다. 이 글자는 일(日)로 구성되고 신(辰)이 소리부인 신(晨)과 발음도 같고 자형도 비슷하여 나중에는 동화되었고 정확한 자형은 거의 사용되지 않았다.

❶

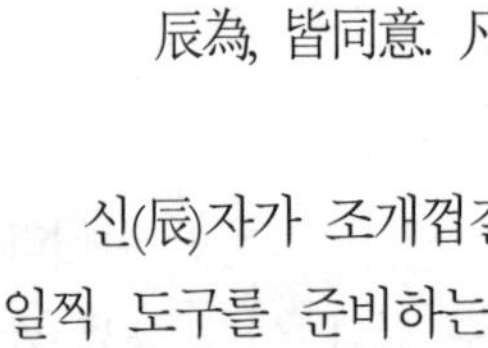

014 **김맬 호**

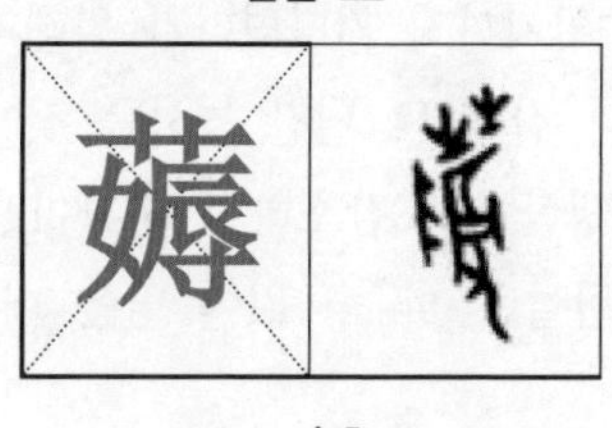

hāo

갑골문의 호(薅)자 는 네 가지 구성 요소로 조합되었다. 가장 윗부분은 초(艸) 이고, 초(艸)의 아래 부분은 신(辰) 이고, 신(辰)의 아래 부분은 수(手) 이며, 신(辰)의 왼쪽은 산(山) 이다.

이 네 가지 구성 요소를 종합해보면 이 글자는 한 손에 조개껍질로 만든 도구를 들고 산비탈의 잡초를 베는 것을 나타내기 때문에 이 글자는 '잡초를 베다'는 뜻을 나타낸다. 이 글자의 산비탈 부분은 여(女)로 잘못 쓰였고 게다가 『설문해자』에서 신(辰)의 실제 모습을 이해하지 못했기 때문에 『설문해자』에서는 로(薅)자에 대해 이렇게 풀이했다.

"호()는 '밭에 깔려있는 풀'이라는 뜻이다. 요(蓐)가 의미부이고, 호(好)의 생략형이 소리부이다. 는 주문체 호(薅)의 생략형이다. 는 호(薅)의 혹체로, 휴(休)가 의미부이다. 『시경(詩經』에서는 '잡초를 뽑아내네'라는 구절이 있다. (, 拔田艸也. 从蓐, 好省聲. , 籀文薅省. , 薅或从休. 詩曰 : 既茠荼蓼.)"

자형과 의미의 관계를 설명할 방법이 없었으므로 부득이하게 호(好)의 생략형이 소리부라는 설명으로 해결할 수밖에 없었다. 생략형이 소리부라는 것은 매우 신뢰할 수 없는 설명방법이고, 『설문해자』에 여(女)와 조합하여 만들어진 글자가 백여 개에 가까운데 누가 호(薅)가 호(好)로 독음을 나타낸 것임을 추측할 수 있겠는가?

농업 발전 초기에 사람들은 한곳에 정착할 수 없었기에 한곳에 씨를 뿌린 후 다른 곳에서 사냥을 하며 수확기까지 기다렸다가 원래의 곳으로 돌아가 익은 곡식을 수확했다. 이와 같이 몇 년간 농사를 짓게 되면 경작지의 영양분이 점차 줄어들고 생산량이 감소하여 수확이 없는 정도에 이르게 되는데, 이렇게 되면 사람들은 할 수 없이 땅을 버리고 새로운 경작지를 개간해야 했다.

나중에 오랫동안 버려둔 경작지가 다시 비옥하게 되어 곡물을 생산할 수 있다는 것을 알게 되자 여러 개의 땅에서 돌아가면서 경작하는 법을 터득하게 되어 비교적 장기적인 정착 생활을 할 수 있게 되었다. 한 곳에 정착하게 되면서 잡초가 작물의 성장을 방해한다는 것을 발견하게 되었고 의도적으로 베어내어 제거했다. 잡초 제거는 비록 시간이 많이 걸리고 힘든 일이지만 좋은 수확을 기대하기 위해서는 수고를 두려워하지 않고 여름에 서너 번 반복적으로 잡초를 제거해야 했다. 농업 생산에서 이 방법은 커다란 도약이었다.

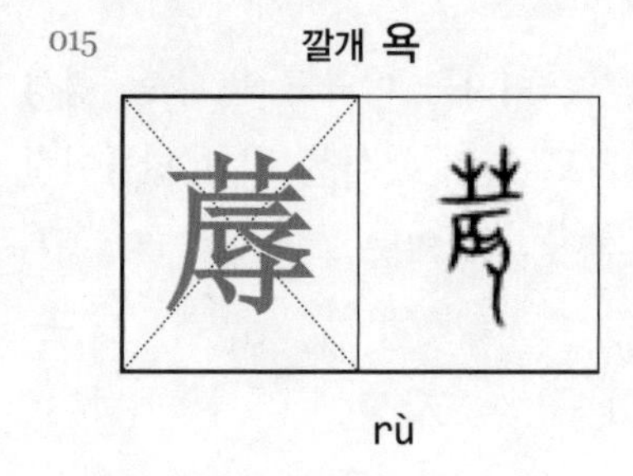

갑골문의 욕(蓐)자❶는 호(薅)자의 일부로, 한 손에 조개껍질로 만든 농기구를 들고 잡초를 잘라 제거하는 것을 의미하거나 혹은 나무숲에서 손에 조개껍질로 만든 도구를 들고 일하는(제초)것을 의미한다는 것을 알 수 있다.

『설문해자』에서는 다음과 같이 풀이했다. "욕(蓐)은 '오래된 뿌리에서 풀이 되살아나다'는 뜻이다. 초(艸)가 의미부이고, 욕(辱)이 소리부이다. 일설에서는 '누에섶'이라고도 한다. 욕(蓐) 부수에 속하는 글자들은 모두 욕(蓐)이 의미부이다. 욕(䕲)은 욕(蓐)의 주문체이며 망(茻)이 의미부이다. (蓐, 陳草復生也. 从艸, 辱聲. 一曰蔟也. 凡蓐之屬皆从蓐. 䕲, 籀文蓐从茻.)" 신(辰)의 모습을 알지 못했기 때문에 형성자라고 해석할 수밖에 없었다.

욕(蓐)은 '베어낸 풀'을 의미하는데, 나중에는 '베어낸 풀로 짠 돗자리'로 의미가 확장되었다.

❶

016 욕될 욕

rù

욕(辱)자는 아마도 욕(蓐)을 형성자로 잘못 분석한 결과 만들어진 글자일 것이다.

『설문해자』에서는 욕(辱)자에 대해 이렇게 풀이했다.

> "욕(辱)은 '수치'라는 뜻이다. 촌(寸)이 의미부이고, 촌(寸)은 신(辰) 아래에 있다. 누군가가 경작 시기를 놓치면 봉지에서 그를 죽였다. 신(辰)은 농사시기를 가리키므로 방성(房星)을 신(辰)이라 했으며 방성의 출현은 밭을 갈라는 징조였다. (辱, 恥也. 从寸在辰下. 失耕時, 于封畺上戮之也. 辰者, 農之時也, 故房星為辰, 田候也.)"

욕(辱)은 자형이 손으로 조개껍질 도구를 들고 있는 모습이다. 아무리 보아도 허신이 말한 바와 같은 경작의 시기를 놓친 상황은 찾아 볼 수 없다. 더구나 경작지는 국경에 있을 수 없고, 법에 어긋나는 일을 한 농민 혹은 지방 관원들을 특별히 국경으로 보내 처형한다는 것도 상상할 수 없는 일이다.

중국은 농업에 기반을 두고 나라를 세웠고, 대부분의 사람들은 농부이다. 농기구를 손에 들고 있는 것은 당연히 농부의 모습이다. 따라서 글자를 만든 사람이 농부가 부끄러운 일이라고 생각하며 그러한 생각을 지니고 '치욕'을 표현하는 글자를 만들었다는 것은 상상할 수 없다. 글자를 만든 사람이 근면한 농부를 얕보는 우월한 귀족이 아니라면 말이다.

017 **불사를 분**

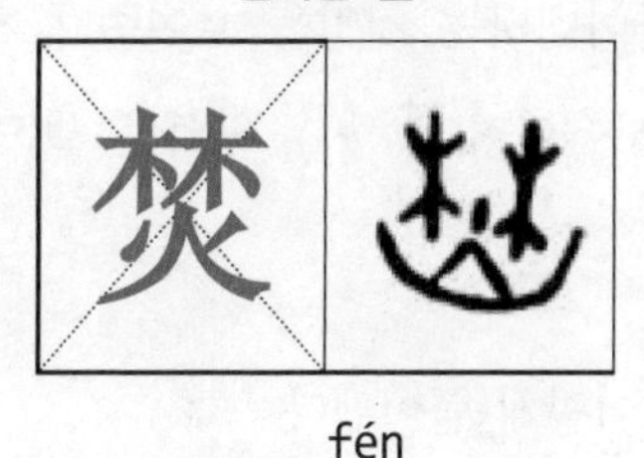

fén

갑골문 분(焚)자에는 두 가지 자형이 있다. 하나는 불이 나무숲을 태우는 모습❶이고, 다른 하나는 손에 횃불을 들고 나무숲을 태우는 모습❷이다.

초기의 농경방식은 먼저 나무를 말리고(껍질을 한 바퀴 벗기면 나무는 말라 죽는다.) 그다음 나무숲에 불을 놓아 평평한 땅으로 태운 뒤 물을 뿌려 땅을 부드럽게 하고, 타고 남은 나무의 재를 비료로 사용하여 곡물을 재배하는 것이었다. 이 방법을 '도경화종(刀耕火種)'이라고 한다. 나중에는 목재를 낭비하지 않기 위해 사람들은 먼저 나무를 자른 뒤에 마른 나무뿌리를 태웠다. 더 나중에는 산에서 평평한 땅으로 이동하여 곡물을 심었다.

비록 나무숲은 가끔 자연적으로 불이 나기도 하지만 대부분은 인위적인 요인으로 불이 난다. 한 손에 혹은 두 손에 횃불을 들고 인위적인 방식으로 나무숲을 태우는 것은 초기 자형이고, 나중이 되어서야 불로 나무숲을 태우는 모습 으로 생략된다.

상나라시기에 이르러 갑골문 복사에서 분(焚)자는 나무숲을 불태우는 것은 사냥을 위해 야생짐승들을 몰아내려는 것임을 보여준다. 금문의 분(焚)자는 모두 나무숲이 불타는 모습이며(焚 焚), 횃불을 들고 있는 자형은 없다.

『설문해자』에서는 분(焚)자에 대해 이렇게 풀이했다.

> "분(焚)은 '밭을 태우다'는 뜻이며 화(火)와 림(林)으로 구성되었다. (燒田也. 从火·林.)"

허신의 이 해석은 정확하지만 더욱 이른 자형이 있다는 것은 알지 못했다.

018 짓밟을 적

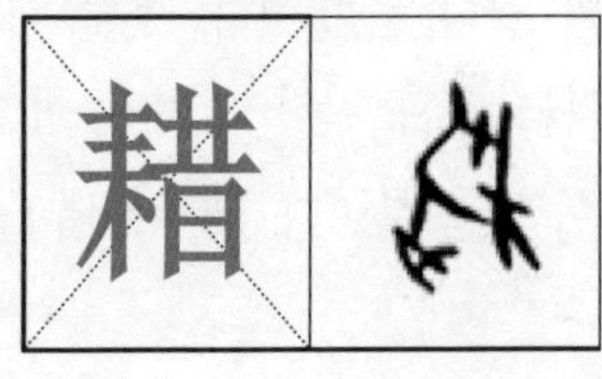

jí

갑골문의 적(耤)자❶에는 자형이 매우 많다. 어떤 것은 이미 잘못 변하여 적(耤)자임을 거의 인식할 수 없게 되었다.

비교적 선명한 , 과 등 자형에서 적(耤)자가 한 사람이 손으로 쟁기를 잡고, 한쪽 발로 쟁기의 머리 부분을 밟고 있는 것임을 알 수 있다. 이는 분명하게 한 사람이 쟁기를 가지고 밭을 갈고 있는 모습을 나타내고 있기 때문에 '밭을 갈다'는 의미가 생겨났다.

농업의 수확은 국가의 성패와 밀접하게 관련된 대사로, 왕은 상징적으로 밭에서 밭을 가는 의식을 거행하여 농업에 대한 중시를 나타낼 필요가 있었다. 그리하여 갑골 복사에는 밭을 가는 것에 관한 점복이 여러 번 나온다. 금문시대에 이르러 글자 위에 소리부인 석(昔)자 을 추가하여❷ 이 글자의 발음을 더욱 쉽게 알아볼 수 있도록 하였고 형성자의 구조가 되게 하였다. 이것 또한 문자 발전 추세 중의 한 종류로, 표의자(表意字) 혹은 상형자(象形字)에 소리부를 추가하거나 혹은 아예 형성자로 대체하여 한 글자의 발음을 나타냈다. 이것은 고대음을 연구하는데 매우 큰 도움을 준다.

❶

❷

『설문해자』에서는 적(耤)자에 대해 이렇게 풀이했다. "적(耤)은 '황제가 친히 백성을 거느리고 밭을 천 마자기 갈다'는 뜻이다. 옛날 사람들은 백성을 부리는 것이 백성의 힘을 빌리는 것과 같다고 여겨 적(耤)이라 하였다. 뢰(耒)가 의미부이고, 석(昔)이 소리부이다.(耤, 帝耤千畝也. 古者使民如借, 故謂之耤. 从耒, 昔聲."

소전의 자형에서는 쟁기를 다루는 사람이 생략되어 뢰(耒)자가 되었다. 『설문해자』에서는 뢰(耒)자에 대해 이렇게 풀이했다.

> "뢰(耒)는 '밭을 갈 때 사용하는 굽은 나무로 된 쟁기'라는 뜻이다. 나무로 쟁기를 미는 모습이다. 옛날에 수(垂 , 신농씨의 신하)라는 사람이 백성을 진작시키기 위해 쟁기와 보습을 만들었다고 한다. 뢰(耒) 부수에 속하는 글자들은 모두 뢰(耒)가 의미부이다. (耒, 耕曲木也. 从木推丰. 古者垂作耒枱, 以振民也. 凡耒之屬皆从耒.)"

허신은 자형을 나무로 쟁기를 민다고 설명했다. 그러나 나무로 어떻게 밭을 가는 구부러진 나무로 만들어진 쟁기를 밀수 있겠는가?

갑골문의 자형에서 사람 부분을 생략하고 쟁기의 손잡이에 손가락의 모양을 남겼다는 것을 알 수 있다. 금문 자형❸에는 족휘(族徽) 기호가 있는데 이것이 바로 뢰(耒)자의 구체적인 모습이다. 경작하는 사람의 몸을 생략하니 적(耤)자는 뢰(耒)가 의미부이고, 석(昔)이 소리부인 전형적인 형성자가 되었다. 백성을 부리는 것이 힘을 빌리는 것과 같기에 적(耤)이라고 하는 것은 근거 없는 추측이다.

❸

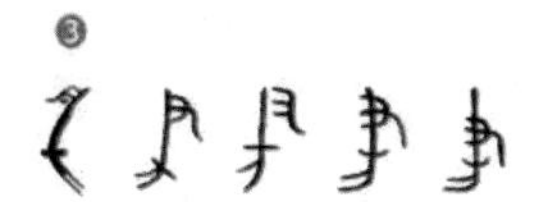

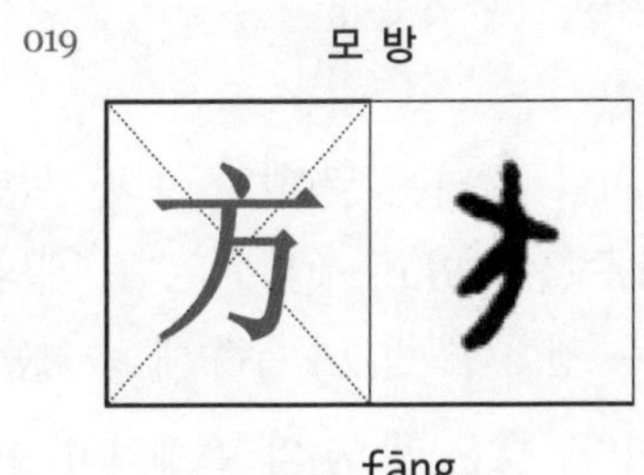

갑골문의 방(方)자❶는 금문의 에서 쟁기의 아래 부분 모습을 나타낸다는 것을 알아볼 수 있다. 갑골문의 력(力)자 는 나중에 쟁기라고 부르는 고대의 흙을 파는 도구를 나타낸다.

약간 구부러진 나무 막대기에 가로로 된 나무를 묶어놓아 발로 밟을 수 있는 발판으로 삼고 나무 막대기의 뾰족한 부분은 흙속에 찔러 넣어 흙덩어리를 파내는 것이다. 방(方)자의 형태는 이것보다 더욱 발전하여 아랫부분에 쟁기머리를 설치하여 흙을 갈아엎는 효율이 더욱 높아졌다. 갑골 복사에서 방(方)자는 예를 들어 면방(免方), 귀방(鬼方), 토방(土方) 등과 같이 적국의 명칭으로 사용하였는데 이것은 분명히 가차용법이다. 아마도 이러한 형식의 쟁기가 이미 낙오되어 구식이 되었기 때문인지 이러한 농기구를 사용한 예는 보이지 않는다.

금문의 자형❷은 변하지 않았는데 본체의 재료가 나무이기 때문에 때로는 편방 목(木)을 추가하였다.

❶

❷

『설문해자』에서는 방(方)자에 대해 이렇게 풀이했다.

> "방(方)은 '나란히 묶어놓은 두 척의 배'라는 뜻이다. 아래 부분은 배 두 척을 하나로 생략한 모습을 본떴고, 윗부분은 두 개의 배 머리를 묶어놓은 모습을 본뜬 것이다. 방(方) 부수에 속하는 글자들은 모두 방(方)이 의미부이다. 汸은 방(方)의 혹체이며 수(水)가 의미부이다.(方, 併船也. 象兩舟省總頭形. 凡方之屬皆从方. 汸, 方或从水.)"

여기에서는 방(方)자는 배 두 척을 묶어놓은 모습이라고 설명하고 있다. 그러나 앞의 논의에서 알 수 있듯이 이러한 설명은 분명히 잘못되었다.

020 **곁 방**

páng

갑골문의 방(旁)자❶는 방(方)자형의 쟁기로 그 의미를 나타내고 있다. 자형은 보습이 달린 쟁기가 있고 그 위에 또 하나의 장치가 있는 모습이다.

자형과 의미를 고려할 때 이것은 쟁기에 가로로 된 목판을 설치한 모습이다. 이 목판을 보습의 볏(犁壁)이라고 한다. 볏의 기능이 갈아엎은 흙덩어리를 잘게 부순 뒤 양쪽으로 밀어내어 밭갈이 작업이 쉽게 진행할 수 있게 하는 것이기 때문에 '근처', '양쪽' 등의 의미가 생겨났다.

볏이 달린 쟁기는 호리(拉犁)쟁기에서만이 필요한 장치이다. 이런 쟁기는 반드시 소나 말 혹은 사람이 앞에서 끌고 나아가야만 쓸모 있다. 상나라시기에는 마차가 있었기 때문에 소로 호리쟁기를 끌었을 수 있다. 볏은 두 가지 종류가 있는데, 평평한 볏은 주로 단단한 땅을 개간할 때 사용하였고, 만약 이미 숙전(熟田)으로 변했다면 토양이 상대적으로 부드러워졌으므로 굽은 볏을 사용했다.

❶

금문의 방(旁)❷자 자형에서는 서서히 평평한 볏을 아래쪽으로 이동시켜 정확하게 보습 위에 두었다. 소전의 자형은 더욱 잘못 변했다.

『설문해자』에서는 방(旁)자에 대해 이렇게 풀이했다.

> "방(旁)은 '넓다'는 뜻이다. 이(二)가 의미부인 것 같지만 왜 그런지는 명확하지 않아 비워둔다. 방(方)이 소리부이다. 旁은 방(旁)의 고문체이고, 旁도 방(旁)의 고문체이다. 旁은 주문체이다.(旁, 溥也. 从二闕, 方聲. 旁, 古文旁. 旁, 亦古文旁. 旁, 籀文.)"

이 설명을 보면 자형에서 볏의 모양은 전혀 보이지 않았다. 오직 방(方)자만 분명하게 알아볼 수 있었고 기타 부분은 모두 해석할 수 없어 형성자로 간주했던 것 같다.

갑골문에 한 자형이 있는데, 갑골 복사를 통해서 이 글자가 황무지를 개간하는 행위라는 알 수 있지만 여전히 후대의 어떤 글자로 변화했는지는 확실하지 않다. 자형 ❸의 경우, 방(旁)자에 대한 인식이 생겼기 때문에, 이 글자가 이미 땅속에 찔러 넣은 평평한(혹은 굽은) 볏이 있는 뾰족하고 둥근 보습을 두 손으로 잡고 있는 모습을 나타냈다는 것을 알 수 있었다. 평평한 볏은 생땅(生土)에서 사용하는 것이 적합하다. 황무지를 개간할 때에는 보습으로 땅을 흙덩어리로 가는데 흙덩어리는 나무판의 방해로 뒤집어지고 부드러워져 작물 재배에 편리해진다. 이것은 바로 '황무지를 개간하다'는 의미에 부합된다.

❷

어떤 사람들은 이것은 나무통을 사용하여 파낸 흙을 운반하기 위한 것이기 때문에 '황무지를 개간하다'는 의미가 있다고 해석하지만 이러한 해석은 합리적이지 못하다. 황무지 개간의 초점은 흙을 뒤엎는 것을 통해 단단한 땅의 흙을 부드럽게 만들어 경작에 적합하게 만드는 것이지 흙덩어리를 다른 곳으로 운반하는 것이 아니다.

이 글자는 ❹처럼 쓰기도 하는데, 상대적으로 복잡한 자형과 비교한다면, 이것은 두 손으로 이미 땅속에 찔러 넣은 뾰족하고 둥근 보습을 잡고 있는 것을 나타낸 것이다. 그 중의 한 형태  는 굽은 볏의 모양이다. 만약 황무지가 그렇게 단단하지 않다면 굽은 볏을 사용하여 작업할 수 있다.

볏이 장착된 쟁기는 호리쟁기 특유의 장치다. 생땅은 단단하므로 소를 활용해야만 쉽게 끌 수 있다. 이것은 상나라시기에 소로 밭을 갈았다는 하나의 간접적인 증거이기도 하다.

❸

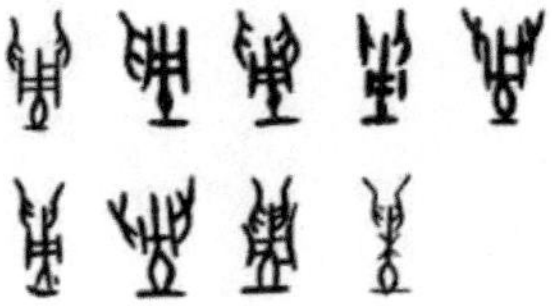

❹

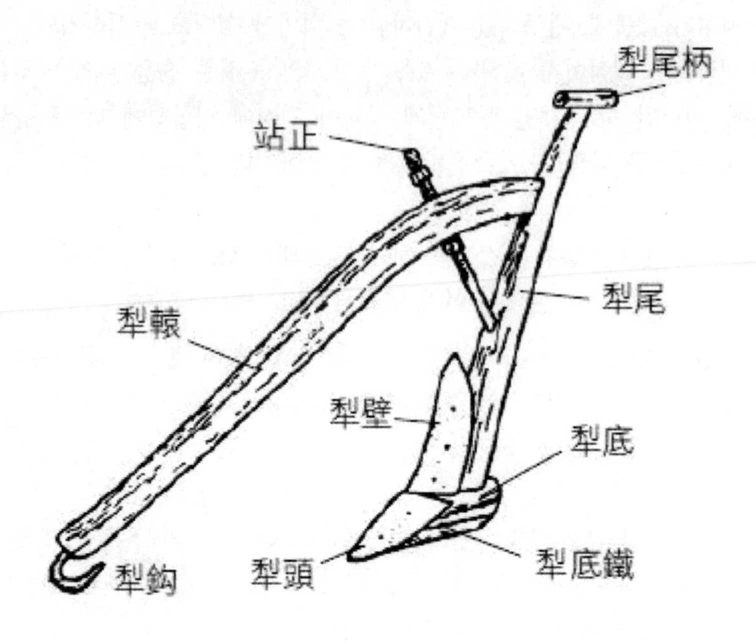

▎쟁기 구조도

021 **도울 양**

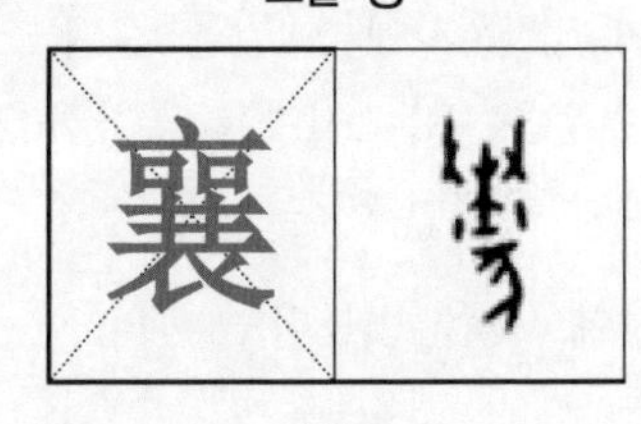

xiāng

갑골문에 지명을 나타내는 글자 하나가 있는데 『설문해자』의 고문체와 비교해보면 양(襄)자❶라고 추론할 수 있다.

제일 윗부분은 양손으로 어떤 물건을 잡고 있는 모습이고, 그 다음은 땅속에 꽂아 넣은 굽은 볏 호리쟁기가 있고, 그 아래에는 측면을 바라보고 있는 한 동물이 있다. 이 동물은 돼지 시(豕)와 비슷하지만 사실은 한 마리의 소이다.(아래 증거 참조)

동물의 양쪽에 있는 두 개의 작은 점은 먼지를 나타낸다. 전체 그림은 양손으로 땅속에 꽂아 넣은 굽은 볏이 있는 호리쟁기를 잡고 있고, 앞에는 소 한 마리가 이 호리쟁기를 끌고 밭갈이를 하고 있는데 먼지가 피어오르고 있는 모습이다. 즉, 자형이 소를 이용해 밭갈이하는 한 폭의 그림과 같다.

먼저 『설문해자』의 설명을 보자. "양(襄), 한나라의 법령에 따르면 옷을 벗고 밭갈이 하는 것을 양(襄)이라고 했다. 의(衣)가 의미부이고, 𤕦이 소리부이다. 은 양(襄)의 고문체이다.(襄, 漢令, 解衣而耕謂之襄. 从衣, 𤕦聲. , 古文襄.)" 갑골문에서 고문체 자형은 두 손을 나타내고, 고문체 자형 은 볏이 있는 쟁기를 나타내며, 은 동물과 먼지를 나타낸다.

❶

전체 형상은 양손으로 호리쟁기를 잡고 소로 밭을 갈고 있는데 먼지가 일어나고 있는 모습이다. 그리하여 양(襄)자에는 '밭을 갈다'는 의미가 생겨났다. 그렇다면 무엇 때문에 윗옷을 벗는 설명을 추가한 것일까? 밭갈이는 옷을 입었는지 여부와는 무관하지만 이 글자의 소전 자형 에 옷 부분 을 포함하고 있기 때문에 '옷을 벗는다'는 해석을 추가한 것이다.

양(襄)의 소전체는 고문체와 자형이 다르다. 본래는 달랐던 글자였지만 발음이 같아서 나중에 한 글자로 합쳐진 것이다. 본래 소는 보습 앞에서 쟁기를 끌지만 이렇게 되면 자형이 너무 넓어 좁은 죽간에 써넣을 수가 없어서 부득이하게 보습 부분을 소의 윗부분으로 옮겼다. 청동기의 명문 「중산방호(中山方壺)」에는 "망유양식(亡有襄息: 소가 끌고 있는 것을 내려놓고 휴식할 공간이 없다)"라고 새겨져 있다. 여기에서 양(襄)은 으로 쓰였는데 왼쪽은 차(車)이고 오른쪽은 양손으로 쟁기를 잡고 있는 모습이다. 그러나 동물의 모양이 소로 바뀌었기 때문에 갑골문의 양(襄)자는 쟁기를 끄는 동물이 소이며 소로 밭갈이하는 모습을 나타낸 것이라는 것을 증명할 수 있게 되었다.

금문의 양(襄)자는 위에서 언급한 자형 외에 모두 ❷와 같이 되어 있다. 『설문해자』에서는 다음과 같이 풀이했다. "양(𤕦)은 '어지럽다'는 뜻이다. 호(爻)와 공(工)과 교(交)와 훤(吅)으로 구성되었다. 일설에서는 질(窒)이라고 한다. 양(禳)처럼 읽었다. 은 주문체이다.(𤕦, 亂也. 从爻·工·交吅. 一曰窒. 讀若禳. , 籒文.)" 여기에서 예로 든 주문체 자형은 바로 금문 자형 ❸이다. 이 글자의 본래 의미는 추측하기 매우 어려운데, 아마도 한 사람이 머리위에 바구니를 한 개 이고 있고 바구니에는 흙덩어리가 담겨져 있으며, 그 옆에는 어떤 사람이 한 손에 나무막대기를 들고 독촉하는 모습을 나타내는 것일 수 있다.

이 글자가 나타내고자 하는 의미가 도대체 무엇인지 정말 이해하기 쉽지 않다. 양(襄)자에는 '소에게 멍에를 얹다(수레를 끌기 위한 굴레를 씌우는 것)'는 의미가 있는데, 어쩌면 사람이 머리 위에 흙덩어리를 담은 바구니를 이고 있는 것과 유사하여 '무거운 물건을 짊어진다'는 의미가 생겼을 수 있다. 『설문해자』에서는 양(襄)의 의미는 하나는 '어지럽다(亂)'이고, 다른 하나는 '막히다(窒)'이다. 무거운 물건을 짊어지게 되면 호흡이 가빠지고 숨쉬기 어려워진다. 이런 것들을 잠시 제쳐둔다면, 양(襄)의 고문체 자형이 분명히 소가 쟁기를 끌고 있는 모습을 나타내고 있기 때문에 '밭을 갈다'는 의미가 생겨났을 것이다. 양(襄)자의 파생 의미에는 벽지(闢地), 반복(反覆), 거가(擧駕), 물리쳐 없앰(攘除) 등이 있는데 모두 소로 밭갈이하는 것과 관련이 있다. 이 글자는 상나라시기에 이미 소로 쟁기를 끌었다는 것을 직접적으로 증명한다.

②

③

연구에 따르면 세계적으로 초기에 발달한 고대문명지역에서는 가축의 힘으로 수레를 끄는 것과 가축의 힘으로 쟁기를 끄는 것이 나타난 시기가 비슷하였고 가축의 힘으로 쟁기를 끌었던 시기는 가축의 힘으로 수레를 끈 시기보다 더 빠르다고 한다. 고대 이집트와 수메르에서는 기원전 3,500년 ~ 2,800년 사이에 이미 소로 밭을 가는 매우 복잡한 쟁기가 있었다. 중국의 전설에 따르면 중국에서는 소로 수레를 끌었던 시기가 말로 수레를 끌었던 시기보다 더 빨랐다고 한다. 상나라의 마차 제작은 매우 정교하고 복잡했는데 아마 오랜 기간에 걸쳐 발전한 것 같다. 상나라시기에 소로 수레를 끌고 밭을 가는 것도 문제가 없었을 것으로 보인다.

많은 사람들은 상나라시기에 이미 소를 이용하여 밭을 갈았다는 것을 믿지 않는다. 그 이유가 소로 밭을 갈았다면 인력의 5배에 해당하는 효과가 있었을 것인데 상나라는 동주(東周)만큼 높은 생산력을 갖추지 못했다는 것이다. 이런 논점은 소로 밭을 가는 것의 효과를 완전히 이해하지 못했다는 것을 나타낸다. 중국 본토의 연구자들이 실험을 해보았는데 청동 쟁기와 돌 쟁기를 사용하면 소가 밭갈이를 하는 효과가 사람이 쟁기를 끄는 것의 1.7배나 된다고 한다. 만약 철제 쟁기를 사용한다면 땅속에 더욱 깊게 꽂아 넣을 수 있기 때문에 이러한 경우에만 소가 쟁기를 끌고 경작하는 것이 인력의 5배 효과를 낼 수 있다.

고대에는 "국가의 대사는 제사와 전쟁에 있다.(國之大事, 在祀與戎)" 라고 하였는데 소는 상나라에서 제사를 지낼 때 가장 성대한 가축이었으며 전시에 군수품을 운송하는 주력이기도 했으며, 오직 단단한 땅을 개간할 때 인력으로 쟁기를 끌 수 없을 때에만 소로 쟁기를 끌었다. 일반적으로 이미 개간한 농지는 인력을 이용하여 운영하기 때문에 소를 이용하여 밭갈이를 하는 방법은 보급되지 않았다. 동주시기에 무쇠(生鐵)를 발명하게 되면서 철제 쟁기를 만들었고 소를 이용하여 철제쟁기를 끌며 경작을 하게 되어서야 인력의 5배에 달하는 효과를 얻을 수 있었다. 나중에는 보편적으로 사용되어 전체 사회의 생산력을 높일 수 있었고 사회적으로 큰 변화가 생겼다. 일부 경작을 하던 인력은 방출되어 군대에 참가하였기 때문에 전쟁의 규모가 이전 시대를 크게 넘어 섰다.

동주시기에는 이미 소를 이용하여 밭을 가는 것이 매우 보편적이었다. 그러나 춘추시기 『국어(國語)』의 진어(晉語)에서는 다음과 같이 기록했다. "종묘에서 제사지낼 때 쓰였던 희생(犧牲)은 논밭에서 밭갈이를 하는 노동력이 되었다.(宗廟之犧, 為畎畝之勤.)" 여기에서 진나라의 귀족들은 소가 제사 지내는 희생으로 간주되지 않고 쟁기를 끌고 밭갈이를 하는 것으로 소의 가치가 하락하여 여전히 애석해 했다는 것을 알 수 있다.

022 **이랑 주**

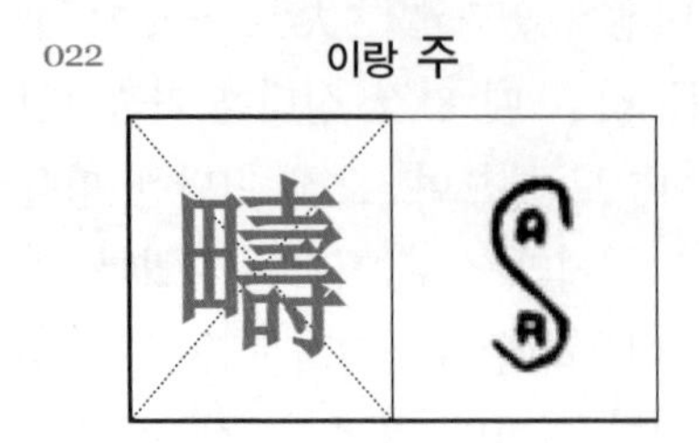

chóu

갑골문에서 주(疇)자❶는 한 덩어리의 틀어진 흙 모양인데 이것은 부드러운 흙덩어리가 볏의 방해로 인해 변형된 모양으로 밭갈이한 숙전(熟田)에서만 보이는 현상이다.

따라서 이 글자는 이미 정리하고 밭갈이를 한 뒤의 농경지를 의미하는 것으로 일반적인 땅과 흙덩어리와는 다르다.

『설문해자』에서는 주(疇)자에 대해 이렇게 풀이했다.

> "주(疇)는 '경작으로 정리된 밭'이라는 뜻이다. 전(田)과 수(壽)가 의미부이다. 곧지 못한 밭도랑을 본뜬 것이다. 𠷎는 주(疇)자의 혹체이며 생략형이다. (疇, 耕治之田也. 从田·壽. 象耕田溝詰詘也. 𠷎, 疇或省.)"

❶

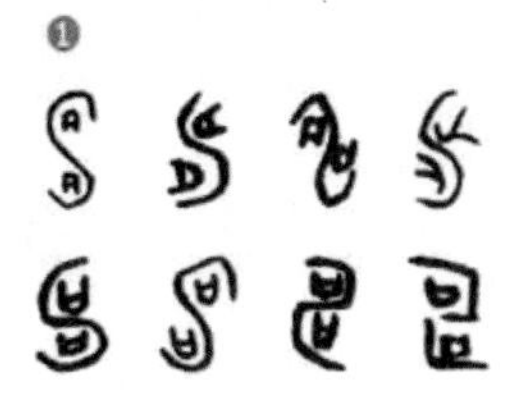

허신은 굽은 수로의 모양이라고 해석했는데 틀린 것으로 보인다. 아마도 뒤틀려 변형한 흙덩어리가 나타내는 의미가 그다지 명확하지 않기 때문에 나중에 전(田)을 기호로 추가하여 의미를 더욱 분명하게 했을 수 있다. 그리고 발음 표기방법이 편리하지 않아서 또 기호인 노(老)를 추가하여 전(田)이 의미부이고, 수(壽)가 소리부인 형성자가 된 것으로 보인다.

발로 쟁기를 밟는 방식을 이용하면 한 번에 흙을 한 덩어리만 파낼 수 있기 때문에 흙덩어리는 쟁기 볏의 방해로 갈아엎어져 변형된 형태로 될 수 없다. 이것은 상나라시기에 이미 쟁기를 끄는 방식으로 경작했기 때문에 이러한 흙덩어리가 나올 수 있었으며, 가축의 힘을 이용하지 않고 쟁기를 끄는 것은 불가능하다는 것을 간접적으로 증명한다.

023

합할 협

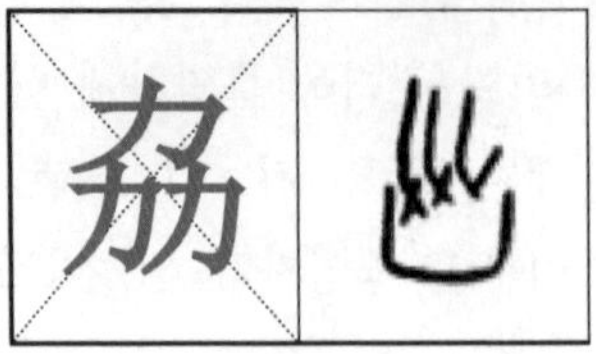

劦

xié

갑골문의 협(劦)자❶는 구(口) 혹은 감(凵) 위에 력(力)이 세 개 병렬하여 있는 모습이다. 력(力)은 초라한 땅 파는 도구를 본뜬 것이다. 구(口) 혹은 감(凵)은 갑골문에서 파인 구덩이 모양이다.

협(劦)의 본래 의미는 땅 파는 도구를 들고 많은 사람들이 같은 마음으로 협력하여 일하는 것이기 때문에 '협력'의 의미가 있다. 협(劦)에 파인 구덩이의 자형이 있는 것은 나중에 시공목적이 깊은 구덩이를 파는 것에 있음을 더욱 상세하게 설명하기 위한 것으로 보인다.

금문에는 복잡한 자형인 만 보인다. 『설문해자』에서는 협(劦)자에 대해 이렇게 풀이했다.

> "협()은 '힘을 모으다'라는 뜻이다. 세 개의 력(力)으로 구성되었다. 『산해경(山海經)』에서는 다음과 같이 기록했다. '계호산(鷄號山)에서는 바람이 힘을 합쳐 불어오는 듯했다.' 협(劦) 부수에 속하는 글자는 모두 협(劦)이 의미부이다.(, 同力也. 从三力. 山海經曰: 惟號之山, 其風若劦. 凡劦之屬皆从劦.)"

❶

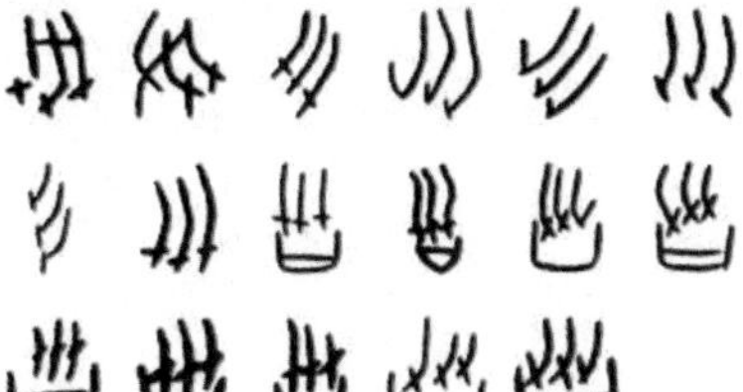

여기에서는 다시 초기의 력(力)이 세 개인 자형으로 복원되었다. 문자의 변천은 때로 반복되기 때문에 단지 문헌의 연대만으로 자형의 이르고 늦음을 결정하기 어렵다.

『설문해자』에서는 다른 글자 협(協)자에 대해 이렇게 풀이했다.

> "협(協)은 '대중이 모인 화합'이라는 뜻이다. 협(劦)과 십(十)으로 구성되었다. 叶은 협(協)의 고문체이다. 구(口)와 십(十)으로 구성되었다. 旪은 엽(叶)의 혹체자이다. 왈(曰)로 구성되었다.(協, 同衆之龢也. 从劦十. 叶, 古文協从口十. 旪, 叶或从曰.)"

허신은 의미는 협(劦)과 비슷하며 십(十)이 하나 추가된 것은 인원수가 많음을 강조했다고 보았다. 그러나 고문체의 자형이 구(口)와 십(十)으로 구성되었다는 것에 근거하여 볼 때 이 자형은 협(劦)자의 생략형인데 다른 글자로 오해했을 수 있다. 따라서 협(劦)과 협(協)은 같을 글자일 가능성이 매우 높다.

갑골문에는 자형❷가 있는데 두 마리의 동물이 쟁기 앞에 있는 모습이다. 하지만 지명(地名)이기 때문에 글자의 본래 의미를 추론하기 매우 어렵다.

❷

다행히 금문 자형❸에도 두 마리 혹은 세 마리 동물이 쟁기 앞에 있거나 또는 세 마리의 동물이 쟁기와 함께 있는 모습이다. 금문의 사례(辭例) 중 "이강전짐국(以康奠朕國)", "화만민(龢萬民)", "작문인대보화종(作文人大寶龢鐘)" 등의 예로부터 의미가 모두 협력(協) 혹은 협(諧)이라는 것을 알 수 있다. 본래 의미는 많은 소가 힘을 합쳐 밭가는 쟁기를 끄는 모습을 나타낸 것이며, 이는 세 개의 력(力)을 통해 협력하여 농업에 종사하는 협(劦)과 같다는 것도 알 수 있다. 발음과 의미가 모두 협(協)과 같아서 나중에 하나의 글자로 합쳐졌을 가능성도 있다. 하지만 이 글자는 이미 더 이상 사용하지 않는 '죽은 글자(死字)'가 되었으며, 협(劦)의 이체(異體)라고 말한 자전도 없기에 틀림없다고 할 수도 없다.

왜 많은 사람들이 흙을 파는 도구를 들고 구덩이를 파야 했을까? 밭에서 씨앗을 묻기 위해 파는 구덩이는 깊게 팔 필요가 없기 때문에 많은 사람들이 함께 깊은 구덩이를 파는 것은 틀림없이 어떤 큰 공정을 진행하는 것이다. 식물은 물이 필요하고 농작물의 선택과 수확량은 흔히 물의 공급에 따라 결정된다는 것을 제3권 『일상생활』❶(음식과 의복) 편의 음식 편에서 이미 소개한 바 있다. 비가 내리는 시간과 식물이 물을 필요로 하는 시간이 일치하지 않기 때문에 효과적으로 빗물을 이용하려면 빗물을 저장하고 동시에 빗물을 적당량으로 방류하여 농지를 관개해야 한다. 이를 위해서는 수로와 댐 종류의 건설이 필요하다.

❸

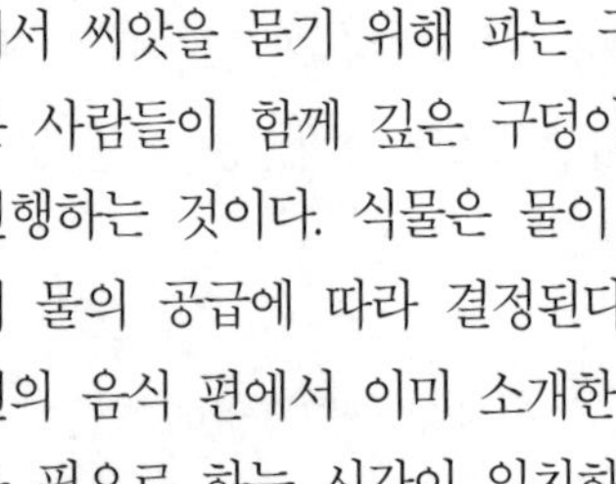

수로를 건설하려면 많은 인력이 필요하다. 현(賢)은 바로 많은 사람들을 통제하고 관리할 수 있는 능력을 가진 인재를 의미한다. 공정이 순조롭게 진행되려면 좋은 조직과 호령이 필요하다. 이를 위해서는 지도력과 권위가 있어야만 많은 인력을 동원하여 힘든 일에 종사하게 할 수 있다. 협(劦)은 갑골복사에서 농경지와 관련된 시설[劦田]에 사용되고 있다. 상나라의 사회적 배경에 비추어 볼 때 많은 사람들이 깊은 구덩이를 파는 상황은 댐을 파는 공정을 진행하는 경우라고 보아야 한다. 상나라시기의 유적에서도 물의 유량을 조절하는 수문의 흔적을 발견되었는데, 이는 상나라시기에 물을 저장하는 시설이 있었음을 보여 준다.

024 머무를 류

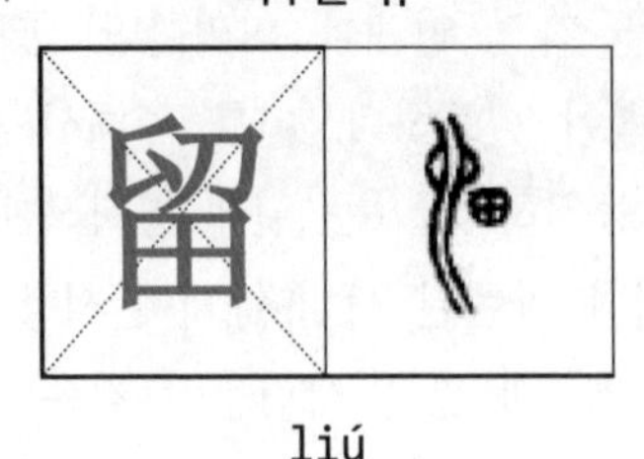

liú

금문의 유(留)자 , 를 보면 밭 옆에 어떤 굽은 물건이 있는 모습이다.

고고학 발굴에 따르면 적어도 기원전 4,000년~3,000년 전의 동해안(東海岸) 마가빈문명(馬家濱文化)에서 이미 작은 수로를 파서 거주하는 곳으로 물을 끌어오는 시설이 있었다.

이러한 수로는 종종 많은 양의 물이 흐르기 때문에 나무기둥으로 보호제방을 쌓아(다음 페이지 그림 참조), 벽이 무너져 물의 흐름을 방해하는 것을 방지할 필요가 있었다. 이를 통해 쉽게 유(留)자의 의미를 알 수 있다. 즉, 농경지의 옆에 나무기둥으로 제방을 보호한 수로가 있어서 빗물을 저장하여 밭에 관개할 수 있는 것이다. 따라서 '축적하여 머무르게 하다', '머무르다', '남다' 등과 같은 관련 의미가 생겨났다.

『설문해자』에서는 "유(畱)는 '멈추다'는 뜻이다. 전(田)이 의미부이고, 丣가 소리부이다.(畱, 止也. 从田, 丣聲.)"라고 형성자로 설명했는데 틀린 것으로 보인다.

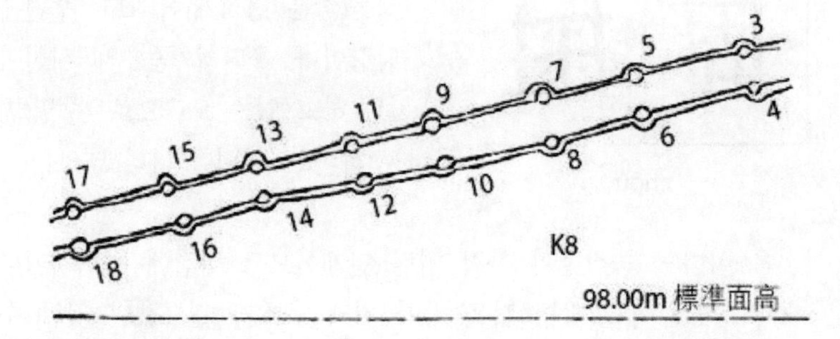
3
5
7
9
11
13
15
17
4
6
8
10
12
14
16
18
K8
98.00m 標準面高

96.75m
乙八
夯土
乙九
擾土
水溝
K8

▌상(商)나라 수로 조감도

025 두루 주

周 zhōu

갑골문의 주(周)자❶는 밭에 농작물(작은 점 4개)이 있고 주변에 담장이나 울타리 종류의 시설이 보호하고 있는 모습으로, '주밀(周密)하다'는 의미를 나타냈다.

이것은 아마도 농작물이 아직 어린 단계이므로 바람에 넘어지거나 혹은 새와 짐승들이 짓밟는 것을 막기 위해 보호가 필요했던 것일 수 있다.

금문시대에 이르러 어떤 글자❷는 아랫부분에 구(口)자를 한 개 추가하였는데 이것도 일반적인 장식 기호로 입 혹은 구덩이와는 관련이 없다. 『설문해자』에서는 다음과 같이 풀이했다.

> "주(周)는 '빽빽하다'는 뜻이다. 용(用)과 구(口)로 구성되었다. [古文周]는 주(周)의 고문체이고, 고문체 급(及)이 의미부이다.(周, 密也. 从用·口. [古文周], 古文周字, 从古文及.)"

갑골문과 금문의 자형을 비교할 있게 된 후 용(用)으로 구성되었다는 분석은 잘못된 것이라는 것을 알 수 있다. 주(周)자는 밭의 광경을 빌려서 만든 것이다.

❶

❷

026 **동산 유**

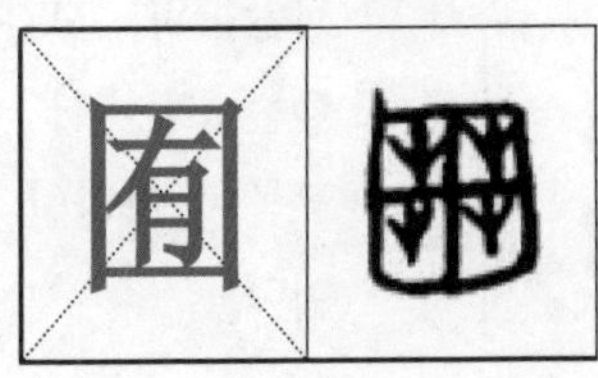

yòu

주(周)자를 만든 발상과 비슷한 글자가 또 있는데 바로 갑골문에 있는 유(囿)자❶이다.

특정한 초목을 심는 장소를 나타내는데 이곳은 일반적인 농경지가 아니고 담장을 쌓아 확정해놓은 범위 내에서 귀족들이 즐기며 가지고 놀 수 있도록 엄선한 식물을 심어놓았다. 심지어 동물도 키웠는데 이것은 귀족들이 국가의 정무를 처리하고 여유시간에 기분을 풀기 위한 특별한 장소였다. 일반 농지는 신경 쓰고 애써서 울타리로 둘러쌀 필요가 없다. 갑골복사에는 상나라 왕이 이러한 정원에서 관상했다는 것을 점친 것이 있다.

금문 시대에 이르자 이 글자는 형성자 로 대체되었고 구(囗)가 의미부이고 유(有)가 소리부인 것으로 바뀌었다. 『설문해자』에서는 유(囿)자에 대해 이렇게 풀이했다. "유( )는 '정원에 담장이 있다'는 뜻이다. 구(囗)가 의미부이고, 유(有)가 소리부이다. 일설에서는 짐승을 키우기 때문에 유(囿)라고 했다고 한다. , 유(囿)의 주문체이다.(, 苑有垣也. 从囗, 有聲. 一曰所以養禽獸曰囿. , 籒文囿.)" 다행히도 주문체의 자형을 수록하고 있어서 갑골문 자형이 유(囿)자의 초기 자형이라는 것을 증명할 수 있었다.

❶

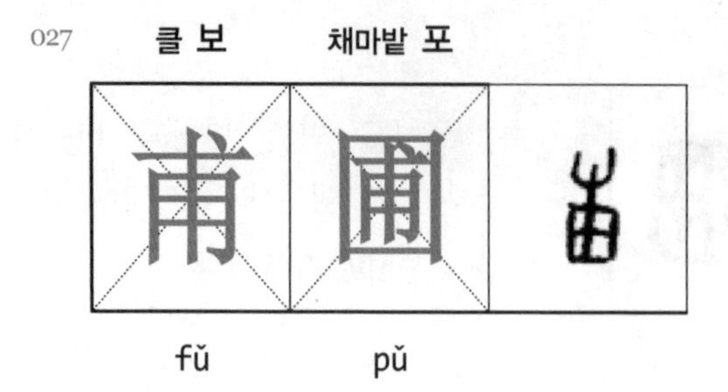

갑골문의 보(甫)자 ❶는 밭에서 어린 묘목이 자라난 모습이다.

이 글자가 바로 나중에 생긴 포(圃)자의 초기 글자였는데, 밭에 심은 씨앗이 싹이 터서 땅위로 뚫고 올라온 것을 나타냈기 때문에 사람들이 '채소밭'이라는 의미로 사용했다. 금문 자형❷에서는 곧게 자란 어린 묘목이 점차 한쪽으로 구부러지고 정방형의 밭도 용(用)자의 모양으로 변했다.

따라서 『설문해자』에서는 보(甫)자에 대해 이렇게 풀이했다. "보(甫)는 '남자'의 미칭이다. 용(用)과 부(父)가 의미부이고, 부(父)는 소리부도 겸한다.(甫, 男子之美稱也. 从用·父, 父亦聲.)"

여기에서는 전답(田地)의 모습은 찾아볼 수 없고 용(用)과 부(父)로 구성된 표의자, 또는 부(父)를 소리부로 하는 형성자라고 설명했는데, 부(父)가 소리부이면 용(用)은 의미부이므로 의미를 나타내는 기호여야 한다. 그러나 용(用)과 남자의 미칭과의 관계에 대해서는 설명을 하지 않았다. 글자의 본래 의미를 이해하려면 이른 시기의 자형일수록 더 도움이 된다. 허신은 갑골문의 자형을 보지 못했기 때문에 보(甫)와 전(田)의 관계를 알아보지 못한 것이다.

❶ ❷

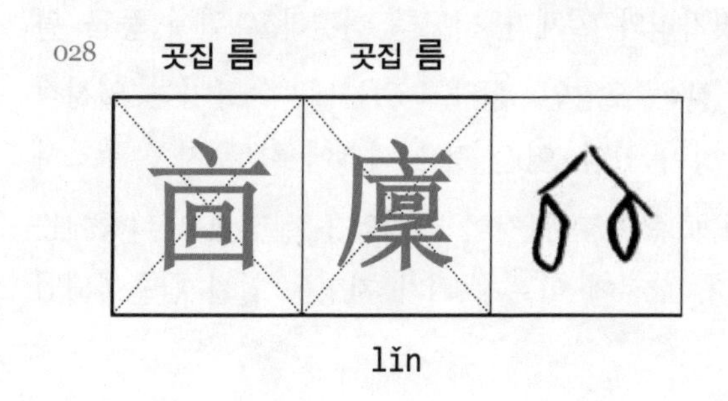

상나라 때에는 일 년에 한번만 식량을 수확했기 때문에 연(年)자 는 사람이 곡물을 운반하는 것으로 일 년이라는 시간을 나타냈다.

수확한 곡물은 일 년 동안의 주식이므로 의외의 상황에 필요할 때 사용할 수 있도록 반드시 적절하게 보관할 수 있는 장소가 있어야 했다. 일반적으로 먼저 먹을 수 있는 낟알은 두드려서 얻은 뒤 다시 껍데기를 벗기는데 이러한 가공에 관한 문자는 이미 제3권 『일상생활편』❶(음식과 의복)편에서 소개한 바 있다. 낟알을 두드려서 얻은 뒤 곡식의 줄기는 소의 사료로 사용하거나 또는 엮어서 도구를 만들거나 또는 땔감으로 이용한다. 갑골문의 름(亩)자❶는 곡식 줄기를 사용하여 쌓아올린 볏가리 모습이다. 볏가리 아래의 구(口)자는 나중에 추가된 것으로 빈 공간을 채우는 장식성 기호이다.

금문❷에 이르러서는 많은 변화가 생겨났다. 볏가리 위에 미(米)자를 추가하여 로 보관하고 있는 쌀알을 나타냈다. 본래 의미는 곡식 줄기를 쌓아놓은 볏가리였는데 아마도 의미가 곡식 낟알로 확대된 것으로 보인다. 또는 손에 막대기를 든 복(攴)자를 추가하여 두드리는 방식으로 탈곡하는 것 을 나타내기도 했다.

❶

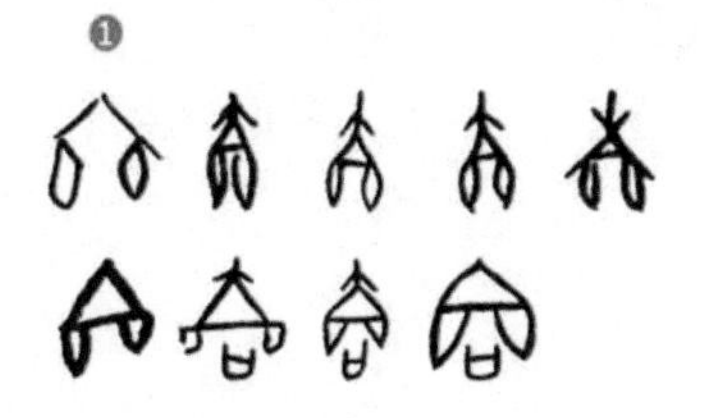

그리고 구(口)자를 볏가리와 일체가 되도록 연결하고 위에 둥근 원을 추가하여 비(啚)자와 같은 모양인 가 되었는데 이 글자는 일시적으로 잘못 쓴 것일 가능성이 있다. 어떤 것은 아래에 화(禾)자를 추가하여, 자로 더욱 명확하게 쌓아놓은 것이 곡식임을 설명했고 나중에는 복잡한 름(廩)자가 되었다. 소전에 이르게 되자 자형은 훨씬 단순화되었다.

『설문해자』에서는 름(㐭)자에 대해 이렇게 풀이했다. "름()은 '곡식을 보관하는 곳'이라는 뜻이다. 종묘 제사에 올릴 곡물은 노랗게 되었을 때 수확하였기 때문에 름(㐭)이라 했다. 입(入)과 회(回)로 구성되었다. 회(回)자는 집 모양을 본뜬 것이다. 름(㐭) 부수에 속하는 글자들은 모두 름(㐭)이 의미부이다. 은 름(㐭)의 혹체이며 광(广)과 름(稟)으로 구성되었다.(, 穀所振入也, 宗廟粢盛, 倉黃㐭而取之, 故謂之㐭. 从入. 回, 象屋形. 凡㐭之屬皆从㐭. , 㐭或从广稟.)"

글꼴이 많이 단순화되었기 때문에 곡식더미의 모양이라는 것을 알아보기 어렵다. 상나라시기에는 곡물을 보관하는 창고를 나타내는 다른 문자가 있었는데 나중에는 다시 사용되지 않자 름(㐭)자에 '곡식창고'라는 의미가 생겨나게 되었다. 그래서 『설문해자』에서는 이 글자는 곡식을 보관하는 창고를 나타낸 것이라고 설명한 것이다.

❷

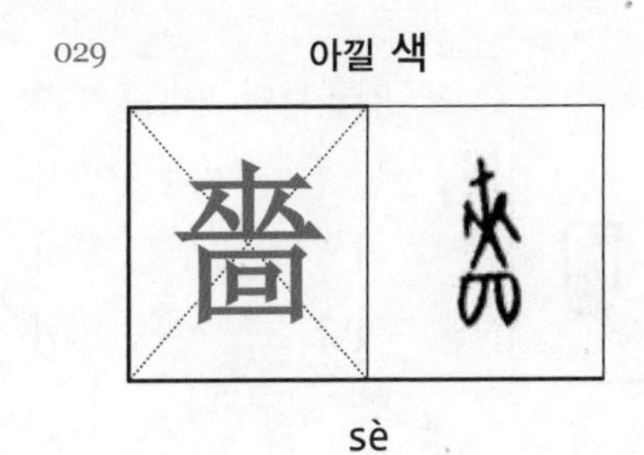

갑골문의 색(嗇)자❶는 아랫부분은 볏가리, 윗부분은 밀을 나타낸다. 이것은 곡식류의 작물을 더미로 쌓아놓은 것으로, 이것을 통해 시골에 이러한 모습이 있었다는 것을 나타냈다.

금문에서 색(嗇)자❷는 자형 변화의 영향을 받아 아랫부분이 유화(類化)되어 로 변하거나 또는 잘못 변하여 가 되었다.

『설문해자』에서는 색(嗇)자에 대해 이렇게 풀이했다. "색()은 '아끼다는 뜻이다. 래(來)와 름(㐭)로 구성되었다. 밀은 창고(㐭)에 저장하였다. 그래서 농부(田夫)를 색부(嗇夫)라고 부르기도 한다. 일설에서는 극(棘)의 생략형이 소리부라고 한다. 색(嗇) 부수에 속하는 글자들은 모두 색(嗇)이 의미부이다. 색()은 색(嗇)의 고문체이다. 전(田)이 의미부이다.(, 愛濇也. 从來·㐭. 來者, 㐭而臧之, 故田夫謂之嗇夫. 一曰棘省聲. 凡嗇之屬皆从嗇. , 古文嗇, 从田.)"

농민들은 천신만고를 거치고 나서야 수확을 할 수 있기 때문에 낟알을 매우 소중히 여긴다. 이 때문에 '아끼다'는 의미가 생겼다. 나중에는 '인색하다'는 의미로 바뀌게 된다.

❶

❷

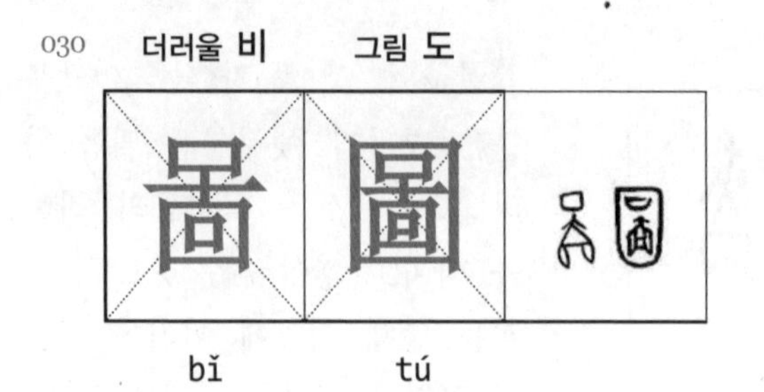

갑골문의 비(啚)자❶는 읍(邑)자와 구별하기 위해서 만든 문자이다. 큰 원은 범위를 나타낸다.

앙소시대(仰韶時代)의 거주지는 흔히 수로로 둘러싸여 있었다. 읍(邑)자는 실내에 앉아 있는 한 사람의 모습을 나타낸 것으로 농사 작업장이 아닌 실내에서 생활하는 주거지를 나타낸다. 비(啚)자는 볏가리가 보이는 시골을 나타냈다.

금문의 비(啚)❷자는 자형의 변화가 름(㐭)자, 색(嗇)자와 같다.

『설문해자』에서는 비(啚)자에 대해 이렇게 풀이했다.

> “비(啚)는 ‘아끼다’는 뜻이다. 구(口)로 구성되었고, 름(㐭)으로 구성되었다. 름(㐭)은 ‘받다’는 뜻이다. 啚는 비(啚)자의 고문체인데, 역시 이러하다.(啚, 嗇也. 从口·从. 㐭, 受也. 啚, 古文啚如此.)”

허신은 구(口)자로 구성된 의미를 설명하지 않았다. 사실 이 글자는 범위를 나타내는 위(囗)자로 구성된 것이다. 이 글자는 또 다른 의미가 있었는데 바로 훗날의 도(圖)자이다.

금문의 도(圖)❸자는 대략적으로 넓은 범위 내에 있는 많은 작은 단위의 농촌을 나타낸다. 고대 국가의 재정수입은 주로 농업세수에 의존했다. 농업세수는 대략적으로 농지의 크기나 인구수로 계산했기 때문에 농촌의 호적등기대장과 지도를 제작해야 할 필요가 있었다. 이것은 고대에서 제작하는 지도의 주요 내용이었고, 그 다음에는 아마도 교통노선지도였을 것이다. 작전계획을 세울 때에도 종종 지도를 펼쳐놓고 손으로 가리켰는데 도(圖)자는 아마도 이러한 연유로 '도모(圖謀)하다'는 뜻을 가질 수 있었던 것으로 보인다. 금문의 한 자형 은 심(心)자를 하나 추가하였는데 이것은 고대인들이 마음은 사고하는 기관이라고 여겼기 때문이다. 그러나 이 글자의 형태가 지나치게 복잡해서 나중에는 사용하지 않았다.

❸

『설문해자』에서는 도(圖)자에 대해 이렇게 풀이했다.

> "도(圖)는 '계획을 세우기가 어렵다'는 뜻이다. 위(囗)로 구성되었고, 비(啚)로 구성되었다. 비(啚)는 '어렵다'는 뜻이다.(圖, 畫計難也. 从囗从啚. 啚, 難意也.)"

허신은 도(圖)자가 '대책을 세우기 어렵다'는 의미를 가지고 있다고 생각하였는데 아마도 군대에서 지도를 펼쳐놓고 전략을 세우는 습관에서 유래한 것으로 보인다. 『설문해자』에서는 위(囗)로 구성된 의미에 대해서 설명하지 않았을 뿐만 아니라, 비(啚)자에는 '어려움'이라는 뜻도 없기 때문에 이 설명은 타당하지 않다. 도(圖)의 의미는 '지도'와 '호적'이었는데 나중에 '그림'의 의미가 파생되었다. 금문의 명문(銘文)에는 주왕(周王)이 도실(圖室)에 왔다는 기록이 있는데 이것은 농업 관련 도서를 소장하고 있는 방이 아니라 벽이 그림으로 장식되어 있는 방을 가리킨다.

031 **빛날 경**

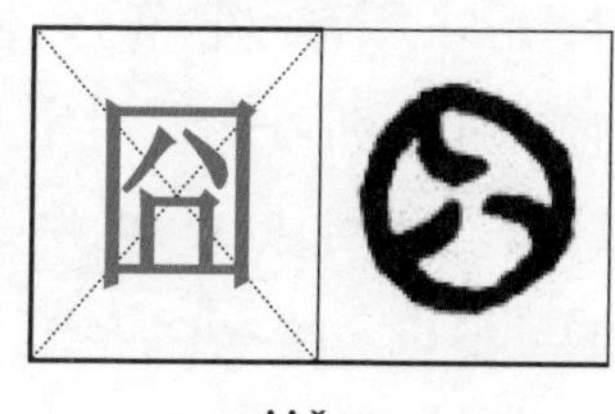

jiǒng

갑골문의 경(囧)자❶는 명(明)자의 한 자형 ❷로부터 명(明)자의 뜻이 달빛이 창문을 비추어 실내가 밝아지는 것이라는 것을 알 수 있다. 의심의 여지가 없이 경(囧)자는 둥근 창문을 본뜬 것이다. 금문의 자형도 로 변하지 않았다.

『설문해자』에서는 경(囧)자에 대해 이렇게 설명했다. "경()은 '창문을 열자 다락이 밝아지기 시작했다'는 뜻이다. 경(囧) 부수에 속하는 글자들은 모두 경(囧)이 의미부다. 광(獷)처럼 읽는다. 가시중(賈侍中)은 독음이 명(明)자와 같다고 했다.(, 窗牖麗廔闓明也. 象形. 凡囧之屬从囧. 讀若獷. 賈侍中說 : 讀與明同.)"

이 설명은 매우 정확하다. 그러나 갑골복사에서는 이 글자를 '곡물창고'의 의미로 사용하였다. "왕기등남경미(王其登南囧米)"를 번역하면 "왕은 남쪽 곡물창고에 보관하여 둔 쌀을 신령에게 받치는 공물로 삼고자 하는데 적절합니까?"라는 뜻이다. 도시의 곡물창고에 보관하고 있는 것은 이미 탈곡한 낟알로 심지어는 껍질을 벗긴 정백미(精米)도 있었다. 곡물을 장기간 보관하려면 환기가 필요하다. 그래서 창문으로 곡물창고를 나타낸 것으로 보인다.

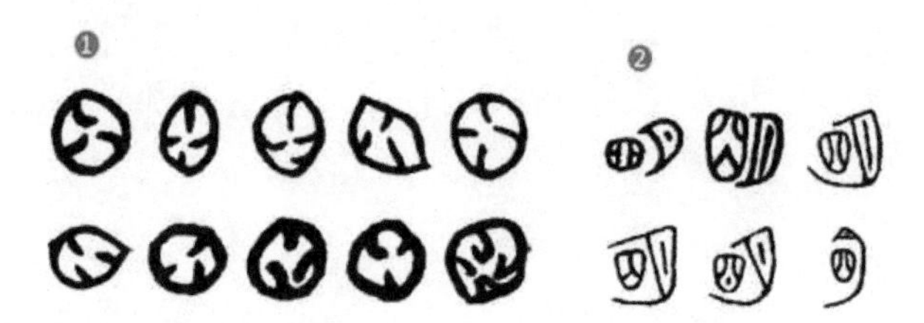

032 곳집 창

倉

cāng

갑골문의 창(倉)자 는 경(冏)자에 대한 이해를 통해서 아마도 지붕 이 있고 열 수 있는 창문 이 있는 건축물을 나타낸 것으로 보인다.

제4권 『일상생활편』❷(주거와 이동)에서는 초기의 집은 열수 있는 창문이 없고 오직 출입구만 하나 있을 뿐이라고 소개했다. 창문이 있는 창고는 특수한 건축물이기 때문에 이와 같이 창(倉)자를 만든 것이다. 금문의 자형❶은 변화가 없다.

『설문해자』에서는 창(倉)자에 대해 이렇게 풀이했다. "창()은 '곡식 창고'라는 뜻이다. 곡물이 노랗게 되면 거두어서 저장하기 때문에 '곡식 창고'라고 한다. 구(口)자는 창고 모양을 본뜬 것이다. 창(倉)부수에 속하는 글자들은 모두 창(倉)이 의미부이다. 은 창(倉)의 특이한 자형이다. (, 穀藏也. 蒼黃取而臧之, 故謂之倉. 从食省. 口象倉形. 凡倉之屬皆倉. , 奇字倉.)" 소전의 자형은 호(戶)의 필획을 연장했기 때문에 이미 호(戶)를 알아볼 수 없게 되어 식(食)의 생략된 형태로 간주했다. 만약 갑골문과 금문의 식(食)을 비교해보면 많이 다르다는 것을 바로 알 수 있다. 수록된 특이한 고문체 자형은 필획을 지나치게 많이 생략했다. 만약 경(冏)자라는 힌트가 없었다면 창(倉)자의 뜻을 알아볼 수 없었을 것이다.

❶

033 **가을 추**

秋

qiū

갑골문의 추(秋)자❶에는 두 가지 자형이 있다. 첫 번째는 한 마리의 곤충 모양이다. 이 곤충의 앞쪽에는 두 개의 더듬이가 있고 등에는 날개가 있는데 다양한 곤충이 가지고 있는 비슷한 모습이다.

이 글자는 갑골복사에서 두 가지 의미가 있는데 하나는 '가을'이라는 시간부사이고 다른 하나는 일종의 '자연재해'이다. 두 번째 자형은 이 곤충이 불에 타고 있는 모양이다. 이 두 가지 자형과 사용했던 의미를 통해 이 글자는 메뚜기의 모습임을 알 수 있다.

화북(華北)지역에서는 농작물을 수확하기 전에 자주 메뚜기 재해가 발생하는데, 수천수만 마리로 무리지어 와서는 곡식을 모두 갉아먹은 뒤에야 무리지어 떠나갔다. 메뚜기 재해는 홍수와 가뭄의 재난보다도 더욱 심각했다.

❶

『춘추(春秋)』에는 메뚜기 재해를 수십 번 기록했다. 고대에는 메뚜기 재해를 예방할 수 있는 적절한 방법은 없었고, 메뚜기가 빛을 쫓아다니는 습성(趨光性)을 가지고 있었기 때문에 종종 불을 이용하여 박멸했다. 상나라 사람들도 틀림없이 동일한 방법을 사용하여 메뚜기 떼를 대처했을 것이다. 메뚜기는 여름과 가을에 활동하는 곤충이기에 고대 사람들은 메뚜기로 가을을 나타냈다. 상나라시기에는 일 년이 오직 봄과 가을 두 개의 계절밖에 없었고 메뚜기는 여름과 가을에만 활동하는 곤충이었다는 것을 통해 상나라시기에는 봄에 겨울을 포함시키고 가을에 여름을 포함시켰다고 추론할 수 있다. 이로부터 일 년의 사계절은 지금처럼 봄, 여름, 가을, 겨울 순서가 아니고 겨울, 봄, 여름, 가을의 순서였던 것 같다. 그래서 농작물을 해치는 메뚜기로 가을을 나타냈을 것이다.

현재 남아 있는 금문시대의 4개의 자형❷은 상나라시기와 매우 다르다. 오직 소전을 통해 보아야만 왜 이렇게 변화했는지 알 수 있다.

『설문해자』에서는 추(秋)자에 대해 이렇게 풀이했다.

> "추(秌)는 '곡식이 익었다'는 뜻이다. 화(禾)가 의미부이고, 𤍠의 생력형이 소리부이다. 龝는 추(秋)의 주문체이며 생략되지 않았다.(秌, 禾穀熟也. 从禾, 省聲. 龝, 籒文不省.)"

❷

허신은 수록한 주문 자형을 통해 갑골문의 불로 메뚜기를 태우는 자형 은 먼저 화(禾)자 를 추가하여 가을과 곡물을 수확하는 것의 관계를 추가로 설명했다는 것을 추론할 수 있다. 동시에 메뚜기의 이미지를 거북이 로 틀리게 그렸다. 하지만 이러한 자형은 지나치게 복잡하여 메뚜기의 모양을 제거하고 화(禾)와 화(火)가 조합된 구조인 로 변하게 된다. 가을이 날짜와 관련이 있다는 것을 강조하기 위해서 일(日)을 기호로 추가하여 가 되었다. 그 다음 일(日)을 전(田)으로 틀리게 써서 가 되었다. 자형의 변천이라는 관점에서 보면 이 글자의 변천과정은 에서 가 되고, 다시 가 되었다가 단순화되어 가 되었으며 다시 로 복잡하게 쓴 순서일 것이다. 현재는 가장 간략한 화(禾)로 구성되고 화(火)로 구성된 추(秋)가 통용되고 있다.

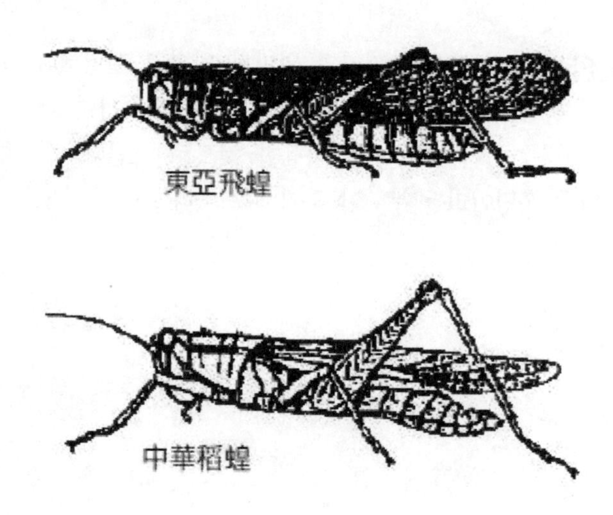

▌메뚜기 모습

034 **다할 첨**

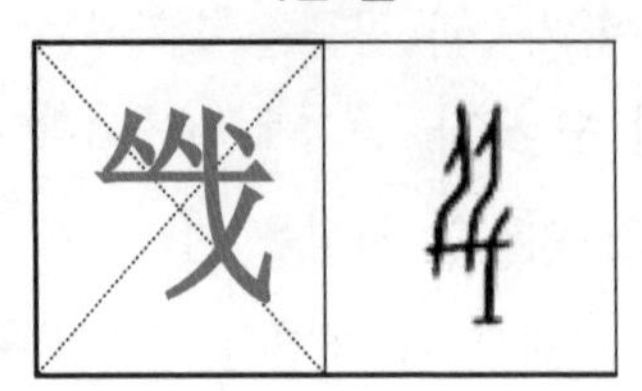

jiān

갑골문에는 첨(𢦏)자❶가 있는데, 창 과(戈) 앞쪽에 사람 인(人)자가 있는 것 같은 모습이다.

『설문해자』에서는 다음과 같이 풀이했다.

> "첨(𢦏)은 '끊다'는 뜻이다. 종(从)자로 구성되었고 창을 들고 있는 모습니다. 일설에서는 농기구의 고문체라고도 한다. 함(咸)처럼 읽는다. 일설에서는 『시경(詩經)』의 '섬섬여수(攕攕女手)의 섬(攕)처럼 읽는다고도 한다.(𢦏, 絕也. 从从持戈. 一曰田器古文. 讀若咸. 一曰讀若詩 : 攕攕女手.)"

허신은 이 글자에 고대 농기구의 의미가 있다고 설명했다. 이 글자는 긴 자루에 촘촘한 톱니[密齒]가 있는 농기구와 비슷하여 잡초를 제거하거나 흙덩어리를 부수는 용도로 사용한 것으로 보인다. 경작할 때에는 반드시 자주 흙덩어리를 부숴야 하기 때문이다.

❶

035 **벨 삼**

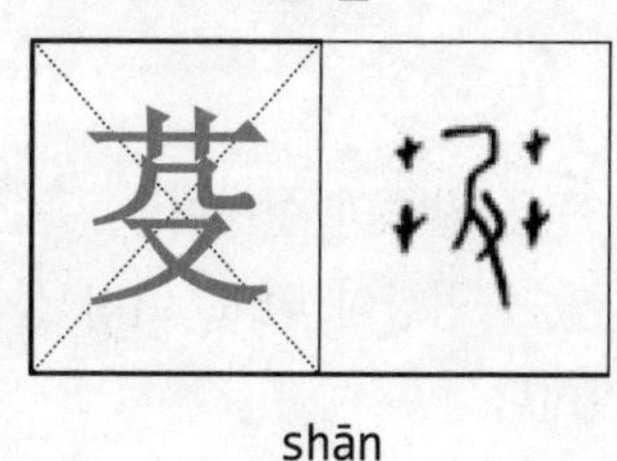

shān

『설문해자』에서는 삼(芟)자에 대해 이렇게 풀이했다. "삼(芟)은 '풀을 베다'는 뜻이다. 초(艸)와 수(殳)로 구성되었다.(芟, 刈草也. 从艸殳.)"

그러나 수(殳)로 구성된 부분은 자형이 잘못 변했을 가능성이 있다. 수(殳)의 자형은 한손에 도구를 들고 있는 모습인데 이 도구는 대부분 타격용으로 쓰이며 농기구로 사용되는 것은 본적이 없다. 갑골문의 자형 ❶중 한 자형은 풀숲에 내(乃)자 모양의 물건이 있는 모습이고, 다른 한 자형에서 중간 부분은 [illegible]로 한 손에 내(乃)자 모양의 물건을 들고 풀숲에 있는 모습이다.

『설문해자』에서는 내(乃)자에 대해 이렇게 풀이했다.

> "내(乃)는 '언어 바로잡기의 어려움'이라는 뜻이다. 공기가 방출되기 어려운 모습을 본뜬 것이다. 내(乃) 부수에 속하는 글자는 모두 내(乃)가 의미부이다. [illegible]는 내(乃)의 고문체이다. 𠄎는 내(乃)의 주문체이다.(乃, 曳詞之難也. 象氣之出難也. 凡乃之屬皆从乃. [illegible], 古文乃. 𠄎, 籒文乃.)"

❶

허신은 공기가 방출되기 어려운 모습이라고 설명했는데, 자형에 이러한 의미가 있다는 것을 관찰할 수 없다.

내(乃)는 일종의 문법적인 용법으로, 혹은 일종의 설명이고, 혹은 일의 전환점이어서 구체적으로 묘사할 수 있는 형상이 없고, 어떤 물건을 나타내는 글자의 발음으로 가차되었을 것이다.

삼(芟)의 본래의 자형은 한손에 제초하는 도구를 들고 제초하는 모습 인데, 후대에는 으로 쓰는 글자가 없다. 자형이 과 비슷하여 전체 자형이 으로 변했을 가능성도 있는 것 같다. 이 글자는 손에 제초 도구를 들고 제초하는 모습을 나타냈을 것이다.

제3부

농사 이외의 시간

제3부
농사 이외의 시간
야생 자원을 소중히 여기다

농업 사회에서 음식과 의복에 필요한 재료는 주로 농경과 목축에서 나왔기 때문에, 일상적인 생산 관련 문제를 쉽게 표현할 수 있도록 관련 단어를 만드는 것이 시급했다. 사람들이 비록 야생 동식물의 이용을 소홀히 여기지 않았지만, 그것이 국가 경제에 있어서 중요한 부분이 되지 않았기 때문에 관련 글자를 급히 만들어야 할 필요가 없었고 문헌기록에서도 드물게 보인다. 시간이 흘러 글쓰기가 보급되었고 사람들도 형성자의 조자방법이 비교적 간단하다는 것을 알게 되었다. 그리하여 다양한 사물과 상황을 표현하기 위해 형성자를 대량으로 만들었고, 모습을 본뜨는 것(象形)과 표의자는 보기 힘들어졌다.

사람들은 오곡과 잡곡을 재배하여 주식으로 삼았으며 과일과 채소를 채집하여 식품 공급원을 보충했다. 아래에서는 고대인들이 야생에서 흔히 볼 수 있었던 식물과 자주 채집했던 산나물과 야생과일 및 관련 도구를 나타내는 표의자를 소개하도록 하겠다.

036 **빛날 화**

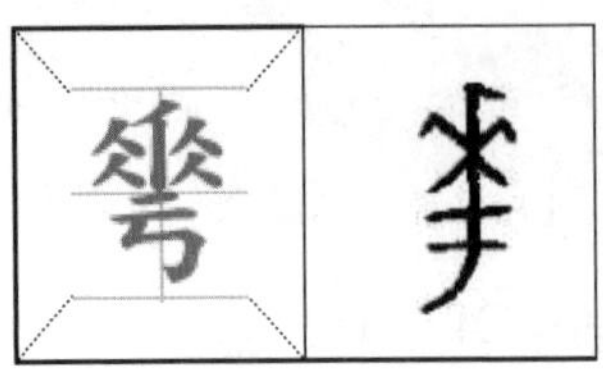

huá

금문의 글자는 후대에 생겨난 화(華)자로 뜻은 '꽃'이다. 자형 ❶은 여러 송이의 꽃이 있는 식물의 모습으로 상형자인 셈이다.

이 꽃은 뿌리 부분이 표현되어 있지 않고, 두 줄의 평평한 필획은 꽃봉오리를 나타내고, 굽은 필획은 이미 활짝 핀 꽃을 표현한 것 같다. 식물의 꽃 모양은 다양하기 때문에 화(華)자는 모든 꽃들의 상징적인 대표글자이다.

『설문해자』에서는 화(華)자에 대해 이렇게 풀이했다.

> "화(𠌶)는 '초목의 꽃'이라는 뜻이다. 수(𠀀)가 의미부이고, 우(于)가 소리부이다. 수(𠀀) 부수에 속하는 글자들은 모두 수(𠀀)가 의미부이다. 화(荂)는 와(𠌶)의 혹체자이며 초(艸)와 과(夸)가 의미부이다.(𠌶, 艸木華也. 从𠀀, 于聲. 凡𠀀之屬皆从𠀀. 荂, 𠌶或从艸夸.)"

❶

허신은 우(于)로 구성된 형성자로 분석했는데, 정말 불필요한 것이었다. 나중에 풀을 나타내는 기호를 추가해 화(華)자가 되었는데, 이는 뜻을 더욱 분명하게 하였다.

『설문해자』에서는 다음과 같이 풀이했다. "영(蕐)은 '꽃'이라는 뜻이다. 초(艸)와 화(𠌶)로 구성되었다. 화(華) 부수에 속하는 글자들은 모두 화(華)가 의미부이다.(蕐, 榮也. 从艸𠌶. 凡華之屬皆从華.)"

이 글자는 나중에 화(花)자로 단순화되었다. 이 글자는 글자의 변천 전후 단계를 잘 보여준다. 제일 처음은 상형자 또는 표의자였고, 그 다음은 의미부 또는 소리부를 추가해 형성자를 만들었고 마지막에는 다시 필획수가 적은 형성자 또는 표의자로 단순화하였다.

037 잎 엽

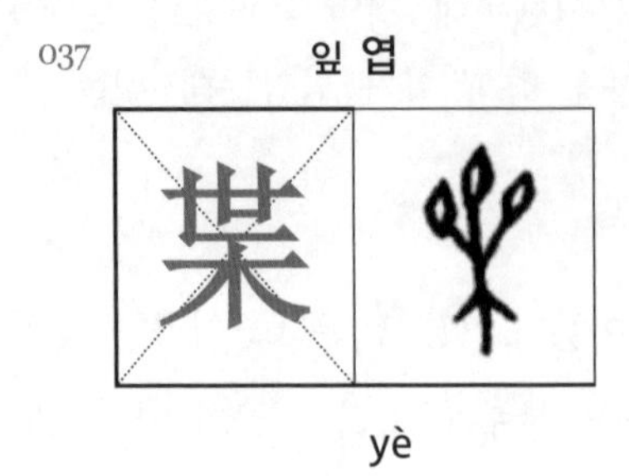

갑골문의 엽(枼)자❶를 보면 나무의 가지에 잎이 많이 달려 있는 모습이다. 나무를 같이 그리지 않고 잎사귀 모양만 그린다면 다른 물체의 모양과 혼동할 수 때문에 나무 위의 잎사귀라는 것을 쉽게 알 수 있도록 나무의 형상을 추가했다.

금문 시대 ❷에 이르러 잎의 배열이 점차 바뀌어서 더 이상 잎이라는 것을 알아볼 수 없게 되었다.

『설문해자』에서는 다음과 같이 풀이했다. "𠀍은 '각목'이라는 뜻이다. 엽(枼)은 '얇은 목판'이라는 뜻이다. 목(木)이 의미부이고, 세(世)가 소리부이다. 『춘추전(春秋傳)』에서는 '각목을 본체로 올리다(관속 멍석과 해골)'라고 했다.(𠀍, 楄也. 枼, 薄也. 从木, 世聲. 春秋傳曰 : 楄部薦榦.)"

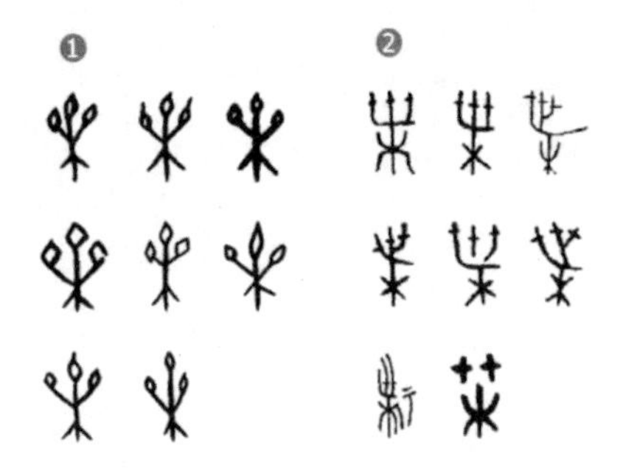

허신은 목(木)이 의미부이고 세(世)가 소리부인 것으로 분석했다. 그러나 세(世)와 엽(枼)은 같은 운부(韻部)가 아니다. 그러므로 엽(枼)은 표의자이지 소리부가 세(世)인 형성자가 아니다.

금문의 세(世)자❸는 엽(枼)의 윗부분과 확실히 달라진 것을 볼 수 있다. 『설문해자』에서는 세(世)자에 대해 이렇게 풀이했다.

> "세(世), 30년을 한 세대(一世)라고 했다. 삽(卅)으로 구성되었고 길게 잡아당길 수 있다. 그 독음을 소리부로 취하기도 했다.(世, 三十年為一世. 从卅而曳長之, 亦取其聲.)"

허신은 세(世)에 '세대'라는 뜻이 있고, 이 자형이 삽(卅)으로 구성되었기에 길게 잡아당길 수 있는 것으로 해석했다.

❸

그러나 삼십(三十)의 갑골문 자형 ❹와 금문의 자형 ❺를 보면, 세 개의 십(十)이 모두 교차되어 세(世)와는 다르다. 30년이 한 세대라는 말은 아마도 후대 사람들이 이 자형을 오해하여 만들어진 말일 수 있다.

세(世)는 원래 어떤 도구의 용법을 가차하였을 것이다. 그 도구는 아마도 새끼줄을 묶는 도구였을 것이다. 새끼줄은 고대에 물건을 묶는 데 사용되었던 것으로, 세 가닥의 실이 있어야 새끼줄을 묶을 수 있었다. 사람들이 세 가닥의 실을 둘둘 감는 장치인 도르래의 연결 부분 세 군데에 묶고 도르래를 돌리면 세 가닥의 실은 자연스럽게 꼬이면서 감겨 새끼줄 하나가 완성되었다. 새끼줄은 돗자리를 짜고, 목재를 묶고, 시체를 매다는 데 사용될 수 있으므로 각기 다른 종류의 글자가 추가되어서 ❻과 같이 다른 자형이 생겨났다.

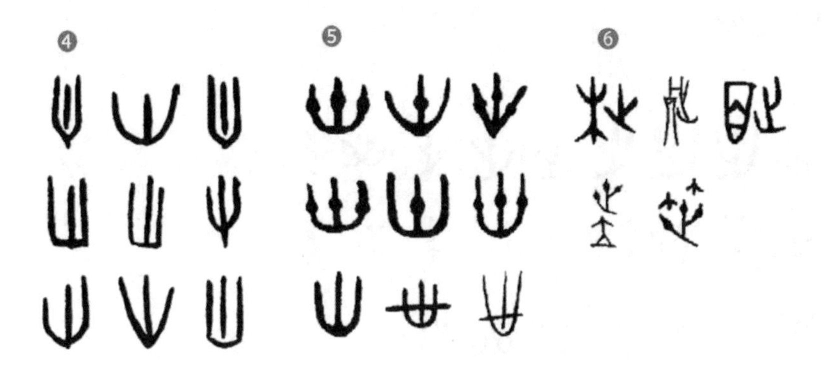

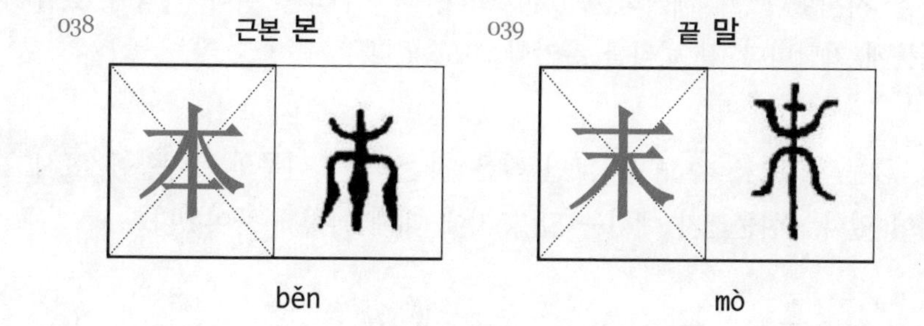

문자학에는 '지사(指事)'라는 전문용어가 있는데 글자를 만드는 방법 중 하나이다. 그 수는 그렇게 많지는 않으며, 획 하나로 의미를 나타내고자 하는 곳을 지시하는 방법이다. 본(本)과 말(末)이 '지사(指事)'의 전형적인 예이다. 갑골문의 목(木)자 는 한 그루의 나무를 본뜬 글자이다. 이 글자에 나무 밑 부분에 점 하나 또는 짧은 가로획을 표시하여 나무의 뿌리를 나타내는데 이것이 본(本)자이다. 마찬가지로 나무 윗부분에 점 하나 또는 짧은 가로획을 표시하여 나무의 끝 부분을 나타낸 글자가 말(末)자이다.

금문의 본(本)자 는 작은 점으로 나무의 뿌리가 있는 위치를 나타냈다. 『설문해자』에서는 본(本)자에 대해 이렇게 풀이했다.

> "본()은 '나무의 뿌리'라는 뜻이다. 목(木)으로 구성되었고 丅로 구성되었다. 은 고문체이다.(, 木下曰本. 從木·從丅. , 古文.)"

허신의 이런 분석은 약간 문제가 있다. 즉, 목(木)과 丅이 아니라 목(木)과 一로 분석해야 했었다. 금문 자형에 작은 점이 있는데, 이것은 전형적인 지사(指事)수법이므로 "점 하나 또는 획 하나로 나무의 뿌리 부분을 지시했다."로 해석하는 것이 좋다. 나무뿌리는 여러 가닥이 있기 때문에 가닥마다 점 하나를 추가할 수도 있다.

금문의 말(末) 을 보면 작은 점 하나가 나무의 윗부분에 표시되어 있다. 『설문해자』에서는 말(末)자에 대해 이렇게 풀이했다.

> "말(末)은 '나무 상단'이라는 뜻이다. 목(木)으로 구성되었고, 丄로 구성되었다.(末, 木上曰末. 從木·從丄.)"

허신이 잘못 해석한 부분은 본(本)자와 같다. "획 하나로 나무의 상단 부분을 지시했다."로 해석했더라면 좋았을 것이다.

040 **붉을 주**

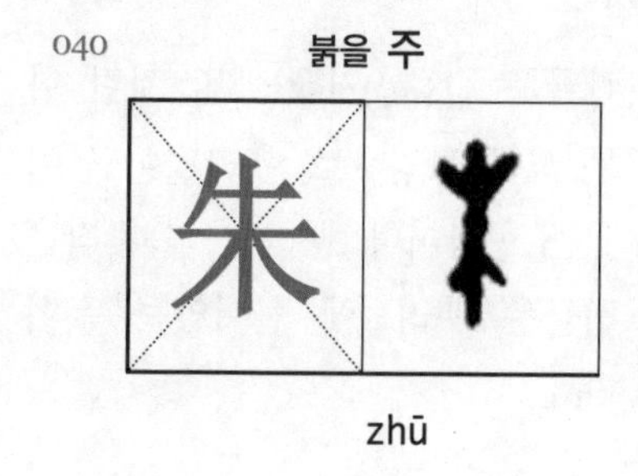

zhū

갑골문의 주(朱)자 를 보면 목(木) 중간에 작은 점이 있다. 이를 본(本) 및 말(末)과 비교해보면, 이 작은 점이 나무의 중심과 줄기의 위치를 가리키는 데 사용되었다는 것을 알 수 있다.

금문 주(朱)자 ❶을 보면 작은 점이 점차 짧은 가로획으로 바뀌거나 두 개의 가로획으로 늘었다. 구멍 혈(穴)을 나타내는 기호가 한개 늘어난 는 장식이 추가된 복잡한 자형인 셈이다. 또는 광산 갱도를 지탱하기 위해 나무 기둥을 사용했다는 의미를 표현한 것으로 볼 수 있다.

『설문해자』에서는 주(朱)자에 대해 이렇게 풀이했다. "주( )는 '적심목'이라는 뜻이며 송백과에 속한다. 목(木)으로 구성되었고 一이 중간에 그려져 있다.(, 赤心木, 松柏屬. 从木, 一在其中.)"

허신은 뜻을 '송백과의 적심목'으로 해석했는데, 이것은 잘못된 것이다. 주(朱)자의 본래 의미는 주(株)로 '나무의 몸통'이라는 뜻이고 붉은색을 나타내는 주(朱)는 가차된 의미이다. 주(朱)가 붉은 색으로 가차되어 다시 주(株)자를 만들어 본래 의미를 나타냈다.

❶

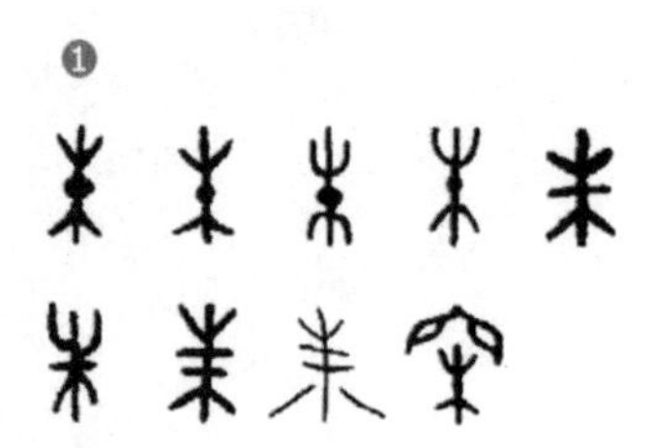

041 **끝 단/오로지 전**

duān

갑골문 단(耑)자❶는 막 자란 나무 묘목 모양으로, 뿌리털이 붙어있는 형상이다. 뿌리털 옆의 작은 점들은 뿌리털에 붙어있는 흙이다.

당시 사람들이 어떤 목적을 위해(또는 약초로 쓰기 위해) 뿌리털을 뽑았고, 그 과정에서 작은 흙덩어리들이 붙어있는 상황이 생겼던 것으로 보인다.

금문의 단(耑)자❷를 보면 갑골문에서 보이던 작은 점들이 이미 생략되었다. 『설문해자』에서는 "단( )은 '사물이 처음 생겨났을 때의 머리(이마)'라는 뜻이다. 윗부분은 땅위로 돋아나는 새싹 모양을 본떴고, 아랫부분은 뿌리 모양을 본떴다. 단(耑) 부수에 속하는 글자들은 모두 단(耑)이 의미부이다.(, 物初生之題(額頭)也. 上象生形, 下象根也. 凡耑之屬皆从耑.)"라고 해석하고 있는데, 매우 정확하다. 나중에 입(立)이 의미부이고, 단(耑)이 소리부인 단(端)자를 만들었는데 이것은 문자 변천에서 늘 볼 수 있는 현상이다.

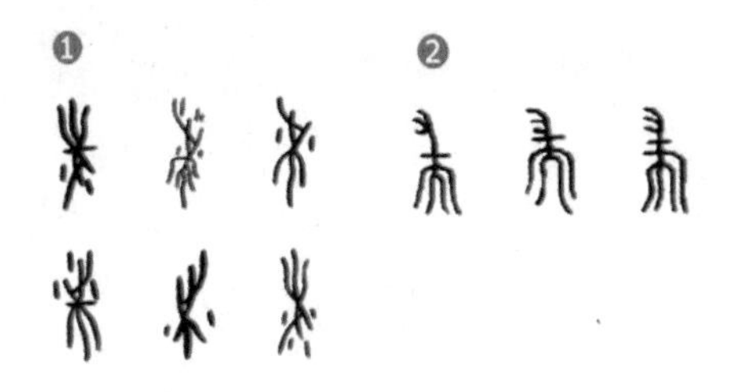

042 **부추 구**

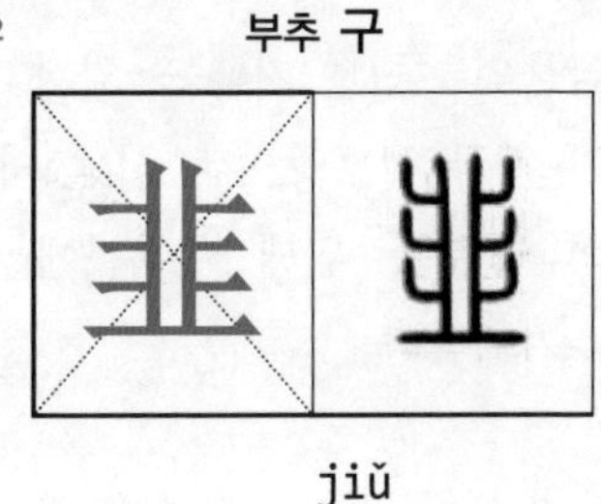

jiǔ

『설문해자』에서는 구(韭)자에 대해 이렇게 풀이했다.

> "구(韭)는 '부추'라는 뜻이다. 한번 심으면 오래 살기 때문에 구(韭)라고 불렀다. 상형자이다. 一 위에 있는데, 一은 땅이다. 이것은 단(耑)과 뜻이 같다. 구(韭) 부수에 속하는 글자들은 모두 구(韭)가 의미부이다.(韭, 韭菜也. 一種而久生者也, 故謂之韭. 象形. 在一之上. 一, 地也, 此與耑同意. 凡韭之屬皆从韭.)"

허신은 이 글자를 자형은 상형자이고, 나란히 자라나는 부추의 모습을 나타낸다고 설명하고 있는데, 이것은 긍정적이다. 그러나 한번 심어서 오래갈 수 있고 여러 번 수확할 수도 있어서 구(韭)라고 이름 지었다는 것은 유력한 근거가 부족하다. 대다수 식물은 뿌리부분만 보류하면 대부분 지속적으로 자랄 수 있다.

043 파 총

蔥

cōng

금문의 총(蔥)자❶는 양파 뿌리가 팽창한 모양으로, 심(心)자❷와의 구분을 위해 윗부분에 점이 추가되었다.

이 글자는 서주(西周)시기의 청동기에 새겨진 명문(銘文)에서 '총명하다'는 뜻으로 사용되었다. 총(蔥)과 심(心)의 자형이 많이 비슷하여서 초(艸)가 의미부이고, 총(悤)이 소리부인 형성자를 만들었다. 『설문해자』에서는 "총( )은 '야채'라는 뜻이다. 초(艸)가 의미부이고, 총(悤)이 소리부이다.(, 菜也. 从艸, 悤聲.)"라고 풀이했다.

❶

❷

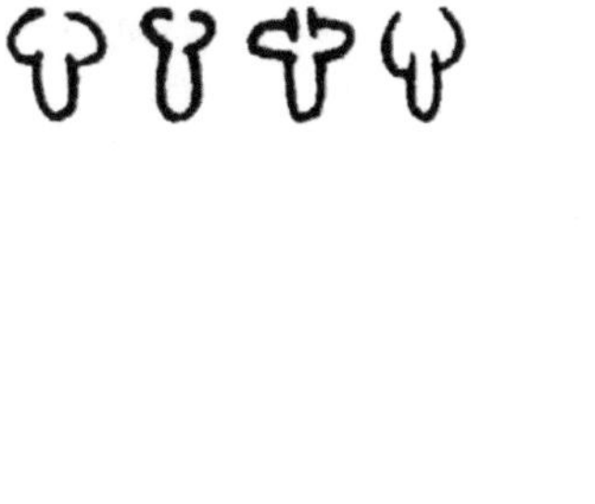

044 열매 과

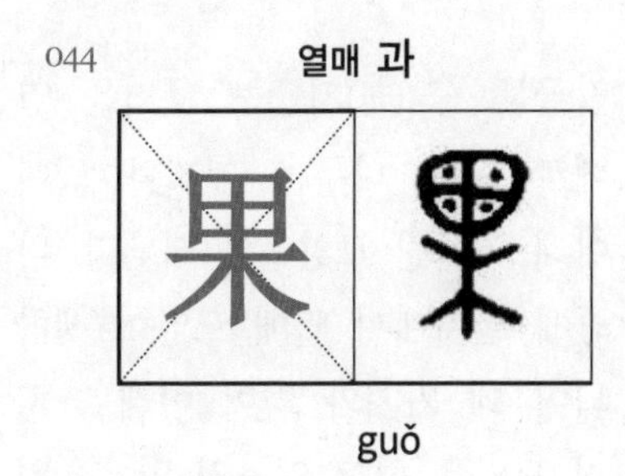

금문의 과(果)자❶는 나무 위에 원형 열매가 하나 열려있는 모습이다. 열매라는 것을 명확하게 표현하기 위해 점과 획을 표시하여 열매가 맛이 있고 먹을 수 있음을 설명했다.

『설문해자』에서는 "과(果)는 '나무의 열매'라는 뜻이다. 목(木)으로 구성되었다. 열매가 나무위에 열려있는 모습을 본뜬 것이다.(果, 木實也. 从木. 象果形在木之上.)"라고 풀이했는데, 매우 정확하다.

❶

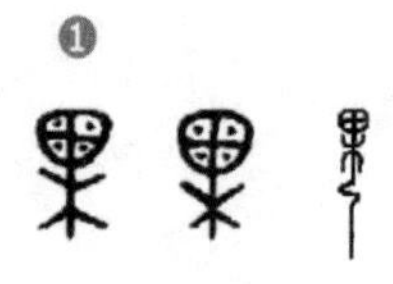

045 **드리울 수**

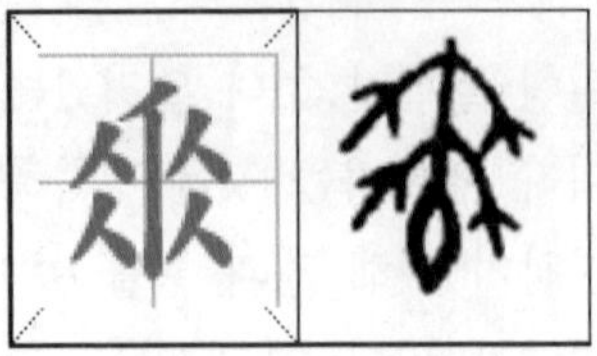

chuí

갑골문 수(垂)자❶는 무거운 열매로 인해 나무의 가지와 잎이 아래로 처진 모양을 나타낸다. 나중에 글자에서 열매 모양이 생략되어 왜 가지와 잎이 아래로 처진 모양을 하고 있는지 알 수 없게 되었다.

『설문해자』에서는 다음과 같이 풀이했다. "수(𠂹)는 '초목의 열매와 잎'이라는 뜻이다. 상형자이다. 무릇 수(𠂹) 부수에 속하는 글자들은 모두 수(𠂹)가 의미부이다. 𠌶는 고문체이다.(𠂹, 艸木華葉. 象形. 凡𠂹之屬皆从𠂹. 𠌶, 古文.)" 자형이 또 생략되다보니 소전의 생략된 자형을 근거로 하면 열매의 무게가 나무와 잎을 아래로 처지게 했다는 것을 알아낼 수 없는 것이 당연하다. 이 글자는 열매가 익어서 무게가 나가게 되어서야 나무와 잎을 아래로 처지게 했다는 것을 강조하는 것이다. 이 점은 매우 중요한데 마치 목(穆)과 같다.

목(穆)을 보면, 곡식의 열매가 성숙되어 풍만해지면 열매가 아래로 처질뿐만 아니라 껍데기의 미세한 털도 떨어지게 되는데, 이때가 되어야 비로소 맛있는 단계가 된 것이며 수확할 수 있다. 그래서 '아름답다'는 뜻이 생겨났던 것이다. 이유가 무엇인지 모르겠지만 이 자형은 유행되지 않았고 토(土)가 의미부이고, 𠂹가 소리부인 먼 변두리에 있던 수(垂)자를 차용하여 나타냈다.

❶

046

오이 과

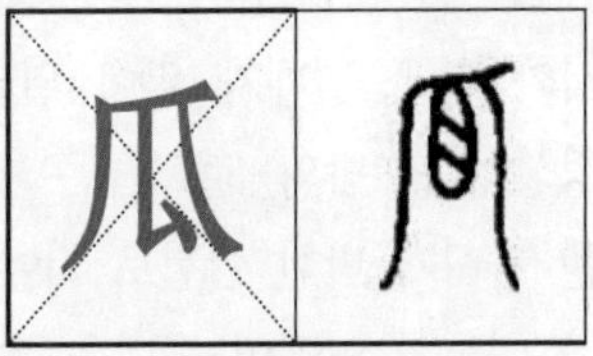

瓜

guā

금문에는 과(瓜)자 瓜가 있는데, 과일이 넝쿨 아래에 매달려있는 모습이다. 이것은 일반적인 과일류 식물의 형상으로, 이러한 종류의 식물이나 열매를 맺은 과일을 표현하는데 사용된다.

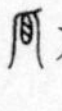

『설문해자』에서는 과(瓜)자에 대해 이렇게 풀이했다.

> "과(瓜)는 '㼌'라는 뜻이다. 상형자이다. 무릇 과(瓜)에 속하는 글자들은 모두 과(瓜)가 의미부이다.(瓜, 㼌也(㼌?). 象形. 凡瓜之屬皆从瓜.)"

이 글자는 알아보기 쉬운 상형자이다. 그러나 과일의 이름이 '거주하다'는 뜻에서 유래되었다고 해석하는 것은 근거를 찾아보기 힘든 견해이다.

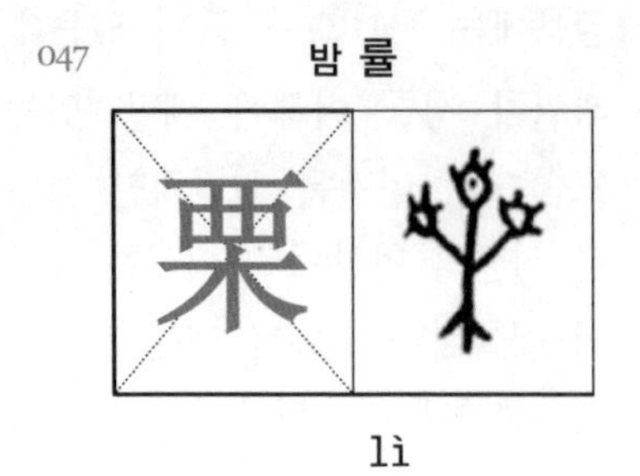

갑골문의 률(栗)자❶는 나무에 가시와 같은 열매가 많이 열려있는 형상이다. 밤의 겉모습은 날카로운 가시가 박힌 껍질로 되어 있으나 내부의 알맹이는 먹을 수 있으며 사람들이 자주 먹는 식물이다.

나중에 밤이 나무에서 떨어져서 술통 유(卣) 같이 생긴 열매 세 개가 되었다. 아래에 소개할 예(乂)가 잘라낸 것이 바로 이런 모양이었을 것이고, 아마도 예(乂)는 밤을 따는 것을 표현한 글자일 것이다.

밤나무는 사람 두 세 명 정도의 높이로, 맨땅에 서서 손으로 잡을 수 없는 높이이며 도구를 사용해야만 한다. 금문의 자형을 보면 나무의 열매가 마름모 모양으로 바뀌어서 어떤 사람들은 이 글자가 목(木)이 의미부이고, 제齊가 소리부인 글자로 잘못 알고 있다. 이 글자에 대한 정확한 해독은 서주(西周) 중기 기물인 '장반(牆盤)'의 명문에서 얻을 수 있다.('장반(牆盤)'은 '사장반(史牆盤)'이라고도 불리며, 서주 미씨(微氏)집안의 '장(牆)'이라는 이름을 가진 사람이 조상을 기리기 위하여 동으로 된 쟁반(銅盤)을 만들었는데, 장(牆)이 사관이었기 때문에 이 이름을 얻게 되었다.)

「장반(牆盤)」에 적힌 글은 다음과 같다. "㷡明亞祖祖辛, 堙毓子孫, 繁髮多釐, 栗角熾光, 義其禋祀."(나의 총명하신 조상님 조신(祖辛)(중국 상나라의 14대 왕)이시여, 당신이 많은 후손들을 육성하고 교육시키셔 후손들이 두터운 복록과 많은 행복을 얻을 수 있었나이다. 후손들은 두각이 막 자라나 뛰어나고 빛나기가 마치 밤 모양의 어린 송아지 같나이다. 이에 중요한 제물과 희생을 받기에 충분하옵니다.[높은 직위를 비유함])

이것은 『예기(禮記)·왕제(王制)』의 "천지에게 제사 올리는 소는 그 뿔이 누에고치나 밤톨처럼 나온 것을 사용해야 하고, 종묘에게 제사 올리는 소는 그 뿔이 한줌이 차야하며, 손님에게 쓰는 소는 그 뿔이 한자쯤 되어야 합니다.(祭天地之牛, 角繭栗. 宗廟之牛, 角握. 賓客之牛, 角尺.)"라는 비유를 인용한 것이다. 천지에 제사를 드리는데 사용하는 소는 밤처럼 막 자란 뿔이 있는 어린 소를 골라야 한다. 한 단계 낮은 종묘 조상의 제사에는 뿔이 손으로 잡을 수 있을 정도의 길이로 자란 소를 골라야 한다. 만약 손님을 접대하는 연회의 경우라면 뿔이 1척 높이 정도로 자란 건장한 소를 사용해야 한다. 장(牆)의 조상 조신(祖辛)은 인품이 고상하고 제일 높은 지위에 있었기 때문에 종묘에서 가장 높은 지위로 임명되기에 적합했던 것이다.

『설문해자』에서는 률(栗)자에 대해 이렇게 풀이했다.

> "률(㮚)은 '밤나무'라는 뜻이다. 률(𠧪)과 목(木)으로 구성되었다. 그 나무의 열매가 아래로 처지기 때문에 률(𠧪)로 구성되었다고 한 것이다. 𣡕은 률(㮚)의 고문체이며 서(西)로 구성되었고, 두 개의 률(𠧪)로 구성되었다. 서순(徐巡)은 나무가 서방에 이르면 벌벌 떨다(戰㮚)고 말했다.(㮚, 栗木也. 从𠧪木, 其實下垂故从𠧪. 𣡕古文㮚从西从二𠧪. 徐巡說 : 木至西方戰㮚.)"

허신이 표의자로 분석하고 밤이 아래로 처졌기 때문에 률(卣)자를 사용해 이 글자를 만들었다고 말한 것이다. 이런 견해는 매우 억지스럽다. 과일은 무게가 좀 있어서 대부분 아래로 처진 모양이다. 사실 밤의 열매는 매우 작고 아래로 처진 모습도 분명하지가 않다. 이 글자의 유(卣)자 자형은 잘못 변화한 결과로, 원래의 모습과 이미 차이가 크므로 글자의 본래 의미를 논증하는 근거로 사용할 수 없다.

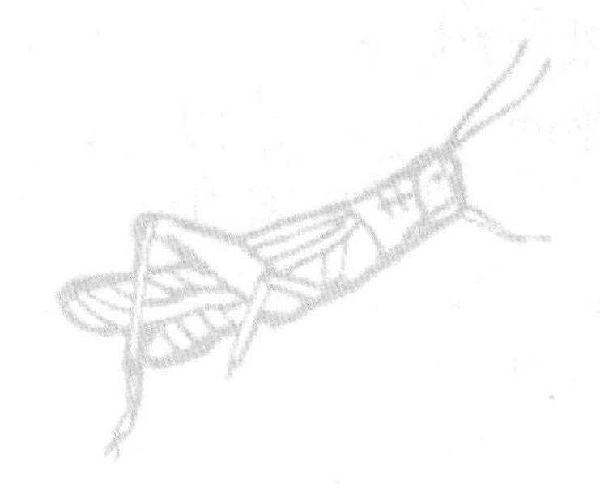

048

아무 모

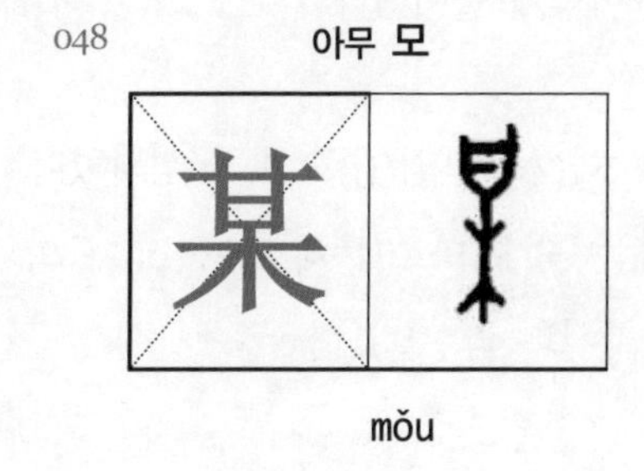

mǒu

금문의 모(某)자 는 나무 위에 감(甘)자 비슷한 것이 있는 모양이다. 이 글자가 '도모하다'라는 의미로 사용되는 점에서 볼 때 본래 의미는 '매실'이고 가차되어 '모략'이라는 뜻이 된 것으로 보인다.

글자의 모양을 보면 나무 위에 있는 것이 매화나무의 잎이 아니라 매화나무의 열매와 비슷하다. 이로 미루어 볼 때 이 글자는 감(甘)자의 자형을 사용하여 창조된 글자가 아닐 것이다.

감(甘)자❶는 입에 단맛이 나는 음식을 물고 있어서 빨리 삼켜버리기 아까워하는 것이므로, '감미롭다'는 의미가 생겨났다. 이 매화나무의 열매 모양은 약간 다르다. 고문헌을 보면 매화나무와 매실 열매가 자주 언급되는데, 『시경·진풍·종남(詩經·陳風·終南)』에는 "산초나무와 매화나무가 있다.(有條有梅.)"라는 구절이 있고, 『시경·진풍·묘문(詩經·陳風·墓門)』에는 "묘문에 매화나무가 있다.(墓門有梅.)"라는 구절이 있다. 매화나무의 열매는 신맛이 나고 삼키기 어렵기 때문에 고대인들은 절여서 맛있는 음식을 만들었다.

❶

『설문해자』에서는 모(某)자에 대해 이렇게 풀이했다.

> “모(某)는 ‘신맛’이라는 뜻이다. 목(木)과 감(甘)으로 구성되었다. 본래 의미는 명확하지 않다. 槑는 모(某)의 고문체로, 구(口)가 의미부이다.(某, 酸味也. 从木·甘. 闕. 槑, 古文某从口.)”

여기에서 ‘궐(闕)’은 글자의 본래 의미를 모른다는 뜻이다. 이것은 허신의 조심스러운 자세로, 감(甘)과 목(木)의 관계를 매화나무 열매의 맛이 감미롭다는 것으로 해석하지 않았던 이유다.

049

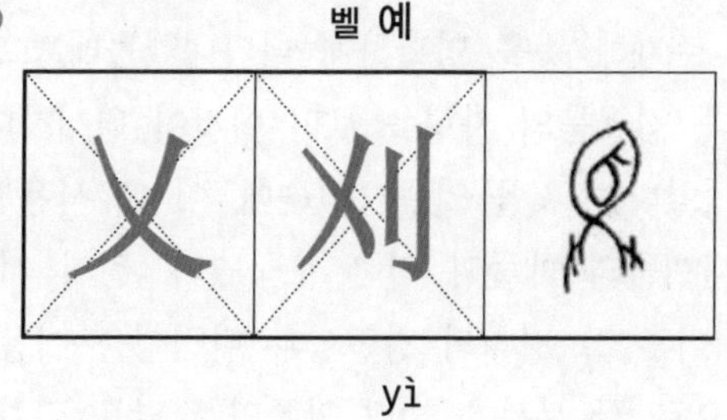

갑골문 예(乂)자❶는 두 개의 자형이 있는데, 첫 번째 자형은 과일 따는 도구를 양손에 들고 열매를 한 개 딴 모습이다.

나중에 만들어진 두 번째 자형은 우선 따온 열매의 모양을 생략하고 또 더 단순화하여 결국 두 개의 필획이 교차하는 모양만 남긴 형태가 되었다. 이 글자에 대한 변별은 『설문해자』에서 도움 받은 부분이 있다.

『설문해자』에서는 예(乂)자에 대해 이렇게 풀이했다. "예(乂)는 '풀을 베다'는 뜻이다. 별(丿)과 불(乀)로 구성되었고 교차하는 형태이다. 刈는 예(乂)의 혹체로, 도(刀)가 의미부이다. (乂, 芟艸也. 从丿·乀相交. 刈, 乂或从刀.)" 이와 같이 예(乂)자에 부여한 의미는 '풀을 베다'인데, 이는 우리로 하여금 갑골문의 초기 형태와 그 변화 과정을 추론할 수 있게 한다.

❶

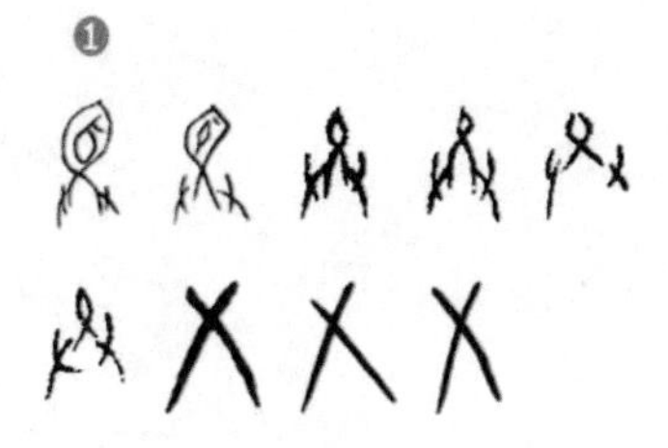

예(乂)자가 이미 풀을 깎는 모습이라는 것을 알아보지 못할 정도로 단순화되어 칼 도(刀)자를 추가해 뜻을 명확하게 나타내었는데, 그렇게 탄생된 글자가 예(刈)자이다. 갑골문의 자형을 보면 이것이 원시시대 사람들이 열매를 따는 방식이었다는 것을 알 수 있는데, 이 때 사용된 도구는 곧은 칼날이 아닌 새끼줄의 매듭과 같은 도구였다. 원시 시대의 가위는 철 금속이 발명된 이후 그 강철의 강인성과 탄력성을 이용하여 U자 형태로 만들어 한 손으로 끝 부분을 눌러 앞쪽의 칼날을 교차시켜 절단하는 형태였다. 나중에 비로소 현재의 곧은 형태의 교차 가위 형태로 바뀌었다.

050

곤할 곤

kùn

갑골문에서 곤(困)자는 두 개의 자형이 있다. 첫 번째 자형 ❶에서는 한쪽 발로 막 자라나는 묘목을 밟고 있는 형태로, 묘목이 정상적으로 자랄 수 없어 '곤란하다'라는 의미가 생겼다.

작은 나무의 양 옆에 작은 점이 있는 자형도 보이는데, 이것은 자형의 변천에서 늘 보이는 형태로, 일종의 장식성 기호이며 아무런 의미도 없다. 두 번째 자형 은 나무가 좁은 공간에 갇혀 충분히 자랄 여지가 없는 것을 나타내므로, 이 역시 '곤란하다'라는 의미를 가진다.

『설문해자』에서는 곤(困)자에 대해 이렇게 풀이했다. "곤( )은 '옛날 집'이라는 뜻이다. 목(木)으로 구성되었고 위(囗)자 안에 있다. 은 곤(困)의 고문체이다.(, 故廬也. 从木在囗中. , 古文困"

다행히 『설문해자』에는 두 개의 자형을 수록하고 있고 발로 묘목을 밟고 있는 것이 비교적 이른 자형이라는 것을 알고 있다. 어쩌면 옛날 사람들이 첫 번째 자형의 본래 의미가 명확하지 않다고 생각해서 나무 묘목이 제한된 범위에서 자라고 있는 모습을 본떠서 두 번째 자형을 만들었을 수도 있다. 두 가지 자형이 한 글자라면 '옛날 집'이라는 뜻이 아니라 '난처하다'는 뜻이어야 한다.

❶

식물이 어떻게 하면 적절한 환경에서 잘 자랄 수 있게 할 수 있는지에 대한 문제는 원예에 있어서 중요한 과제이다. 식물을 너무 빽빽하게 심을 경우 식물은 충분히 뻗어갈 수 있는 공간을 확보할 수 없기 때문에 이상적으로 잘 자랄 수 없다. 예를 들어 갑골문의 력(秝)은 나란히 서 있는 벼 두 그루의 모습 인데, 뜻은 '듬성듬성하다'이다. 력(秝)의 본래 의미는 벼를 너무 빽빽하게 심으면 안 되고, 심더라도 두 줄 사이에 상당한 거리가 필요하다는 사실에서 온 것이라고 추론할 수 있다. 마찬가지로 나무를 짓밟거나 제한된 공간에 심으면 건강하게 자라기 어렵기 때문에 '난처하다'와 '곤란하다'는 의미가 생겨났던 것이다.

051 **버들 류**

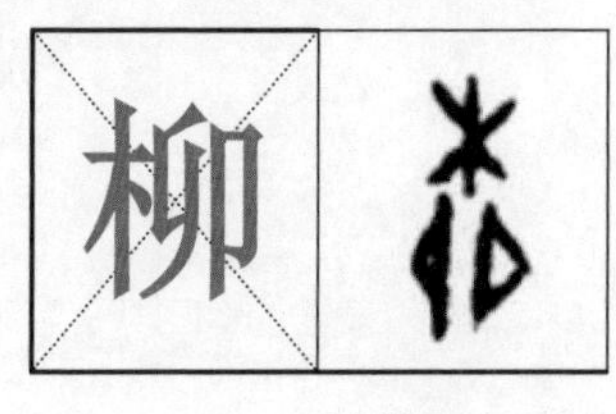

liǔ

갑골문 류(柳)자( )는 목(木)과 묘(卯)로 이루어진 글자인데, 이 두 구성요소는 고정된 배열관계가 존재하지 않는다.

우리는 이미 류(留)자 가 농지 옆에 관개용 도랑이 있음을 나타냈다는 것을 알고 있는데, 이를 통하여 류(柳) 역시 개울 옆에 있는 식물이라는 것을 짐작할 수 있다. 그 이유는 아마도 도랑 옆에 버드나무가 심어져 있기 때문일 것이다. 금문의 류(柳) 는 갑골문의 자형을 이어받았다. 소전에 이르러서 두 구성 요소가 왼쪽과 오른쪽 부분에 고정되었다.

『설문해자』에서는 "류(桺)는 '버드나무'라는 뜻이다. 목(木)이 의미부이고, 유(丣)가 소리부이다. 유(丣)는 유(酉)의 고문체이다.(桺, 少楊也. 從木, 丣聲. 丣, 古文酉.)"라고 풀이했는데, 이 글자를 형성자로 분석했던 것이다. 그러나 갑골문과 금문 자형이 모두 목(木)으로 구성되었고, 묘(卯)로 구성되었다는 것에서, 그리고 류(柳)와 묘(卯)의 소리와 운이 모두 근접하지 않기 때문에 류(柳)자는 표의자이지 형성자가 아니라는 것을 알 수 있다.

제4부

백공의 흥기

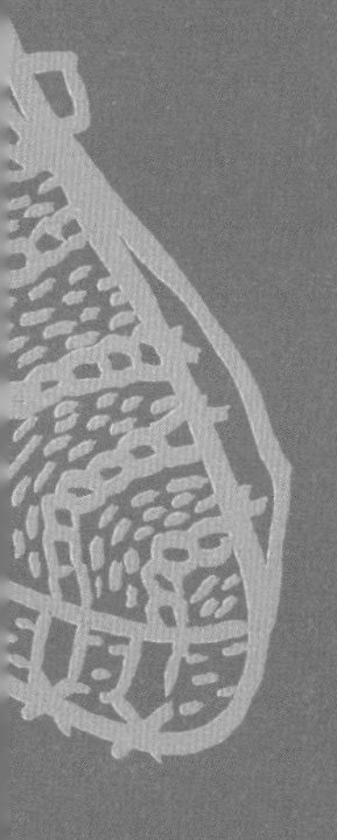

제4부
백공의 흥기
각종 기물 제조

농업 생산만으로는 사람들의 생활에 필요한 것을 충족시키기에 충분하지 않다. 인간이 동물과 구별되는 가장 큰 특징은 각종 천연자원을 이용하여 개조한 뒤 유용한 도구로 만들어 생활에 필요한 것을 충족할 수 있다는 것이다. 원시시대에 도구를 만드는 것은 노동생산 이외의 부업이었으나 정교한 도구에 대한 요구가 날로 증가함에 따라 점점 더 많은 사람들은 재료를 엄선하고 제조 기술 연구에 전문적으로 종사하는 것을 생계 수단으로 삼았다. 따라서 본래 사용해 왔던 남녀노소의 능력에 따라 분업을 하던 방식 외에도 더욱 정밀한 사회적 분업이 이루어졌다.

고고학에 따르면 일찍이 앙소문화(仰韶文化)시기에는 이미 도자기를 굽는 곳과 거주 지역을 다른 구역에 설치했다고 한다. 상나라 초기에는 구리 제련, 도자기 제작, 골제품 제작 등 여러 가지 업종의 작업장이 분분히 설립되었으며, 심지어 일부 씨족들은 자신들이 종사하는 전문적인 작업을 씨족의 이름으로 명명했다. 『좌전(左傳)』의 노정공4년(魯定公四年)에는 주나라 초기에 제후들에게 분봉할 때 상나라의 유족에는 색씨(索氏), 장작씨(長勺氏), 미작씨(尾勺氏), 도씨(陶氏), 시씨(施氏) 번씨(繁氏), 기씨(錡氏), 번씨(樊氏) 종규씨(終葵氏) 등이 있었다고 기록했다. 이름의 명명에서 그들은 각각 밧줄, 주기(酒器), 도기(陶器), 깃발(旗幟), 마앙(馬纓), 가마솥, 울타리, 추(椎) 등의 제작에 능숙했음을 알 수 있다. 상나라 초기 유적에서 발견한 어떤 작업장의 도자기 거푸집(陶範)은 전문적으로 칼과 창을 만드는 것이고, 어떤 곳은 화살촉, 도끼를 위주로 만들었다. 당시 사회에는 이미 생산과 제조에 있어 어느 정도의 정밀한 분업이 존재했음을 알 수 있다.

전국 시대의 『고공기(考工記)』는 각종 기물의 제조 요령을 기록했는데 대체로 목, 금, 피혁, 석, 토 등 5가지 주요 재료와 특수한 기술을 30가지 직업 항목으로 구별하여 소개했다. 목재 분야에는 륜(輪), 여(輿), 궁(弓), 로(廬), 장(匠)·거(車)·재(梓) 7가지 직업이 있었고, 금속 분야에는 축(築), 야(冶), 부(鳧), 율(栗) 단(段), 도(桃) 6가지 직업이 있으며, 피혁 분야에는 함(函), 포(鮑). 운(韗), 위(韋), 구(裘) 5가지 직업이 있었다. 색칠 기술에는 화(畫), 궤(繢), 종(鍾), 광(筐), 황(㡆) 등 5가지 직업이 있었고, 연마(刮摩) 기술에는 옥(玉), 즐(櫛), 조(雕), 시(矢), 경(磬) 5가지 직업이 있었으며, 점토 분야에는 도(陶), 장(旊) 2가지 직업이 있었다. 이 장에서는 고대에서 돌, 뼈와 뿔, 대나무, 나무를 재료로 사용하여 기물을 만드는 것과 관련이 있는 문자를 위주로 소개하고자 한다.

백공의 첫 번째—석기

상고시대 사람들은 자연 환경에서 재료를 찾아 도구와 무기를 만들어 생계를 꾸렸다. 가장 얻기 쉬운 재료는 나무와 돌이었다. 짐승을 사냥할 때에 돌은 나무보다 훨씬 더 효과적이었는데 돌은 두껍고 단단하여 짐승에게 치명적인 상해를 줄 수 있기 때문이다. 깨진 돌조각에는 날카로운 모서리가 있어 치명적인 무기이자 이상적인 절단 도구였다. 석기는 사람들이 나무를 자르고 동물 가죽을 벗길 때 도움이 되어 일상생활에서 활용할 수 있는 소재를 추가해주었다.

백만 년 전, 인간들이 돌을 두드려 도구를 만드는 방법을 알았을 때에는 이미 구석기 시대에 접어들었다. 돌을 이용하고 돌을 갈아서 더 편리하고 더 효과적인 도구를 만들 때에는 이미 신석기 시대에 들어섰다. 석재 도구를 연마한 후에는 모양을 더욱 이상적으로 만들 수 있었고 용도가 점차 전문적이 되었다. 동시에 칼날 부분을 더 날카롭게 하여 더 큰 역할을 할 수 있게 하였다. 돌은 인류가 가장 일찍이 많이 의존했던 재료로 구석기 시대부터 거래가 가능한 물품이었다. 석기는 가격이 저렴하고 비바람을 견딜 수 있었지만 무겁고 투박하며 아름답지 않은 단점이 있었다. 더욱 이상적인 재료가 석기를 대체할 수 있게 되자 석제 기물들은 거의 사람들에게 버림받게 되었다.

052 **돌 석**

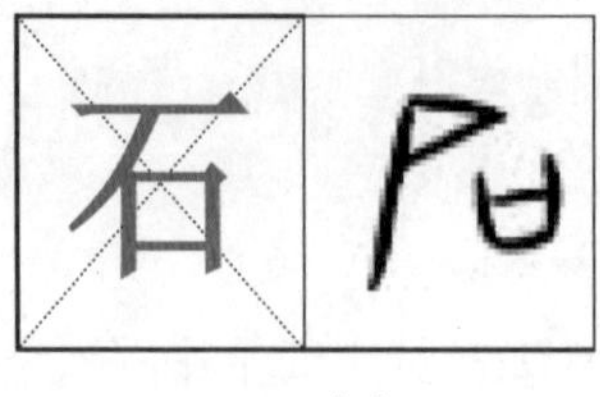

shí

갑골문의 석(石)자❶는 초기 자형이 대략적으로 과 같은 모습이며 암석의 한쪽 모서리를 나타냈는데 변두리가 날카롭고 뾰족하여 절단 도구로 사용할 수 있었다.

그러나 이렇게 간단한 자형은 다른 비슷한 형태의 기물과 쉽게 혼동될 수 있다. 사람들이 종종 이렇게 뾰족한 돌을 사용하여 구덩이를 파고, 혈거(穴居, 거주용 동굴)를 만들고, 함정을 파서 야생동물을 잡았기 때문에 본래 암석에 있었던 한 모서리에 구덩이의 모양을 추가하여 이 되었고 석기의 주요 용도가 구덩이와 굴을 파는 것임을 나타냈다.

금문❷에서 석(石)자는 뾰족한 모서리가 있는 돌덩이 모양을 엄(厂)으로 단순화하여 돌덩이의 본래 의미를 알 수 없게 되었다.

❶ ❷

『설문해자』에서는 석(石)자에 대해 이렇게 풀이했다.

> "석(石)은 '산의 바위'라는 뜻이다. 엄(厂) 아래에 있다. 石은 상형자이다. 무릇 석(石) 부수에 속하는 글자들은 모두 석(石)이 의미부이다. (石, 山石也, 在厂之下. 石, 象形. 凡石之屬皆从石.)"

여기에서는 구덩이 모양을 원형으로 잘못 변화시켜 사람들로 하여금 석(石)이 둥근 모양의 자갈을 나타낸다고 잘못 알게 하였다. 이로 인해 일찍이 고대 사람들이 장기간 돌을 도구로 삼았던 생활 방식을 다시 복원할 수 없게 되었고, 원시사회에서 돌이 가지고 있던 용도와 가치를 다시 재현하지 못하게 되었다.

돌덩이는 쉽게 구할 수 있는 재료이지만 질감이 모두 달라 어떤 것은 기다란 깎기 도구로 만들 수 있고, 어떤 것은 두드리기 도구로 만들 수 있다. 날카로운 모서리를 가진 것은 절단하거나 구멍을 뚫는데 사용하였고, 일부 질감이 섬세한 것은 아름다운 장신구로 다듬었다. 석제 도구를 사용하는 과정에서 사람들은 점차적으로 도구의 효능을 강조하고 적절한 재질의 석재를 찾아 적합한 도구를 만드는 방법을 알게 되었다. 재질이 다른 석재는 동일한 지역에서 구하기가 쉽지 않았기 때문에 석재 혹은 완성품을 교환하는 상업적 활동을 촉진했을 가능성이 높다. 다양한 석재에 대한 지식과 요구는 야금 기술의 발명으로 이어진 것일 수도 있다.

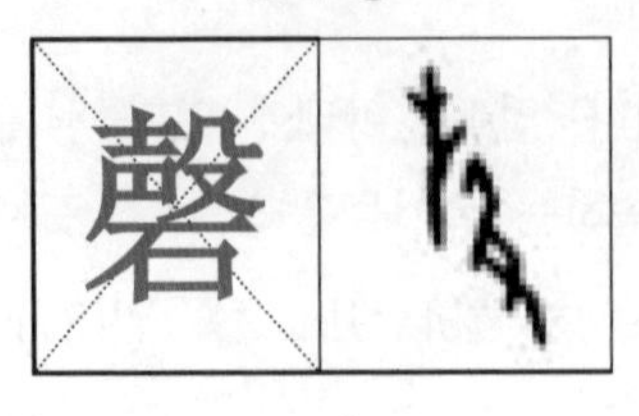

갑골문의 경(磬)자❶는 한 손에 두드리는 도구를 들고 지지대에 매달아 놓은 돌을 두드리는 모양이다.

채(槃槌)로 칠 수 있는 것은 오직 석경(石磬) 밖에 없기 때문에 이것은 석경을 쳐서 소리를 내는 모습이다. 만약 단지 석경 하나만 묘사했다면 다른 많은 물체들과 혼동될 수 있기에 경악(磬樂)을 연주하는 모습을 사용하여만 쉽게 석경의 의미를 나타낼 수 있었다.

석경은 본래 일정한 형태가 없었다. 『02전쟁과 형벌편(戰爭與刑罰篇)』에서 소개한 공(工)과 공(攻)은 기다란 형태이다. 경(磬)자가 나타내는 것은 대체로 삼각형에 가깝다.(141페이지 그림) 나중이 되어서야 거꾸로 된 L자 모양으로 고정되었다.

❶

『설문해자』에는 경(磬)자에 대해 이렇게 풀이했다. "경(磬)은 '돌로 연주하는 음악'이라는 뜻이다. 석(石)으로 구성되었다. 声은 매다는 선반의 모양을 본뜬 것이다. 수(殳)는 두드리는 데 사용하는 도구인 채이다. 옛날에는 무구씨(毋句氏)들이 석경을 만들었다. 殸은 주문체로 경(磬)의 생략형이다. 硜은 경(磬)자의 고문체로, 경(巠)으로 구성되었다. (磬, 石樂也. 从石. 声, 象縣虡之形. 殳, 所以擊之也. 古者毋句氏作磬. 殸, 籒文省. 硜, 古文从巠.)" 허신은 석경 선반에 거꾸로 매달아 놓은 석경을 두드리는 것 같다고 해석했는데, 매우 정확하다.

석경의 모양은 단순하고, 제작이 쉽고, 재질이 저렴하고, 조작이 간단하고, 음색이 듣기 좋아 이론적으로 볼 때 출현시기가 매우 이를 것이다. 그러나 현재 알려진 고고학 자료에서 가장 이른 시기의 실물은 기원전 2,000년 보다는 오래된 것이 없고, 6,000여 년 전의 골피리(骨哨)와 도훈(陶塤)보다 훨씬 늦다. 무엇 때문일까? 골피리와 도훈은 아마도 작업의 필요에 의해서 제작된 것이기 때문에 만들어진 시간이 이르고 석경은 좀 늦은 시대의 특수 수요를 만족시키기 위해서 만들어졌기 때문에 상대적으로 제작된 시기가 늦어지게 된 것일 수 있다.

석경의 음파는 먼 곳으로 전파되어도 듣는 사람을 초조하게 하지 않기 때문에 후대의 사원에 늘 갖춰져 있는 장비가 되었는데 석경을 사용하여 먼 곳의 사람들을 불러 모을 수 있었다.

선진시기에는 사람이 죽으면 석편경(石編磬)을 함께 매장하는 경우도 있었는데 이 경우 그 사람의 지위는 제조 가격이 꽤 높은 동편종(銅編鐘)을 함께 매장하는 사람보다 높은 경우가 많았다. 이로써 추측컨대 석경은 초기에는 적의 침략을 경고하는 타악기였으며 추종자가 많은 귀족들에게만 필요하였고 또한 높은 권력의 상징이었다.

석경이 나타난 시기는 중국이 국가체제에 진입한 시기와 비슷했고 둘 사이에는 상관관계가 있었다. 기원전 2,000년경에 중국은 국가가 제도화되었고 농업이 고도로 발전하여 자원쟁탈로 전쟁이 빈번한 단계에 접어들었다. 당시에 인력을 모을 수 있는 도구인 석경을 만드는 것은 매우 합리적이었다. 빈번한 전쟁은 후기의 현상이기 때문에 석경의 출현 시기는 피리나 호루라기보다 늦다. 감엄(江淹)은 『별부(別賦)』에서 "금석이 흔들리면 얼굴색이 변하고, 골육이 슬퍼하면 마음이 죽을듯 하다네(金石震而色變, 骨肉悲而心死)."라고 하였다. 문장의 석(石)은 바로 석경을 말하는 것인데 경이 후대에 이르러서도 여전히 군사 행동과 관련이 있음을 반영했다.

『예기·악기(禮記·樂記)』에서는 "군자가 석경 소리를 들으면 죽음으로써 변방을 지킨 신하들을 떠올립니다.(君子聽磬聲則思死封疆之臣.)"라고 하였다. 이 또한 석경이 군사와 관련이 있다는 것을 나타내고 있다. 경(磬)의 독음은 경(慶)과 동일하여 상나라시기에는 이미 석경을 물고기의 모양으로 조각한 것이 몇 번 보였는데, 아름다운 것 외에도 「여경(餘慶)」 즉 좋은 징조라는 의미도 가지고 있을 가능성이 있다. 중국은 오래전부터 독음이 같은 기물을 사용하여 의미를 나타내는 것을 즐겼다. 예를 들어 말 위에 원숭이가 올라탄 모습을 통해 「마상봉후(馬上封侯)」 라는 말로 빠른 시일 내에 높은 관직에 오르길 기원한다는 축하의 말을 나타냈다.

▍석회암 마제호문석경(磨製虎紋石磬)
길이 84센티미터, 하남(河南) 안양(安陽)에서 출토. 상(商)나라 말기, 기원전 14~기원전 11세기

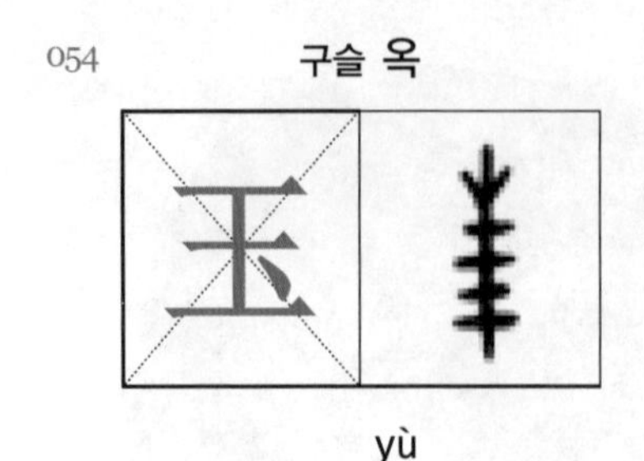

갑골문 옥(玉)자❶는 많은 옥 조각을 끈으로 묶어 옥 장식물로 만든 모양이다. 금문❷에서는 매달린 끈이 생략되었다.

『설문해자』에서는 옥(玉)자에 대해 이렇게 풀이했다. "옥(王)은 '옥돌의 아름다움은 다섯 가지 덕을 가지고 있다'는 뜻이다. 윤기가 흘러 온화한 것은 인(仁)의 덕이고, 무늬가 밖으로 흘러나와 속을 알 수 있게 하는 것은 의(義)의 덕이며, 소리가 낭랑하여 멀리서도 들을 수 있는 것은 지(智)의 덕이다. 끊길지언정 굽히지 않는 것은 용(勇)의 덕이며, 날카로우면서 남을 해치지 않는 것은 결(絜)의 덕이다. 세 개의 옥돌을 연결하여 꿴 모양을 본뜬 것이다. 옥(玉) 부수에 속하는 글자들은 모두 옥(玉)이 의미부이다. 결(絜)의 丙은 옥(玉)의 고문체이다. (王, 石之美有五德者. 潤澤以溫, 仁之方也. 理自外, 可以知中, 義之方也. 其聲舒揚, 專以遠聞, 智之方也. 不撓而折, 勇之方也. 銳廉而不忮, 絜之方也. 象三玉之連, 丨其貫也. 凡玉之屬皆从玉. 丙, 古文玉.)" 허신은 매우 정확하게 세 개의 옥돌을 꿴 모양이라고 설명했다.

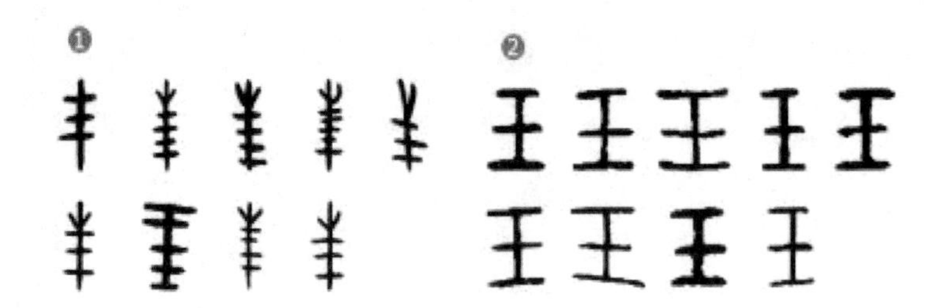

돌의 재질이 치밀하고 단단하다면 광택이 나는 표면을 연마할 수 있는데 이를 비취라고 부른다. 그러나 과학적으로 정의된 옥은 휘석류(輝石類)이면서 경도가 높다. 모스 경도가 6~6.5급이면 연옥(軟玉)이고, 7급이면 경옥(硬玉)인데 이 두 가지 옥은 결정 구조가 다르다. 옥은 불순물과 풍화의 작용 및 인위적인 가공 등 요소에 따라 청색, 녹색, 흰색, 검정색, 갈색 등이 있다. 그래서 기기를 사용하지 않으면 표면상으로는 감정하기 어렵다. 고대 사람들이 근거로 삼은 것은 아마도 오직 옥의 무게감뿐일 것이다. 그래서 정현(鄭玄)은 『고공기·옥인(考工記·玉人)』에 "옥은 많을수록 무겁고 돌은 많을수록 가볍다(玉多則重, 石多則輕)"라고 주를 달아 설명했다.

고대 중국 본토에는 옥이 생산되지 않았다. 상나라시기의 옥은 대부분 지금의 신강(新疆)의 화전(和闐)과 야르칸드(葉爾羌)에서 들어왔다. 고대의 운송 상황에 따르면 옥을 중국으로 운반하는 데 반년의 시간이 걸리지만, 상나라에서 출토된 옥제품의 수량은 청동기와 비슷했다. 이와 같이 돈을 아끼지 않고 먼 곳에서 수입된 옥석재료로 옥기를 제조할 수 있었던 것에는 반드시 그 사회적 기능이 있을 것이다.

중국은 기원전 5,000년부터 옥을 사용하기 시작했으나 기원전 3,000이 되어서야 대량으로 사용한 것으로 보인다. 당시의 중국 사회는 이미 계급분화가 이루어지기 시작했다. 어떤 사람들은 일할 필요가 없이 다른 사람의 생산 성과물에 의지해 살아갈 수 있었다. 계급으로 분립된 사회에서, 특정한 장식물을 착용하여 그 특권과 특별한 지위를 나타내는 현상이 세계각지에 보편적으로 존재했다. 흔히 볼 수 있는 장식물로는 희귀한 새와 짐승의 깃털, 이빨, 금은, 보물 등이 있다. 중국인들은 권위의 상징으로 옥을 선택했다. 고대 옥기는 주로 귀족 권위의 상징 및 장신구로 사용되었다.

귀족의 신분과 지위의 상징으로서 이 부류의 옥기는 직접 칼, 도끼 등의 무기 혹은 도구의 모양을 모방하거나 혹은 변형된 규(圭), 장(璋), 황(璜), 종(琮) 등으로 제조한 것도 있는데 모두 의례에 사용하는 도구로 지위가 높은 귀족이 지위가 낮은 귀족에게 하사하여 합법적 권위의 증표(信物)로 삼았다. 예를 들어 아프리카 내륙의 원주민사회에서는 만약 바다조개가 없으면 족장이 될 자격이 없었다. 고대 중국에도 아마 이와 유사한 관습이 있었기 때문에 귀족들은 돈을 아끼지 않고 그것을 얻고자 했을 것이다.

또 다른 용도는 장식품이다. 옥은 표면이 따뜻하고 윤기 있고 매우 아름다워 몸에 장식물로 착용하면 아름다울 뿐 아니라 부를 자랑할 수도 있었다.

그리고 옥석은 훼손되지 않아 그 가치가 오랫동안 보존된다. 옥석은 또 다른 특징이 하나 있는데, 단단하고 섬세하여 얇은 조각으로 연마하여 두드리면 소리가 듣기 좋다는 것이다. 몸에 차는 패옥(璜珮) 등과 같은 장식물을 만들면 걸음을 걸을 때마다 쟁그랑 쟁그랑 소리가 나서 더욱 귀족의 고귀함을 나타냈다. 특히 통치 계급은 여유롭고 장중한 이미지를 나타내기 위해 옥이 부딪치는 소리는 절도 있게 걷게 하는 작용도 했다. 꿰어 놓은 패옥은 작업에 지장을 줄 수 있으므로 일하는 사람들이 착용하기에는 적합하지 않다. 그러나 오히려 고귀한 모습을 나타내고 싶어 하는 귀족들의 마음에는 꼭 들었다. 따라서 군자가 수신(修身)할 때 추구하는 많은 미덕을 모두 옥의 특성에 비유했다. 『설문해자』에서는 옥은 인(仁), 의(義), 지(智), 용(勇), 결(潔)의 다섯 가지 미덕을 갖추고 있는데 이는 옥이 중국의 사인들과 군자들의 마음속에서 숭고한 지위를 차지하고 있다는 것을 보여준다고 설명했다.

055

옥돌 박

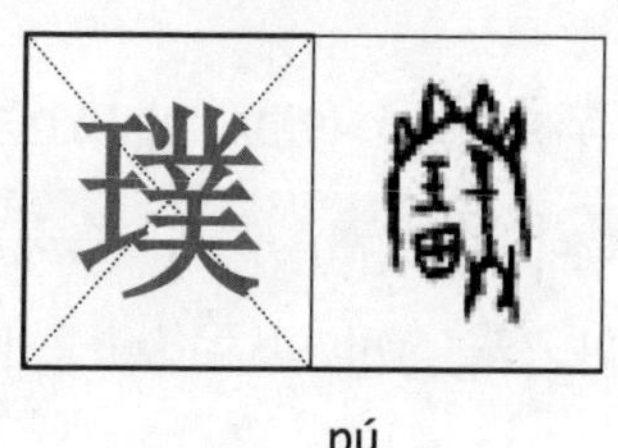

pú

갑골문에는 박(璞)자❶가 하나 있는데 깊은 산속에서 한 손에는 파내는 도구를 들고 있고, 그 옆에는 옥 한 조각과 바구니 한개 가 있는 모습이다.

이 글자는 옥 원석을 발굴하는 작업 상황을 나타내는 것으로 추정된다. 동굴 내부에서 한 손에 채굴 도구 끌(鑿子)을 들고 옥원석을 파내면 동굴 밖으로 운반하기 위해 광주리에 담았다. 그래서 박(璞)은 가공을 거치지 않은 옥 원석(玉璞)을 가리킨다. 이 글자는 갑골복사에서 박벌(撲伐: 정벌하다)의 뜻으로 사용되었는데, 본래 의미는 박(璞)이고, 박벌(撲伐)로 가차되어 사용되었음을 증명할 수 있다.

본래의 자형은 너무 복잡해서 나중에는 암(巖) 부분이 생략되고 이어 바구니도 생략되어 옥 한 덩어리와 두 손으로 쟁반을 들고 있는 부분만 남게 되었다. 『설문해자』에는 박(璞)자를 수록하지 않았지만 복(菐)자는 있다.

❶

『설문해자』에서는 복(菐)자에 대해 이렇게 풀이했다.

> "복(菐)은 '도랑'이라는 뜻이다. 丵로 구성되었고, 입(廾)으로 구성되었다. 입(廾)은 소리부이기도 하다. 복(菐) 부수에 속하는 글자들은 모두 복(菐)이 의미부이다. (菐, 瀆也. 从丵·从廾, 廾亦聲. 凡菐之屬皆从菐.)"

> "복(僕)은 '일을 도와주는 사람'이라는 뜻이다. 인(人)과 복(菐)으로 구성되었다. 복(菐)은 소리부이기도 하다. 䑑은 고문체이고 신(臣)이 의미부이다. (僕, 給事者. 从人·菐. 菐亦聲. 䑑, 古文从臣.)"

허신은 하인이 두 손으로 청소하는 도구를 들고 있는 모습이라고 여겼다. 금문❷에서 복(僕)자 자형을 비교해 보면, 갑골문의 자형은 청소 도구보다는 채굴하는 도구에 더욱 가깝다는 것을 알 수 있다. 박(璞)의 의미는 '가공을 거치지 않은 물건'이므로 옥 원석은 오랜 시간의 연마를 거쳐야만 비로소 옥기가 될 수 있다.

❷

056 쌍옥 각

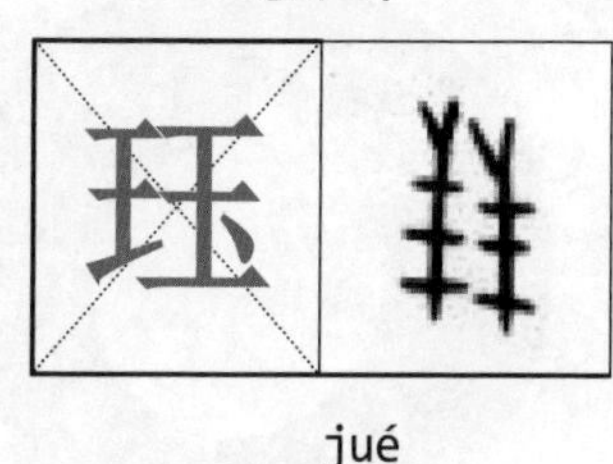

jué

갑골문의 각(珏)자❶는 옥 조각을 꿰어서 두 줄로 나란히 배열해놓은 모습이다.

갑골복사에서는 옥 노리개를 세는 단위사로 사용했다. 처음에는 옥 조각을 꿰어서 목걸이로 사용했던 것으로 추측된다. 두 줄은 길이가 비슷하였는데 이는 많은 민족이 사용하는 방식이다. 그러나 황제(黃帝)가 허리에 패옥을 차는 것으로 전쟁을 하지 않겠다는 결심을 표시하며 백성이 안정된 생활을 할 수 있게 하자 이때부터 관습이 변하게 되어 패옥은 생산에 종사하지 않는 귀족들의 장신구가 되었다. 그러나 패옥의 수량을 계산할 때에는 여전히 각(珏)자를 사용했다.

『설문해자』에서는 각(珏)자에 대해 이렇게 풀이했다.

“각(珏)은 ‘두 줄의 옥을 합치면 1각(珏)이 된다’는 뜻이다. 각(珏) 부수에 속하는 글자들은 모두 (珏)이 의미부이다. 瑴은 각(珏)의 혹체이며 㱿으로 구성되었다.(珏, 二玉相合為一珏. 凡珏之屬皆从珏. 瑴, 珏或从㱿.)”

❶

▎옥결(玉玦). 바깥지름 2.8~2.9센티미터, 최초의 옥기
내몽고(內蒙) 적봉(赤峰)과 융와(隆洼)에서 출토. 8,200~7,400년 전

057

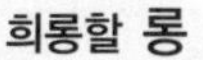

희롱할 롱

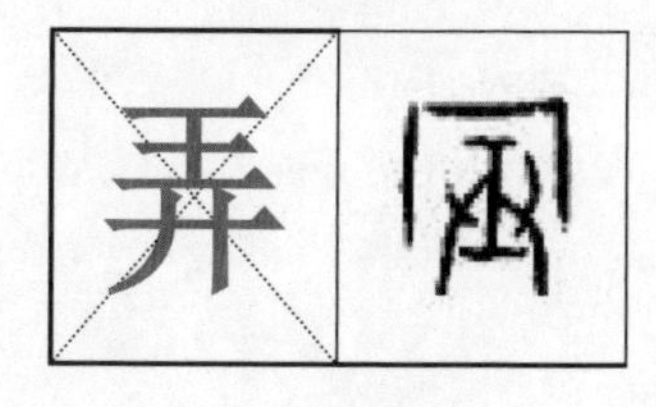

nòng

갑골문의 롱(弄)자❶는 동굴에서 두 손으로 옥을 가지고 노는 모습이다. 옥 원석은 귀중한 물자이므로 이 글자는 품질이 좋은 옥 원석을 캐서 너무 좋아 감상하고 있는 것을 나타냈다. 그래서 '가지고 논다'는 의미가 생겼다.

최초의 자형 은 높은 산봉우리가 있는 동굴이 있고 구체적으로 직사각형의 옥 원석이 들어있는 모습이었다. 이 글자가 너무 복잡하여 우선 산봉우리와 옥 원석의 필획을 생략하여 가 되었고, 또 동굴의 모양도 생략하여 연마한 옥기를 가지고 노는 것과 같이 변했다. 금문시대에 이르러 옥 원석을 나타내는 공(工)의 모양을 꿴 옥을 나타내는 옥(玉)자형❷로 바꾸어 두 손으로 옥기를 가지고 논다는 의미를 더욱 명확하게 표현했다. 『설문해자』에서는 다음과 같이 풀이했다. "롱(弄)은 '논다'는 뜻이다. 입(廾)과 옥(玉)으로 구성되었다. (弄, 玩也. 从廾玉.)" 즉, 옥기를 가지고 노는 의미를 정확하게 설명한 것이다.

❶ ❷

백공의 두 번째—골각기

고대인들은 동물의 뼈나 뿔을 사용하여 기물을 만들었는데 비록 돌과 나무를 사용하는 것만큼 이른 시기는 아니지만 사람들은 상당히 오래전부터 뼈와 뿔로 만든 기물을 사용하기 시작했다. 상고시대의 사람들은 돌멩이를 이용하여 동물의 뼈를 부스러뜨리고 골수를 먹었다. 당시에 이미 뼈의 특성을 발견하고 사용했을 것이며, 적어도 수십만 년 전에 이미 동물 뼈를 사용할 줄 알았다. 부러뜨린 뼈와 뿔의 모서리는 매우 날카로워서 파고 찌르는 데 사용할 수 있는 매우 유용한 도구이자 무기였다. 고고학적 발견에 따르면 초기 유적지에서는 연마된 골기가 발견되었는데, 그 연대는 마제 석기를 사용하던 시기보다도 빨랐다. 그리하여 마제 석기는 마제 골기로부터 영향을 받은 것일 수도 있겠다는 상상을 해볼 수도 있다.

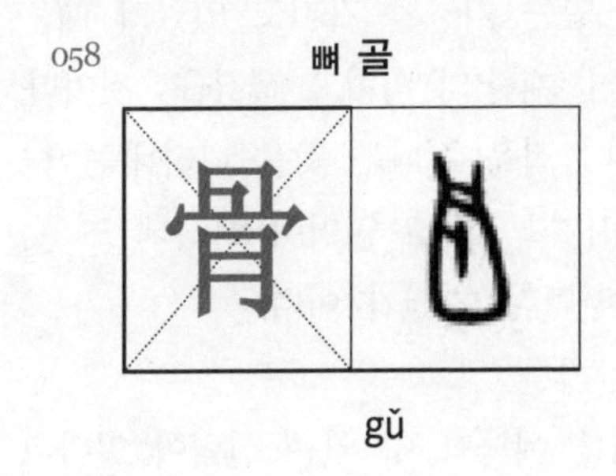

갑골문의 골(骨)자❶는 동물의 어깻죽지 뼈의 모습이다. 는 비교적 완전한 형태로, 가장 윗부분의 관골구(骨臼)도 포함하고 있다. 는 관골구가 생략된 형태이다. 는 뼈에 점복으로 갈라진 무늬가 있는 모습을 나타냈다.

이 글자의 자형은 우리들에게 이 뼈는 소의 어깻죽지 뼈이며, 이미 절단, 다듬질, 조각, 구멍 뚫기 등 작업을 마친 상태로, 태워서 점을 칠 수 있도록 제공할 수 있음을 상기시킨다.

상나라시기에 소의 어깻죽지 뼈의 가장 큰 용도는 점복으로 의문을 푸는 데 있었기 때문에 이것으로 모든 뼈를 나타냈다. 고대 사람들은 뼈에는 신령이 깃들어 있어서 사람을 도와 어려움을 해결한다고 믿었다. 사람들은 신령의 지시를 받고 적절한 행동방침을 확인하여 잘못된 행동으로 인한 재난을 피하고 싶어 했기 때문에 점을 쳐 의문을 풀었다.

❶

점복이 미래의 화복을 예측할 수 있는 기능을 가지고 있었기 때문에 골(骨)자에는 '뼈'라는 의미와 더불어 '재난'의 의미도 생겼을 것이다. 예를 들어 가장 많이 보이는 열흘 마다 점을 친다는 뜻을 나타내는 '순망골(旬亡骨)'이라는 구절은 「순망화(旬亡禍)」 라고 읽어야 하는데 그 뜻은 '다음 열흘 동안에는 재해가 없을 것이다. 그런가?'이다.

상나라시기의 사람들은 뼈가 미래를 예측할 수 있는 신력이 있다고 믿었고, 뼈를 태운 후 뼈가 갈라져 무늬가 생기면 그 무늬의 모양이 해답을 나타낸다고 믿었다.

『설문해자』에서는 다음과 같이 풀이했다.

> "과()는 '사람 고기를 발라내고 그 뼈만 남겨두다'는 뜻이다. 상형자이다. 머리의 융골을 본떴다. 과(冎) 부수에 속하는 글자들은 모두 과(冎)가 의미부이다. (, 剔人肉, 置其骨也. 象形. 頭隆骨也. 凡冎之屬皆从冎.)"

> "골()은 '육질 속의 핵심'이라는 뜻이다. 과(冎)로 구성되었고, 고기가 붙어있는 모습이다. 골(骨) 부수에 속하는 글자들은 모두 골(骨)이 의미부이다. (, 肉中覈也. 从冎有肉. 凡骨之屬皆从骨.)"

허신의 이런 풀이는 갑골문에서 자형이 뒤집혀져 있었기 때문에 과(冎)자를 두개골의 모양이라고 오해한 것이다. 인간의 뼈에는 대체로 근육이 붙어 있으므로 과(冎)에 육(肉)을 추가하여 골(骨)이 되었다.

059 뿔 각

角

jiǎo

060 풀 해

解

jiě

갑골문의 각(角)자❶는 아래쪽이 팽창되어 크고 위쪽이 뾰족한 뿔 모양의 물건을 나타낸다. 고대에는 화북(華北)지역의 동물들 중에서 이러한 형태의 뿔을 가진 동물은 의심할 여지없이 소였다. 갑골문의 해(解)자 는 양손으로 뿔을 당기는 모습이다. 이로부터 소뿔로 '뿔'이라는 뜻을 나타내고 있다는 것을 알 수 있다. 소뿔은 기물제작에 가장 흔히 쓰이는 뿔 재료이므로 소뿔로 뿔 종류의 물건과 뾰족한 뿔을 나타내고 있다.

금문❷에서는 마주치는 선의 한쪽 끝을 뻗어 나가게 하였는데, 시간이 오래 지나게 되면서 그 뻗어 나가게 했던 필획에 조금 갈라진 부분을 추가하여 도(刀)자와 비슷하게 변하였다. 그리하여 이 글자는 전혀 소뿔과 같지 않게 되었다.

이 때문에 『설문해자』에서는 억지로 갖다 붙여 다음과 같이 풀이했다. "각(角)은 '짐승의 뿔'이라는 뜻이다. 상형자이다. 뿔은 갈치와 비슷하다. 각(角) 부수에 속하는 글자들은 모두 각(角)이 의미부이다. (角, 獸角也. 象形. 角與刀魚相似. 凡角之屬皆从角.)" 즉, 짐승의 뿔 모양이 갈치(刀魚)의 모양과 비슷해졌다고 말한 것이다.

갑골문의 해(解)자는 양손으로 소뿔을 당기는 모습이다. 장비를 사용하지 않은 상황에서 맨 손으로 소뿔을 소의 머리에서 뽑을 수 있는지는 의문이지만 이것은 상징적인 표현방법일 것이다. 이것 때문에 금문 해(解)자❸에서 두 손이 칼 한 자루로 바뀐 것 같다. 칼을 도구로 삼아 소뿔을 뽑는 것은 비교적 합리적이므로 이 글자의 자형도 점차 고정이 되었다.

『설문해자』에서는 해(解)자에 대해 이렇게 풀이했다.

> "해(解)는 '해체하다'는 뜻이다. 도(刀)로 구성되었으며 소뿔을 해체하다는 뜻이다. 일설에서는 '해태'라고도 하는데, 해태는 짐승이다. (解, 判也. 从刀判牛角. 一曰解廌, 獸也.)"

여기에서는 자형은 재구성되었다. 특히 뿔의 부분을 강조하여 뿔이 크고 소가 작은 자형으로 바뀌었다. 소뿔은 고대에서 매우 유용한 재료였고 소뿔을 잘라내는 것은 당시에 매우 흔한 광경이었기 때문에 가차하여 '분해하다', '해석하다'는 뜻으로 사용했다.

❸

뼈는 재질이 가볍고 단단하며 내마모성이 있어 기물을 만드는 데 이상적인 재료였다. 그러나 소뿔은 모양에 제한이 있어 대체적으로 가늘고 길거나 혹은 넓고 평평한 물건을 만드는 데 사용되었다. 예를 들면 추침(錐針), 화살촉(箭鏃), 작살(魚鏢), 장신구와 같은 종류의 작은 물건들을 만들었다. 이러한 물건들은 모두 석재로 만들기 어려운 물건들이었다.

수렵 시대에는 사냥할 수 있는 동물이 많았기 때문에 필요한 재료는 다양한 동물의 뼈와 뿔에서 얻을 수 있었다. 농업이 발달한 시대에 이르자 수렵은 더 이상 생계를 유지하는 주요 방법이 아니게 되면서 소와 같은 가축에서 재료를 얻는 것이 일반적이 되었다. 뼈와 뿔은 식용하는 가축의 부산물로 재료를 쉽게 구할 수 있고 가격 또한 비싸지 않아 누구나 살 수 있었기 때문에 제품이 많아졌다.

고고학적 발굴을 통해 서주(西周)시기 뼈 작업장에서 4,000킬로그램이 넘는 뼈 재료가 출토되었는데 이는 약 소 1,300마리와 말 21마리를 통해서 얻을 수 있는 분량이었다. 출토된 물건들은 작업장에서 제작된 제품이 이미 전문적으로 뼈 비녀(骨笄)와 같은 단일 상품을 생산하도록 발전되었다는 것을 보여주었다.

고대에서 성인 남녀는 모두 머리를 쪽찌었는데 뼈 비녀를 사용하여 머리가 헐거워지지 않도록 머리카락을 묶어야 했다. 동주(東周)시기 이후에는 더욱 아름다운 재료가 생기면서 골제품은 점차 줄어들었는데, 그나마 중요한 것은 각궁(角弓)이었다. 당시의 활은 나무로 본체를 만들고 녹인 각질(角質)을 그 위에 칠한다. 활의 발사력은 칠한 각질의 두께와 관련이 있다. 활은 원거리 공격이 주력이기에 매우 정교하게 제작되어야 한다.

『고공기·궁인(考工記·弓人)』의 기록에 따르면 겨울에 활채를 깎아 만들고, 봄에 뿔을 액체로 녹이고, 여름에 힘줄을 만들고, 가을에 나무 활채, 뿔, 힘줄 이 세 가지 재료를 접합하고, 봄에 활시위를 입힌다고 하였는데 이처럼 활은 일 년의 시간을 거쳐야 완성될 수 있었다. 활은 무사의 승패 생사와 긴밀하게 연결되어 있기 때문에 정교하게 제작할 것을 엄격하게 요구할 수밖에 없었다.

백공의 세 번째—대나무

돌과 뼈, 뿔 외에 자연에서 쉽게 얻을 수 있는 재료에는 대나무와 나무가 있다. 인류가 대나무와 나무 재료를 사용한 역사는 적어도 돌을 사용한 역사와 마찬가지로 유구하다. 대부분의 경우 대나무와 나무 재료는 개조과정을 거치지 않고 바로 사용할 수 있어 돌보다 더욱 편리하다. 그러나 대나무와 나무 재료는 쉽게 부패하기 때문에 금석과 진흙처럼 오랫동안 땅위에 남아 있지 못한다. 그래서 초기의 유적에서 보이지 않았던 것이다. 아래에서는 대나무의 특성과 응용에서부터 시작하여 대나무와 관련 있는 글자를 소개하도록 하겠다.

061 대 죽

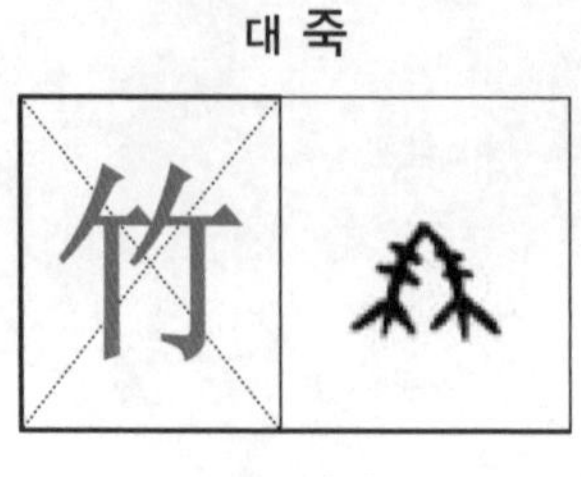

zhú

갑골문의 죽(竹)자❶는 잎과 가지가 아래로 처진 대나무 가지 두 개를 그린 모습이다. 문자의 구조형식에 부합되게 하기 위해 갈라진 대나무 잎 두 개의 모습으로 바꾸었다.

금문에는 죽(竹)자 가 자주 보이지 않지만 순(筍)자 와 같이 의미부로 사용된 글자는 꽤 있다.

『설문해자』에서는 죽(竹)자에 대해 이렇게 풀이했다.

> "죽()은 '겨울에 나는 풀'이라는 뜻이다. 상형자이다. 아래로 처진 것은 죽순 껍질이다. 죽(竹) 부수에 속하는 글자들은 모두 죽(竹)이 의미부이다.(, 冬生艸也. 象形. 下垂者箁箬也. 凡竹之屬皆从竹.)"

❶

현재 대나무는 화남(華南) 지역에서는 많이 나지만, 화북(華北)에서는 드물다. 그러나 중국의 초기 문명시기에는 기후가 지금보다 훨씬 따뜻하여 대나무가 무난하게 잘 자랄 수 있어 매우 흔한 식물이었다. 대나무는 자체 형태의 제한으로 용도가 목재보다는 광범위하지 않았다.

가장 흔한 것은 대나무껍질로 생활도구를 만드는 것인데 상자, 부채, 바구니, 돗자리, 통발, 덮개, 키, 악기 등등이 있었으며, 대나무로 군사용 활과 화살도 제작했다. 그러나 기록역사의 초기에 대나무의 가장 큰 기능은 글을 적을 수 있는 죽간을 만드는 것이었다. 대나무는 길게 찢어서 가늘고 긴 평면을 쉽게 만들 수 있어서 붓으로 그 평면에 글을 쓸 수 있었다. 가늘고 긴 평면은 중국 사람들이 세로로 글을 쓰고 오른쪽에서부터 왼쪽으로 글을 쓰는 습관에도 영향을 미쳤다.

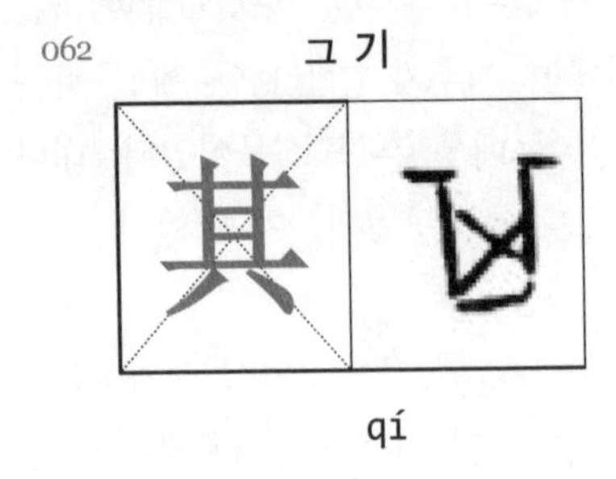

갑골문의 기(其)자❶는 기(棄)자 로부터 '쓰레받기'를 본뜬 상형자이며 쓰레기를 버리는데 사용되었다는 것을 알 수 있다. 쓰레받기는 대체로 대나무 껍질을 엮어 만든 것인데 나중에 어떤 글자에는 죽(竹) 편방을 추가하여서 제작된 재료를 나타냈다.

기(其)는 갑골복사에서 모두 불확실성을 나타내는 단어로 사용되었는데 가차한 의미인 것이 매우 분명하다. 본래 의미를 나타내던 자형은 나중에 복잡하게 써서 기(箕)자가 되었다. 금문에서 기(其)자❷는 자형이 다양한데 이는 자형 변천의 과정을 이해하는데 도움이 된다.

❶

❷

는 가장 사실적으로 쓰인 자형이고, 그 다음에는 로, 직조 무늬가 생략되었고, 일부는 또 생략되어 로 되었다. 그러나 그 이후에는 다시 복잡한 방향으로 갔다. 먼저 글자의 아래에 점 두 개 혹은 짧은 가로 획을 추가하여 가 되었고, 그런 다음 점과 가로획을 병합하여 가 되었다. 또한 한 사람이 두 손으로 들고 있는 모양을 추가하여 가 되었다. 그러다가 쓰레받기의 본래 형태를 생략하여 가 되었다. 이렇게 되어 또 다른 동음자인 기(亓), 기(丌)로 변했다.

『설문해자』에서는 기(箕)자에 대해 이렇게 풀이했다.

> "기()는 '곡식을 까부는 데 사용하는 기물'이라는 뜻이다. 죽(竹)으로 구성되었고 상형자이다. 기(丌)가 그 아래에 있다. 기(箕) 부수에 속하는 글자들은 모두 기(箕)가 의미부이다. 는 기(箕)의 고문체이다. 도 기(箕)의 고문체이다. 도 기(箕)의 고문체이다. 는 기(箕)의 주문체이다. 도 기(箕)의 주문체이다. (, 所以簸者也. 从竹·象形. 丌, 其下也. 凡箕之屬皆从箕. , 古文箕. , 亦古文箕. , 亦古文箕. , 籒文箕. , 籒文箕.)"

허신은 주문체 자형에 방(匚)자를 추가하였는데 방(匚)자도 대나무로 엮은 기물이기 때문이다.

❙증후을묘 출토 청동 키(曾侯乙青銅箕).
높이 5.2센티미터, 길이 29센티미터, 입너비 25.3.센티미터. 전국(戰國) 초기, 기원전 약 5세기.

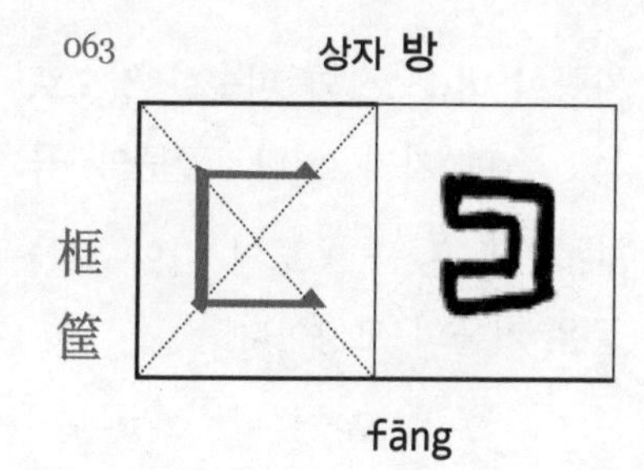

갑골문에서 방(匚)자❶는 용기의 모양인데 이 용기는 기(其)자와 달리 직조문양도 없다. 나무를 파서 만든 용기 모습인 듯하다.

상나라 왕의 초기 조상 보을(報乙), 보병(報丙), 보정(報丁)은 이러한 테두리 안에 을, 병, 정이 들어있는 형태로 썼는데, 방(匚)은 초기의 신령이 살고 있는 곳일 가능성이 매우 크다. 나중이 되어서야 평평한 대가 있는 시(示)자 로 바뀌었다. 금문의 자형은 인데 거의 변하지 않았다.

『설문해자』에서는 방(匚)자에 대해 이렇게 풀이했다. "방(匚)은 '물건을 담는 기물'이라는 뜻이다. 상형자이다. 방(匚) 부수에 속하는 글자들은 모두 방(匚)이 의미부이다. 방(方)처럼 읽는다. 은 방(匚)의 주문체이다.(匚, 受物之器. 象形. 凡匚之屬皆从匚. 讀若方. , 籒文匚.)" 설명이 정확하다. 이러한 유형의 용기를 제작하는 재료가 나무이면 나중에 광(框)자로 썼고, 대나무로 엮은 것이면 광(筐)자로 썼다.

❶

064 굽을 곡

曲

qū

자형이 방(匚)자와 비슷한 것으로는 곡(曲)자가 있다. 금문의 곡(曲)자 는 90도의 각이 있는 굽은 기물의 모양이다.

기물에는 직조 무늬가 있어 대나무로 엮어 만든 대바구니와 같은 부류의 기물일 것이다. 이 글자는 측면 형태를 빌려 '완곡하다'는 추상적인 의미를 나타낸 것으로 보인다.

『설문해자』에서는 곡(曲)자에 대해 이렇게 풀이했다.

> "곡( )은 물건을 담을 수 있게 만든 구부러진 기물의 형태를 본뜬 것이다. 곡(曲) 부수에 속하는 글자들은 모두 곡(曲)이 의미부이다. 일설에서는 곡(曲)은 누에 칠 때 쓰는 기물이라고도 한다. 는 곡(曲)의 고문체이다. (, 象器曲受物之形也. 凡曲之屬皆从曲. 或說曲, 蠶薄也. , 古文曲.)"

여기에는 고문체 자형을 수록했기 때문에 소전에서는 기물의 정면 모양으로 바뀌었다는 것을 알 수 있다. 그리하여 곡(曲)자가 방(匚)자와 구별되는 점은 글자의 방향이 다르다는 점이다.

065 꿩 치/장군 치/재앙 재

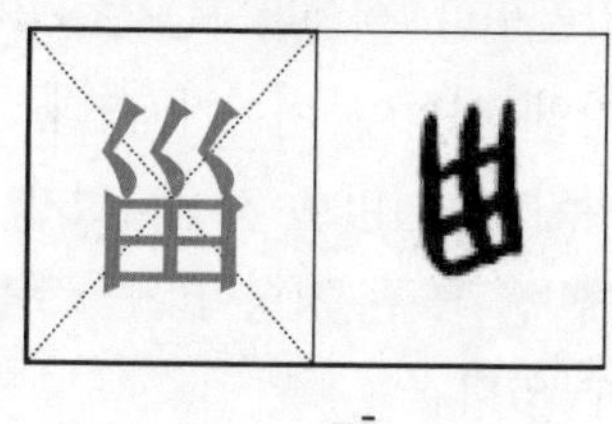

zī

갑골문의 치(甾)자❶ 자형을 살펴보면 대나무 껍질 혹은 등나무 줄기로 짠 용기 모습이다. 뻗어나간 세 가닥의 선은 짠 재료의 끝인데 아직 가지런하게 다듬지 못한 모습이다.

이 글자는 갑골복사에서 서쪽 방위를 가리키기 때문에 변형된 자형이 많다는 것을 알 수 있다. 나중에 본래 의미는 치(甾)자가 되었고, 가차된 의미는 서(西)자가 되었다. 금문의 치(甾)자 는 대략적으로 갑골문의 초기 형태를 유지하고 있다.

『설문해자』에서는 치(甾)자에 대해 이렇게 풀이했다. “치( ), 동초(東楚) 지역의 유명 항아리를 치(甾)라고 한다. 상형자이다. 치(甾) 부수에 속하는 글자들은 모두 치(甾)가 의미부이다. 는 치(甾)의 고문체이다.(, 東楚名缶曰甾. 象形也. 凡甾之屬皆從甾. , 古文甾.)”

허신은 이 글자의 뜻을 동초(東楚)지역의 도자기 이름이라고 설명했다. 이 설명의 문제점은 도자기에는 이와 같이 다듬지 않은 형태가 있을 수 없다는 것이다.

❶

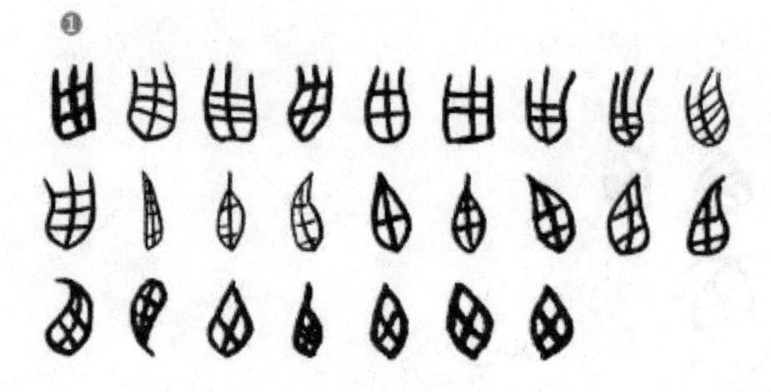

066

서녘 서

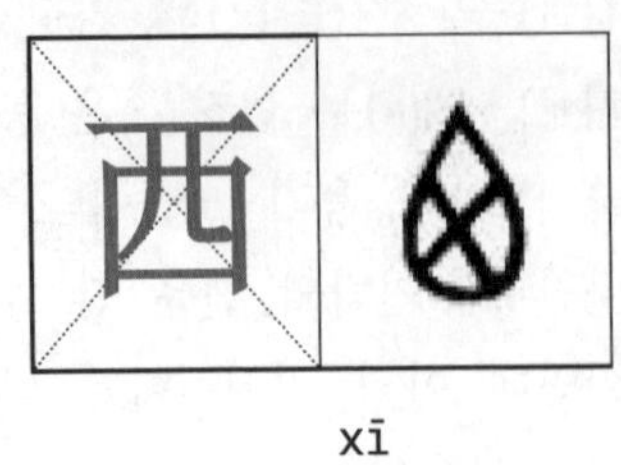

xī

갑골문의 서(西)자는 초기와 후기의 자형이 차이가 크다. '서쪽 방위'의 의미로 사용되었기 때문에 전과 후 자형이라는 것을 알 수 있다.

금문에서 서(西)자❶는 갑골문 후기의 글자와 비슷하며 [glyph]에서 [glyph]로 변하고, 다시 [glyph]로 변했다가, 마침내 [glyph]로 되었다는 것을 알 수 있다. 소전의 자형은 더욱 잘못 변하여 마치 새가 둥지에서 서식하는 모양과 같이 되었다.

『설문해자』에서는 서(西)자에 대해 이렇게 풀이했다.

> "어([glyph])는 '새가 둥지에 있다'는 뜻이다. 상형자이다. 해가 서쪽으로 지면 새가 둥지로 날아들게 되므로, 동서라고 할 때의 서가 되었다. 서(西) 부수에 속하는 글자들은 모두 서(西)가 의미부이다. [glyph]는 서(西)의 혹체이며 목(木)과 처(妻)로 구성되었다. [glyph]는 서(西)의 고문체이다. [glyph]는 서(西)의 주문체이다. ([glyph], 鳥在巢上也. 象形. 日在西方而鳥西, 故因以為東西之西. 凡西之屬皆从西. [glyph], 西或木妻. [glyph], 古文西. [glyph], 籀文西.)"

❶

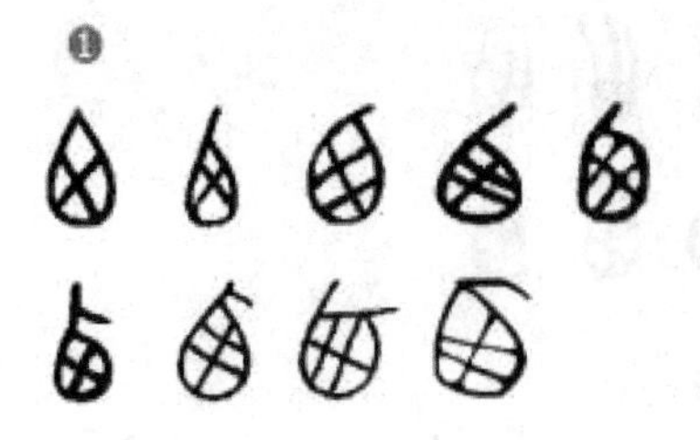

새는 해가 서쪽으로 질 때 해를 바라보며 작별하는 습성이 분명히 있지만 갑골문의 자형을 살펴보면 서(西)자의 본래 의미는 조류와 관련이 없음을 알 수 있다.

백공의 네 번째—목재

갑골문의 목(木)❶자는 나무뿌리와 가지가 있는 나무의 형상이다. 나무의 종류는 매우 다양한데, 재질이 가벼운 것도 있고, 단단하고 내구성을 갖춘 것도 있다. 여러 가지 크고 작은 물건을 만드는 데 모두 적합한 재료를 찾을 수 있으며 훼손되면 다른 용도로 바꿔서 사용할 수도 있다. 살상능력이 좀 떨어지고 비바람의 노출에 약한 것과 같은 두 가지 단점을 제외하면 목재는 기타 방면에서 석재보다 우월하여 인류에 대한 중요성은 항상 줄어들지 않았다. 구리, 철, 플라스틱과 같은 새로운 재료가 출현해도 실용적 가치가 떨어지지 않았다.

『고공기(考工記)』에 분류된 30가지 직업은 제작하는 용기의 종류에 따라 대략적으로 분류한 것이다. 목공일에 전문적으로 종사하는 분야에는 윤(輪), 여(輿), 궁(弓), 로(盧), 장(匠), 거(車), 재(梓) 7가지 직업이 있다. 장인(匠人)은 대규모 건축 공정을 맡고, 윤인(輪人), 여인(輿人), 거인(車人)은 모두 구조가 복잡한 수레를 만들고, 노인(盧人)과 궁인(弓人)은 무기를 만들며, 재인(梓人)은 일상용품을 만들었다. 종류는 일곱 가지밖에 없지만 그것을 설명하는 문자는 책 전체의 3분의 2를 차지하였으니 목재가 가장 실용적이고 가장 대중적인 재료였다는 알 수 있다. 그래서 기록 또한 특별히 자세하다.

❶

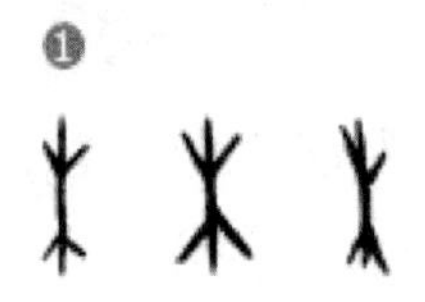

인류는 수백만 년 전부터 이미 대자연의 재료를 사용할 수 있었다. 나무는 자연의 모든 곳에서 구할 수 있는 재료이지만, 그 자체의 모양과 크기의 제한을 받아 도구를 사용하여 나무의 길이와 두께를 바꾸어야만 널리 사용하여 각종 기물을 만들 수 있다. 이 때문에 사람들이 보편적으로 돌, 구리, 철 등과 같이 단단하고 날카로운 절단도구를 사용한 뒤에야 목공과 목제품이 왕성하게 발전할 수 있는 조건이 생겼다. 그리하여 신석기 시대 이후에 서서히 목제품이 생겨나긴 했지만 춘추시대에 강철도구를 사용한 뒤에야 목제품은 크게 빛을 발할 수 있게 되었고 점차 청동기를 대체하게 된다. 현대에는 비록 가볍고 내구성이 뛰어난 플라스틱과 유리재료가 생겨났지만 나무의 사용가치는 여전히 줄어들지 않고 있다.

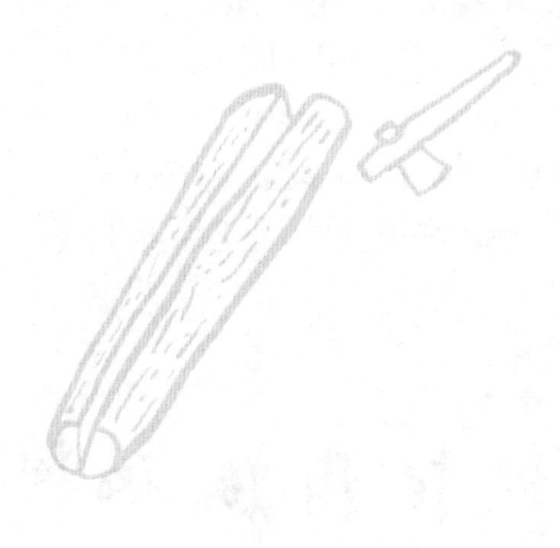

067

서로 상

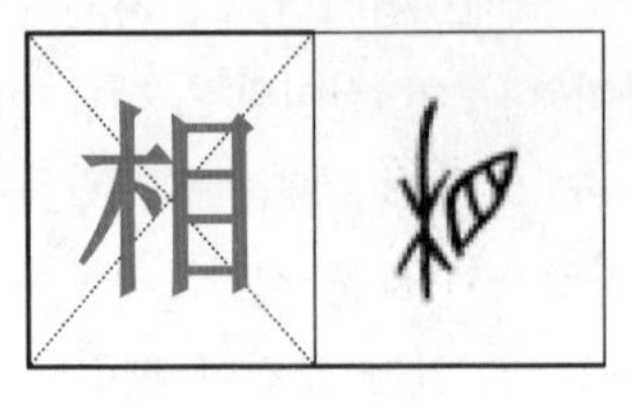

xiàng

갑골문의 상(相)자❶는 한쪽 눈으로 나무를 검사하는 모습이다. 따라서 '분석', '조사' 및 '가치 판단'의 의미가 생겼다.

나무는 종류가 많고 재질도 다르다. 어떤 때는 하나의 목제품을 만들기 위해서 재질이 다른 재료를 사용하여야만 이상적인 작품이 되는 경우도 있다. 수레를 예로 들면 수레바퀴와 축은 단단하고 내구성이 좋은 목재를 사용해야 하고, 수레의 차체는 재질이 가벼운 것을 사용해야 하고, 수레를 끄는 수레 채는 굽힐 수 있는 재료를 골라서 사용해야 한다. 그리하여 목공이 다양한 목재의 성질을 충분히 파악하고 있어야만 각종 목재들의 효과를 극대화할 수 있다. 때로는 목재의 종류뿐만 아니라 재료를 채취하는 연도와 계절에도 주의를 기울여야 한다.

금문의 상(相)자❷는 눈의 방향이 수직 또는 수평이 될 수 있다. 『설문해자』에서 다음과 같이 풀이했다. "상(相)은 '살펴보다'는 뜻이다. 목(目)과 목(木)으로 구성되었다. 『주역』에서는 다음과 같이 말했다. '땅에서 볼 수 있는 것은 나무만큼 한 것이 없다.)' 『시경』에서는 다음과 같이 말했다. '쥐를 살펴보니 쥐도 가죽이 있었다. (相鼠有皮.)' (相, 省視也. 从目·木. 易曰 : 地可觀者, 莫可觀于木. 詩曰 : 相鼠有皮.)" 여기에서는 모두 수직으로 된 형태의 눈으로 표기하였다.

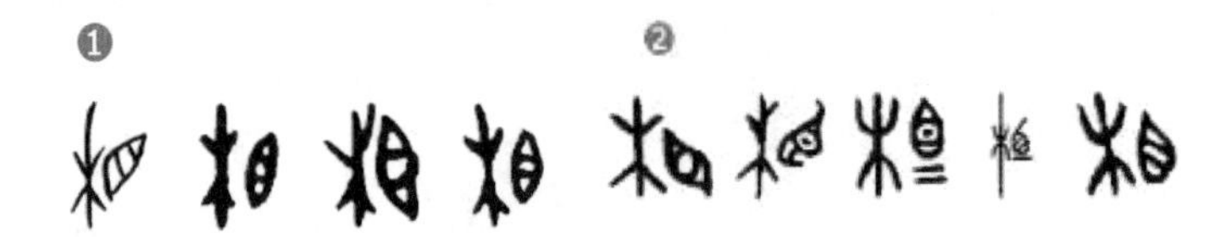

068 장인 장

匠

jiàng

목제기물을 만드는 사람을 장(匠)이라고 한다. 이 글자는 아직까지 갑골문과 금문에 보이지 않는다.

『설문해자』에서는 장(匠)자에 대해 이렇게 풀이했다.

> "장(匠)은 '목공'이라는 뜻이다. 방(匚)과 근(斤)으로 구성되었다. 근(斤)은 기물을 만드는 데 사용된다. (匠, 木工也. 从匚·斤. 斤, 所以作器也.)"

허신은 장(匠)자를 도끼 한 자루가 도구 상자에 있는 모습으로 풀이했다. 그리하여 목공이 자주 사용하는 도구로 그들의 직업을 표현했다.

장인은 사람들의 생활을 향상시킬 수 있는 중요한 사회 구성원이며, 도구로 부를 창출할 수 있는 사람이기에 신분과 명성이 자연스럽게 일반사람보다 높다. 그래서 『고공기(考工記)』에는 백공(百工)의 일은 모두 성인이 제작했다고 말하기도 했는데, 이는 초기의 장인이 높은 존경을 받고 있었다는 것을 보여준다.

069 꺾을 절

zhé

나무는 벌목한 후에 일정 길이로 자르고 다시 얇은 판으로 만들어야 널리 사용될 수 있다.

갑골문의 절(折)자❶는 도끼로 나무를 두 토막으로 자른 모습이다. 제2권 『전쟁과 형벌』편』에서 소개된 것처럼 근(斤)자 는 돌칼이나 청동을 나무자루에 묶어 만든 벌목 도구이다. 나무자루가 긴 도끼를 사용하면 두 손을 휘두를 때 자르는 힘을 증가할 뿐 아니라 손바닥에 주는 충격을 감소할 수 있다.

절(折)은 목재를 수평으로 자르고 다시 적절한 길이로 자르는 것을 나타낸다. 잘린 두 토막의 목재는 각각 목(木)자의 위와 아래 반쪽으로 사용되었고, 점차 같은 방향의 철(屮)자 두 개로 바뀌었다.

❶

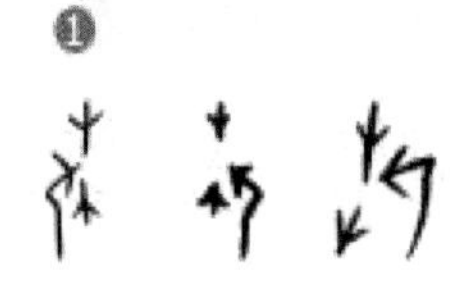

금문의 절(折)자❷는 이 잘못된 자형을 계속 사용하거나 혹은 두 개의 철(屮)자 사이에 두 가닥의 짧은 가로 획이 추가되었는데 아마도 이미 잘린 단계를 강조하고자 한 것으로 보인다.

『설문해자』에서는 절(折)자에 대해 이렇게 풀이했다.

> "절(𣂺)은 '절단하다'는 뜻이다. 근(斤)으로 구성되었고 풀을 베다는 뜻이다. 이는 담장(譚長)의 설이다. 𣃚은 절(折)의 주문체이다. 풀(艸)가 얼음(仌) 안에 있는 모습이다. 얼음은 차가워서 절단되기 때문에 빙(仌)으로 그려졌다. 𢪚은 절(折)의 주문체이다. 수(手)로 구성되었다. (𣂺, 斷也. 从斤·斷艸. 譚長說. 𣃚, 籒文折. 从艸在仌中. 仌寒故折. 𢪚, 篆文折. 从手.)"

소전의 자형 𢪚에서는 두 개의 철(屮)이 연결되어 수(手)자가 되어서 나무를 절단한다는 본래 의미를 잃어버리게 되었다.

❷

070

쪼갤 석

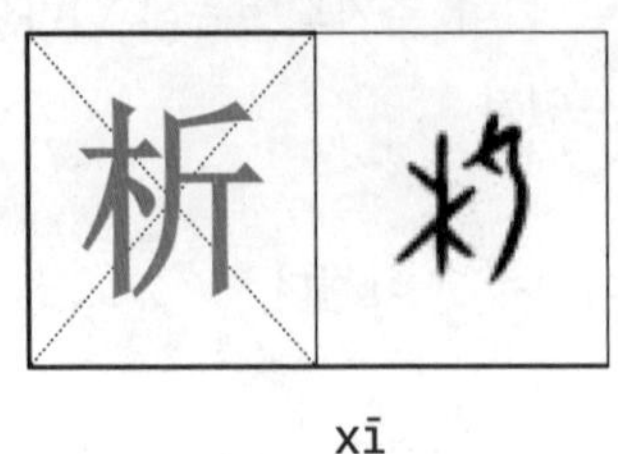

xī

갑골문의 석(析)자❶는 손에 도끼를 들고 세로로 나무를 자르는 모습이다. 이것은 목재를 두께가 다른 널빤지로 가공한다는 의미이다.

다음 쪽의 그림과 같이 고대의 방법을 모방해보면 먼저 도끼로 나무줄기에 하나하나의 작은 구멍을 뚫은 다음 작은 돌을 일렬로 박아 넣고 돌을 천천히 두드리면 나무줄기가 두 개로 쪼개진다. 동일한 절차를 여러 번 반복하면 나무줄기는 한 개 한 개의 얇은 널빤지로 가공된다.

금문의 석(析)자❷ 중 어떤 것은 편방 목(木)을 화(禾)로 썼다. 『설문해자』에서는 다음과 같이 풀이했다. “석( )은 ‘나무를 쪼개다’는 뜻이다. 일설에서는 ‘절단하다’는 뜻이라고도 한다. 목(木)으로 구성되었고, 근(斤)으로 구성되었다. (, 破木也. 一曰折也. 从木·从斤.)”

이처럼 목(木)으로 구성되었고 근(斤)으로 구성되었다고만 풀이해서는 안 된다. 목(木)과 근(斤)은 상호작용을 하기 때문에 도끼로 나무를 쪼갠다고 풀이하는 것이 타당하다.

❶ ❷

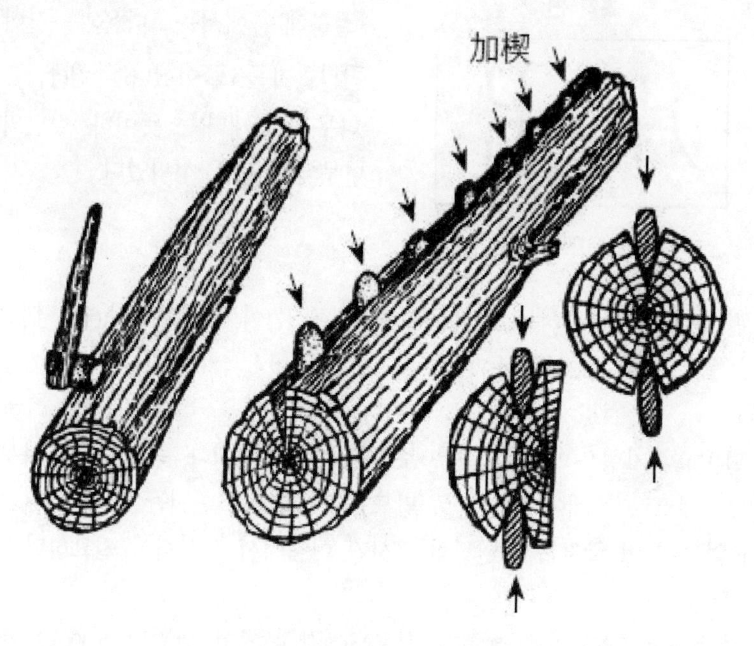

▍돌도끼로 목재를 세로 쪼개기, 설명도.

071

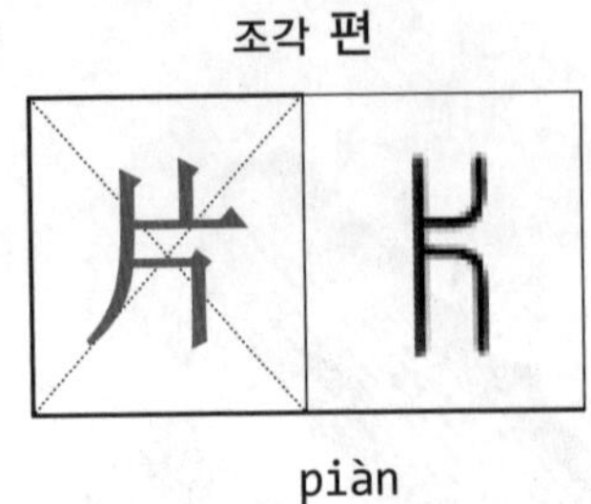

『설문해자』에서는 다음과 같이 편(片)자를 풀이했다. "편(片)은 '나무를 쪼개다'는 뜻이다. 절반의 나무(半木)로 구성되었다. 편(片) 부수에 속하는 글자들은 모두 편(片)이 의미부이다.(片, 判木也. 从半木. 凡片之屬皆从片.)"

편(片)의 자형은 나무를 좌우 두 개로 나눈 형태다. 즉, 도끼로 나무줄기를 세로로 쪼개어 널빤지로 만드는 것이다. 널빤지는 평평하고 가지가 없는데 이 글자는 사실적인 묘사가 아니어서 상상력이 필요하다.

절강성(浙江省) 여요(餘姚)의 하모도(河姆渡)에서 발견된 6,300년 전 목제품은 이미 얇은 널빤지로 절단되었을 뿐 아니라 끼워 맞출 수 있는 장부(榫卯)와 기구판(企口板)을 가지고 있었다. 장부란 돌 끌 혹은 뼈 끌로 두드려 오목하게 네모 혹은 원형 등 다양한 모양으로 장붓구멍을 만든 다음 기타 볼록한 장부가 있는 부재를 맞춰 넣어 다양한 형태로 연결할 수 있게 되는 것을 말한다. 기구판은 널빤지의 양쪽 중 한쪽 널빤지는 철(凸)자형으로, 다른 한쪽 널빤지는 요(凹)자형으로 구멍을 파고 널빤지의 옆면을 끼워 맞춰 틈이 없이 밀접하게 연결된 평면을 만드는 것이다. 이 두 가지 기술이 있으면 대부분의 상자, 궤짝, 테이블, 침대 등 가구들은 모두 만들 수 있다.

하모도 사람들은 돌과 뼈 도구만 사용하여 이와 같은 정교한 부자재를 만들었다. 청동기 시대가 되자 기술의 정교함은 더욱 향상되었다. 상나라시기에는 비록 온전한 목재 공예품을 발견하지 못했지만 거꾸로 진흙에 엠보싱 된 복잡한 무늬와 화려한 색채를 통해 당시의 목공 공예가 매우 뛰어났다는 것을 상상할 수 있다.

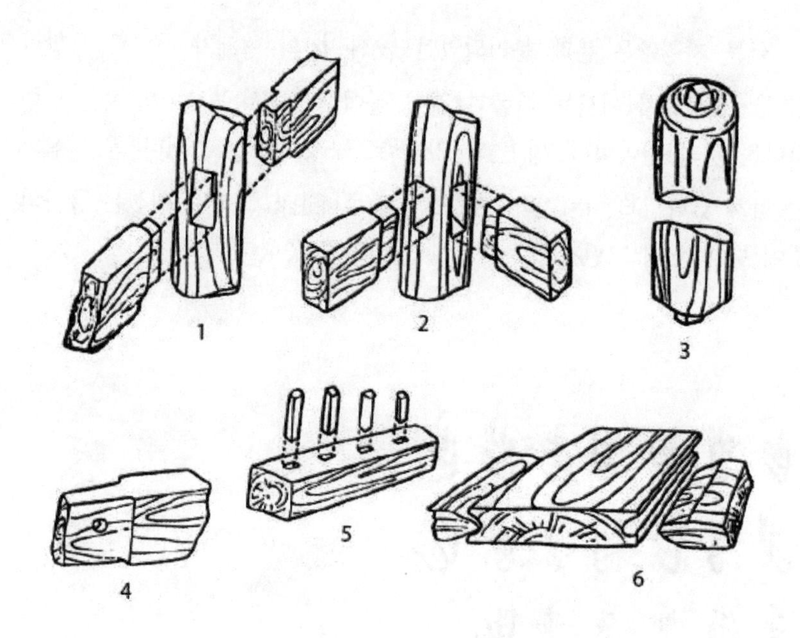

▍하모도(河姆渡)유적지에서 출토된 장부(榫卯)와 은촉붙임(企口)을 가지고 있는 나무 부재

072 **잠깐 사**

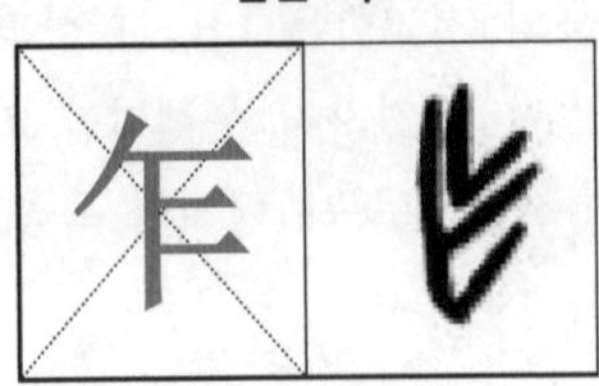

zhà

갑골문의 사(乍)자❶는 '성읍건축, 건축물 부류의 공사'라는 뜻이다. 어떤 도구의 모양과 비슷하다.

금문 자형❷은 본래 분리되었던 와 의 형체가 하나로 통합되었다. 『설문해자』에서는 다음과 같이 풀이했다. "사(乍)는 멈추다, 도주하다는 뜻의 단어이다. 망(亡)과 일(一)로 구성되었다. 그러나 좀 의심되는 바가 있다. (乍, 止亡詞也. 从亡·一, 有所疑也.)" 그러나 허신은 글자의 뜻에 대해서 왜 그런지 구체적으로 설명하지 못했다.

❶

❷

이 글자의 뜻이 건축과 밀접한 관련이 있으므로 목공과 관련된 도구라고 추측할 수 있다. 는 대략 대패 모양으로 하단의 위로 올라온 부분은 손잡이를 나타낸 것이고 앞부분은 매끈하게 깎아 내는 칼날이다. 는 깎아낸 나뭇조각들이 대패와 부딪쳐 방향을 바꾸는 것이다. 이것은 제2부에서 소개했던 주(疇)와 비슷한데, 갈아 올라온 흙덩어리가 쟁기에 부딪치게 되면 형태가 비틀어지는 것과 같다. 또 다른 모양의 부분은 아마도 목재의 톱질한 자국을 표현한 것으로 보인다. 광택을 내는 것은 목제품을 아름답게 하는 절차인데 이 단계를 거쳐야만 목제품의 매력이 드러나게 된다. 목제품의 제작에 있어 이 단계는 없어서는 안 될 절차이므로 이것을 통해 건축물의 제작과정을 나타냈다.

대패는 한 손으로 조작할 수 있기 때문에 전국시대의 「중산호(中山壺)」에서는 사(乍)자를 로 썼고 이것으로 손에 들고 사용하고 있다는 것을 나타냈다. 금문 자형에서는 을 아래로 연장하여 대패와 의 형태로 연결되게 하여서 그 모양을 알아볼 수 없게 되었다. 나중에 작(作)으로 쓰게 되었는데 대패는 사람이 조작하는 도구임을 나태내기 위한 것으로 보인다.

073 **계약 계**

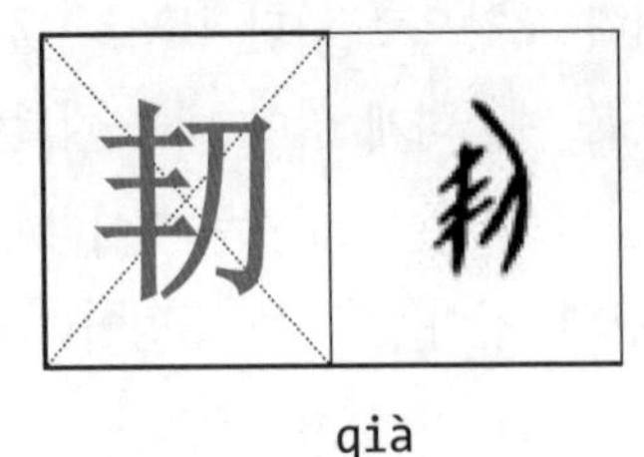

qià

갑골문의 계(㓞)자는 사(乍)자의 모양이 어떤 것인지 알 수 있게 우리를 도와준다.

갑골문의 계(㓞)자 는 칼을 사용하여 (두개의 인접한 널빤지 위에) 여러 줄의 선을 새긴 모습이다. 고대에서는 계약을 만들 때 글자를 각각 널빤지에 쓴 다음 칼로 여러 줄의 선을 새겼다. 쌍방은 계약의 절반을 가지고 있다가 나중에 계약 위의 선을 확인하여 원본 문서인지 검증했다.

금문의 자형 역시 칼 한 자루와 새겨진 무늬로 이루어졌다. 『설문해자』에서는 계(㓞)자에 대해 이렇게 풀이했다. "계( )는 '공교하다'는 뜻이다. 도(刀)가 의미부이고, 개(丯)가 소리부이다. 계(㓞) 부수에 속하는 글자들은 모두 계(㓞)가 의미부이다. (, 巧也. 从刀, 丯聲. 凡㓞之屬皆从㓞.)"

허신은 계(㓞)자를 도(刀)가 의미부이고 개(丯)가 소리부인 글자로 분석했는데 그다지 정확하지 않다. 개(丯)는 칼로 새겨서 만들어진 무늬이므로 도(刀)로 구성되었고, 개(丯)로 구성되었다고 하는 것이 더 낫다. 나중에 사람들은 이 글자가 의미를 명확하게 나타내지 못한다고 생각하여 목(木)을 기호로 추가하여 계(栔)자가 되었고, 나중에는 다시 계(契)자로 단순화하였다.

074

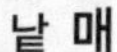

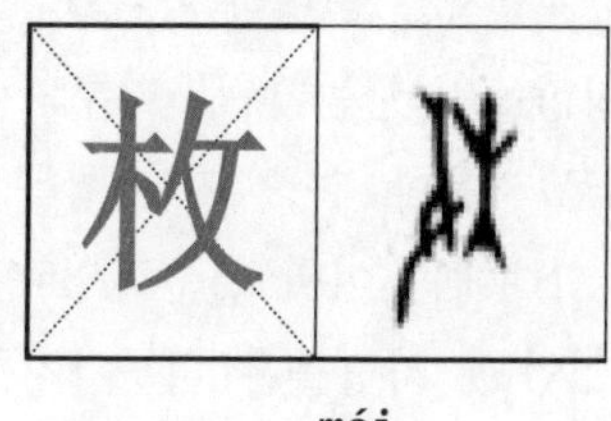

méi

갑골문의 매(枚)자인 는 나무와 손에 들고 있는 지팡이의 조합으로 보인다.

갑골문 글자를 분석해보면 뜻은 도끼로 나무줄기를 쪼개어 널빤지로 만든다는 것이다. 손으로 지팡이를 들고 나무를 두드리는 것은 어떤 효과도 없다. 그래서 이 글자의 뜻은 지팡이로 나무를 치는 것이 아니라 나무에서 지팡이를 얻었다는 의미로 보아야 할 것이다.

금문의 매(枚)자❶에서 앞의 두 개 자형은 갑골문을 계승한 것이고 뒤 두 개 자형은 잘못 변한 것이다.

『설문해자』에서는 매(枚)자에 대해 이렇게 풀이했다.

> "매( )는 '나무의 줄기'라는 뜻이다. 목(木)과 복(攴)으로 구성되었다. 지팡이로 삼을 수 있다. 『시경(詩經)』에는 '(싱싱하게 돋아난 칡넝쿨이) 나뭇가지 사이로 뻗어 오르네.'라는 표현이 있다. (, 幹也. 从木·攴. 可為杖也. 詩曰 : 施于條枚.)"

❶

허신은 매(枚)자의 본래 의미에 대해 정확하게 풀이하지 못했지만 '나무 지팡이로 삼을 수 있다(可為杖也)'는 요점을 설명한 것 같다. 나무의 가지가 교차하는 곳은 자연스럽게 방향을 바꾸는 나무 자루의 모양으로 되어있는데, 곧바로 도끼의 손잡이로 사용할 수 있고, 보행을 돕기 위한 지팡이로 사용할 수 있다. 아마도 고대에는 이미 전문적으로 나뭇가지를 잘라서 상품으로 만드는 이가 있었고, 사람들은 나뭇가지를 사서 지팡이를 만들거나 또는 도끼의 손잡이로 만들었던 것 같다. 이러한 상품이 존재했기 때문에 이 글자를 만들 수 있었다.

고대에는 행군을 종종 "재갈을 물고 빨리 걷는다.(銜枚疾行)"라고 묘사했다. 매(枚)는 물고 있는 젓가락 모양의 물건인데 소리가 나서 적군에게 발각되는 것을 막기 위해 사용하는 것이다. 입에 물고 있는 물건이니 나무줄기처럼 굵지는 않았을 것이다. 그래서 매(枚)자의 뜻은 '나무의 줄기'가 아니라 '나무의 가지'이다. 문헌에서 사용된 이 글자의 의미는 '나뭇가지'의 의미에 더 적합하다. 예를 들어 『시경·주남·여분(詩經·周南·汝墳)』에서는 "저 여수의 둑을 따라가며 나무의 가지를 베노라.(遵彼汝墳, 伐其條枚)"라고 하였고, 『시경·대아·한록(詩經·大雅·旱麓)』에서는 "가지 사이로 뻗어 오르네(施于條枚)."라고 하였는데 모두 나무의 가지와 관련이 있다. 그래서 매(枚)자는 아마도 나무의 가지로 만들어진 상품일 것이라고 추측한다.

075

비 추

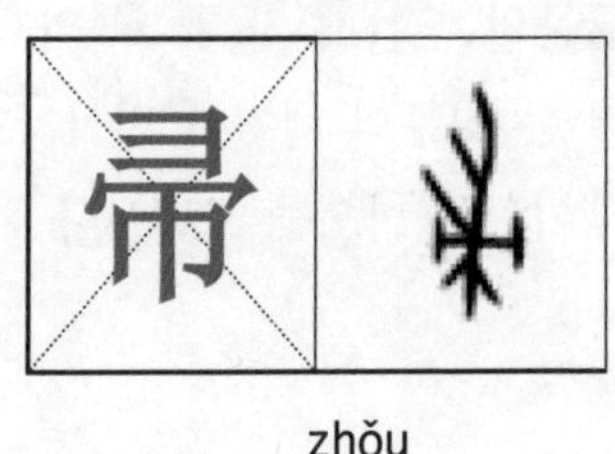

zhǒu

갑골문의 추(帚)자❶는 빗자루의 모습이다. 이것은 바짝 마른 관목을 묶어 손에 잡을 수 있는 도구로 만든 것이며 앞쪽의 가지로 청소하는 데 사용했다.

빗자루의 제작은 매우 쉽지만 목공제품이라고 할 수도 있다. 청소를 하는 것은 여성의 일이므로 여성의 의미로 사용했다. 나중에는 의미를 구별하기 위해 추(帚)자에 여(女)자를 붙여 따로 부(婦)자를 만들었다.

금문❷의 자형은 변하지 않았다. 『설문해자』에서는 추(帚)자에 대해 이렇게 풀이했다. "추(帚)는 '청소하는 데 사용하는 도구'라는 뜻이다. 손에 헝겊을 들고 술을 닦는다는 뜻이다. 소강(少康)은 두강(杜康)을 가리키며 장환(長垣)에 묻혔다. (帚, 所以糞也. 从又持巾埽冂. 少康, 杜康也, 葬長垣.)" 틀린 자형 분석이다. 전체적으로는 상형인 것은 맞지만 손에 헝겊을 들고 청소하는 모습은 아니다.

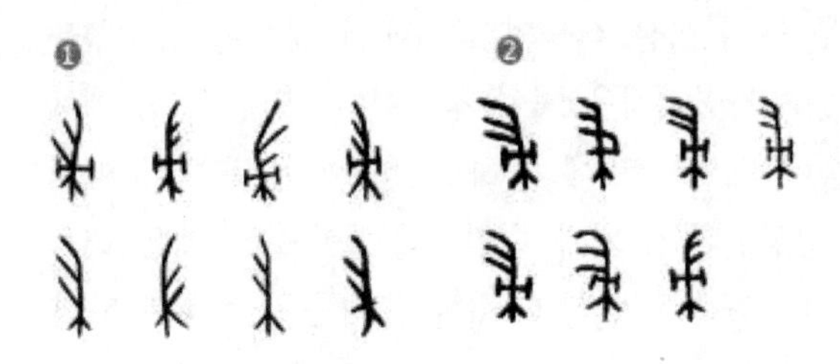

076 **옻 칠**

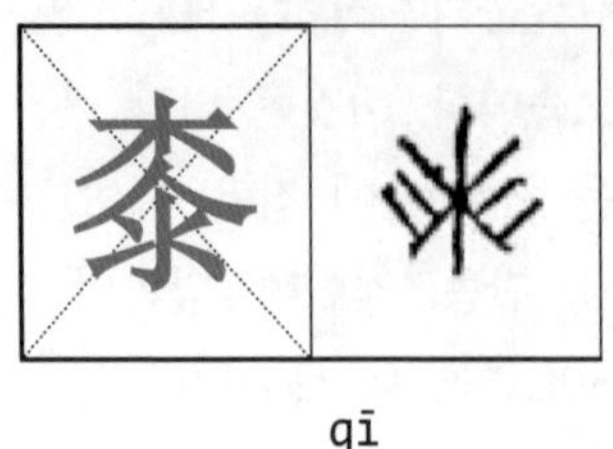

qī

금문의 칠(桼)자(( )의 하반부)는 나무의 껍질이 벗겨지고 수액이 흘러나오는 모습이다.

옻은 비록 기물을 제작하는 재료는 아니지만 목기에 광택을 더할 수 있다. 목기에 옻칠을 하지 않으면 사람들이 좋아할만한 색채와 광택을 나타낼 수 없다. 요즘에도 고대의 방법과 비슷하게 옻나무의 수액을 채집하여 사용한다. 먼저 옻나무의 껍질을 칼로 벗기고 튜브를 삽입하여 수액이 통에 흘러들어가게 한다.

칠(桼)자는 전국시대에서 이미 차용하여 숫자 7을 나타냈다. 7은 갑골문에서 십(十)자의 모양을 하고 있었기에 사람들은 7자가 바로 옻나무의 벗겨진 부분의 형태(절개한 입구)라고 생각했다.

『설문해자』에서는 칠(桼)자에 대해 이렇게 풀이했다. "칠( )은 '물건에 사용할 수 있는 수액'이라는 뜻이다. 목(木)으로 구성되었고 상형자이다. 옻나무 수액은 물방울처럼 아래로 흘러내린다. 칠(桼) 부수에 속하는 글자는 모두 칠(桼)로 구성되었다. (, 木汁可以物. 从木, 象形. 桼如水滴而下也. 凡桼之屬皆从桼.)" 이런 풀이는 매우 정확하다.

옻나무 수액은 옻나무 과의 목본 식물의 줄기에서 채취한다. 주성분은 우루시올(漆醇)이고 탈수 가공과정을 거쳐 정련한 후 진한 점성 액체가 된다. 이 진한 옻칠을 물체의 표면에 칠하고 용해제가 증발할 때까지 기다리면 얇은 막을 형성한다. 공기가 습할수록 옻나무 수액은 더욱 쉽게 얇은 막으로 굳어지며 높은 내열성과 내산성 기능을 갖추게 된다.

만일 연마 과정을 거치게 되면 빛을 반사하여 형상을 더 잘 비춰준다. 옻나무 수액은 건조한 뒤 검은색을 띄며 만약 용액에 광물 혹은 식물의 염료와 유지(油脂)를 추가하게 되면 다양한 농담(濃淡)과 색상을 만들어 낼 수 있다. 춘추시대에는 이미 밝은 빨강, 진한 빨강, 밝은 노랑, 노랑, 갈색, 녹색, 흰색, 금색 등 색깔이 개발되었다. 고대의 심미관은 색상이 많을수록 더 아름답다고 여겼기 때문에 다양한 색상을 보여줄 수 있는 칠기는 당연히 큰 인기를 얻었다.

고고학에 따르면 중국인의 생 옻 사용은 이미 5,000 년 이상의 역사를 가지고 있다. 옻칠은 기물을 부식으로부터 보호할 수 있다.하지만 초기의 도기, 석기, 피혁 등 보호할 필요가 없는 기물들에도 옻칠을 했다는 사례가 있는데 이는 당시에는 단지 옻칠의 광택만을 중요하게 사용하다가 나중에 되어서야 옻칠의 얇은 막이 나무의 내구성을 증가하는 기능을 가지고 있다는 것을 발견하고 이 때문에 옻칠은 목기에 널리 사용된 것으로 추측된다. 그래서 생옻 산업과 목기 산업은 밀접한 관련을 가지고 있다.

『한비자·십과(韓非子·十過)』에는 다음과 같은 기록이 있다.

> "요임금이 천하를 선양하고 순임금이 받으니(우는 순임금의 姓) 식기를 만들려고 산의 나무를 베어 재료로 삼고, 깍고 자르고 다듬어서 그 위에 검은 옷칠을 하여 식기를 만드니 궁으로 들여 식기로 사용하니 (이를 본) 제후들이 사치한다 하여 나라에 복종하지 않은 나라가 13개였다. (堯禪天下, 虞舜受之. 作為食器, 斬山而為材, 削鋸修之跡, 流漆墨其上, 輸之於宮為食器. 諸侯以為益侈, 國之不服者十三. 舜禪天下而傳之禹, 禹作為食器, 墨染其外, 朱畫其內.)"

옻칠은 4,500년 전부터 시작되었다고 말하는 이러한 전설은 다소 보수적이다. 지금 이미 알고 있는 연대는 더욱 오래되었기 때문이다.

옻칠은 습한 지역의 특산품이기에 사용과 생산은 당연히 강남지역에 많았다. 『여씨춘추·구인(呂氏春秋·求人)』에서는 "남쪽의 교지(交阯), 손박(孫樸), 속만(續滿)이라는 나라에 도착하니 주사와 밤나무와 옻나무가 많았다.(南至交阯·孫樸續滿之國, 丹粟漆樹)"라고 하였는데 남방에 옻나무를 생산한다고 강조했다. 하지만 상나라 이전의 기후는 지금보다 더 따뜻하고 습해서 사람들은 대부분 화북지역에 거주하고 있었기 때문에 당시에는 화북지역의 옻나무 재배가 더 발전했을 가능성도 있다.

옻칠의 수집은 계절이 정해져 있고, 생산 과정이 번거롭고 인체 건강에 해로우므로 귀중한 상품이 되었다. 한나라의 옻칠한 명문을 통해 작업장에는 소공(素工), 휴공(髹工), 상공(上工), 황도공(黃涂工), 화공(畫工), 구공(鳩工), 청공(清工), 조공(造工) 등 전문적인 분업이 있었으며 분업은 기타 공예보다 더욱 세분화되어 있었다는 것을 알 수 있었다.

기물에 옻칠하는 방법은 한 겹이 건조하기를 기다렸다가 다시 그 위에 한 겹을 칠하는 것이다. 각 겹마다 2~3일의 말리는 시간이 소요되기에 가격은 비쌀 수밖에 없었다. 한 나라의 『염철론(鹽鐵論)』에서는 다음과 같이 기록했다. "하나의 술잔이나 하나의 그릇에 백 명의 인력이 들어가고, 하나의 병풍에 만 명의 공이 들어간다.(一杯棬用百人之力, 一屏風就萬人之功)" 그 가격은 "청동으로 만든 술잔 열 개를 줘야 옻칠한 술잔 한 개를 바꿀 수 있다.(一文杯得銅杯十)"라고 했다. 청동의 가격도 저렴하지 않았지만 옻칠한 기물은 청동기물의 가격보다 열배나 높았으니 당연히 일종의 사치품이었다.

전국 시대에는 대부분의 상품에 십일세(十一之稅)를 받았다. 『주례·재사(周禮·載師)』에서는 옻나무 숲은 일반 세금보다 두 배 반 더 높은 세금을 내야한다고 했다. 통치자는 또한 전문적인 관리기관을 설치하여 관리하였는데 독점판매의 이익에 대한 세금을 받았다. 장자(莊子)도 한때 칠원(漆園)의 관리를 한 적이 있다. 동한 말기에는 밝게 빛나고 아름답고 내구성이 강한 청자기(青瓷器)가 등장하였는데 제작비용은 칠기보다 훨씬 저렴했다. 그리하여 칠기는 진나라(晉代)이후에는 점차 쇠퇴하였고 옻칠을 한 목기는 일상용품으로 많이 사용하지 않게 되었다.

제5부

직업의 번성
피혁과 방직

제5부
직업의 번성
피혁과 방직

백업의 첫 번째—피혁

인간이 동물의 모피를 사용하여 옷을 만든 역사 역시 오래되었다. 인간은 들짐승을 사냥하여 고기를 먹는 것 이외에, 당연히 먹을 수 없는 부분을 이용하는 방법도 찾았다. 12만 년 전에 등장한 석핵(돌)은 바늘구멍을 뚫고 바늘에 실을 꿰서 동물가죽으로 옷을 만드는 데 사용했다. 요녕성 해성현(遼寧海城) 유적지에서는 동물의 뼈나 상아로 만든 뼈바늘이 발견되었는데, 지금으로부터 4만 년에서 2만 년 전의 것들이었다.

코끼리의 앞니로 만든 뼈바늘도 포함되었는데, 하나는 길이가 7.74센티미터고 바늘구멍 지름이 0.16센티미터이었고, 다른 하나는 길이가 6센티미터고 바늘구멍 지름이 0.07센티미터이었다. 그밖에 동물의 장골로 만든 뼈바늘이 있었는데 길이가 6.58센티미터이고 바늘구멍 지름이 0.21센티미터이었다. 이것들은 그 시기에 이미 동물 가죽 심지어 식물 섬유로 옷을 만들었음을 실증할 수 있는 것들이다. 옷을 만들어 추위를 막을 수 있다는 것은 인간이 활동 범위를 꽤 추운 지역으로 확장하고 삶에 필요한 더 많은 재료를 수집할 수 있게 되었다는 뜻이다.

가죽은 내마모성과 단단하고 질긴 특성을 가지고 있고 말을 통제하는 가죽 재갈(皮銜), 수레를 당기는 가죽 끈(皮帶), 수레의 안장(坐墊), 바람을 일으키는 전대(櫜, 풀무), 병기를 넣는 집(套), 그리고 북면을 만드는 데 사용할 수 있다.

『고공기(考工記)』의 기록에 따르면 고대 피혁업에는 함(函), 포(鮑), 운(韗), (韋), 구(裘)의 다섯 가지 직업이 있다고 한다. 함(函)은 갑옷을 만드는 직업, 포(鮑)는 무두질하여 가죽을 만드는 직업, 운(韗)은 가죽 북을 만드는 직업, 위(韋)는 무두질하여 다룸가죽을 만드는 직업, 구(裘)는 가죽옷을 만드는 직업을 가리킨다.

077 가죽 혁

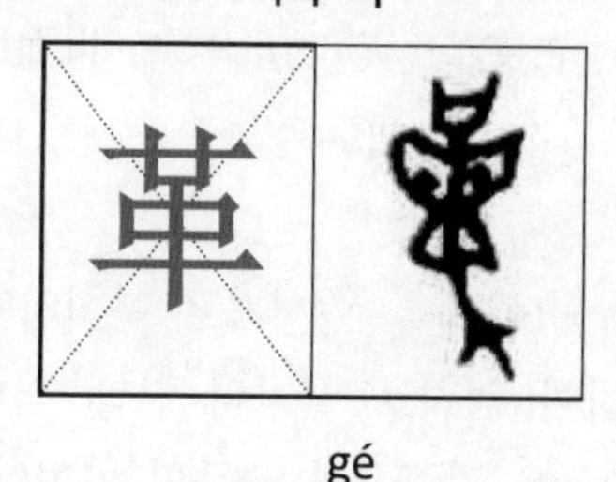

gé

짐승의 모피는 어떤 것은 부드럽고 어떤 것은 질기고 어떤 것은 빛깔과 광택이 화려하여 사람들이 모든 방법을 찾아 이용하려 했다.

우선 모피가 부패하여 못쓰게 되는 문제를 극복할 방법을 찾아야 했다. 그렇지 않으면 귀중한 물자를 낭비하게 되기 때문이다.

갑골문의 혁(革)자( )는 동물의 가죽을 펴서 햇볕에 건조시키고 있는 모습이다. 이것은 동물의 가죽을 쭉 펴서 햇볕에 널어 말리는 모습으로, 머리, 몸통, 꼬리가 모두 선명하며 햇볕에 말려서 딱딱해진 가죽의 모습이다.

혁(革)은 '가죽'이라는 본래 의미 이외에도 '개혁', '변혁' 등 의미도 있는데, 바로 짐승의 가죽이 굳어지고 변질되는 처리과정을 통해서 파생된 것이다. 금문의 자형 에서도 대략 가죽임을 알아볼 수 있다.

『설문해자』에서는 혁(革)자에 대해 이렇게 풀이했다.

> "혁( )은 동물 가죽에서 털을 제거하면 (그 모양이 크게 바뀌어서) 혁(革)이라고 한 것이다. 혁(革)은 '변경하다'는 뜻이다. 고문체의 혁(革)자 모양을 본 뜬 것이다. 무릇 혁(革) 부수에 속하는 글자는 모두 혁(革)이 의미부이다. 은 혁(革)의 고문체이며 삽(卅)으로 구성되었다. 30년이 한세대이므로 세도가 바뀐다고 말하는

것이다. 구(臼)는 소리부이다.(革, 獸皮治去其毛曰革. 革, 更也. 象古文革之形. 凡革之屬皆从革. 𠦶, 古文革, 从卅. 卅年為一世而道更也. 臼聲.)"

허신은 고문체의 자형에 근거하여 혁(革)자를 형성자로 분석하였고, 잘못된 두부(頭部) 형태를 잘못 사용하여 억지로 글자의 본래 의미를 '30년에 한번 바뀐다.'로 해석하였다. 지금은 갑골문과 금문의 자형이 있으므로 혁(革)은 상형자임을 확인할 수 있다.

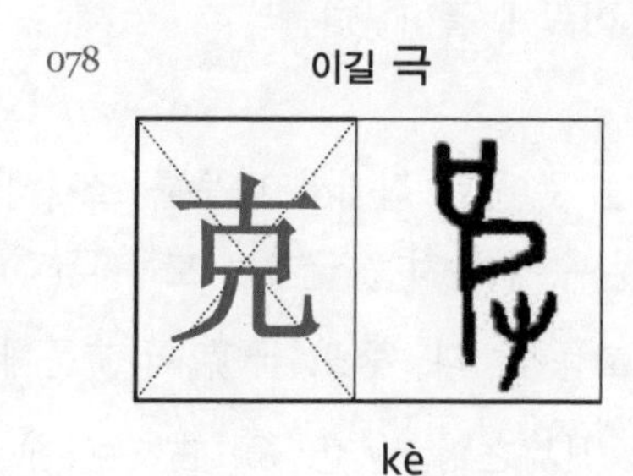

피(皮)와 혁(革)은 원래 하나였기 때문에 복합어가 되었다. 금문의 피(皮)자❶는 손에 극(克)자 모양의 물건을 들고 있는 모습이다.

피(皮)자의 뜻을 이해하려면 우선 극(克)자를 잘 알아야 한다. 극(克)은 틀림없이 가죽으로 만든 물건일 것이다. 그래야 가죽이라는 의미를 가지기 때문이다.

갑골문에서 극(克)자❷는 방패 모양을 하고 있다. 상단은 적을 공격할 수 있는 날카로운 물체이고 하단의 직선은 적을 막는 방패의 측면 모습이다. 직선상의 원은 손잡이 부분이다. 따라서 극(克)자는 공격과 수비가 가능한 무기의 모습이며, '극복하다', '감당할 능력이 있다'는 의미로 차용되었다.

『설문해자』에서는 극(克)자에 대해 이렇게 풀이했다.

> "극( )은 '어깨에 짊어지다'라는 뜻이다. 집에서 나무를 조각하는 모습을 본뜬 것이다. 극(克) 부수에 속하는 글자는 모두 극(克)이 의미부이다. 는 극(克)의 고문체이다. 도 극(克)의 고문체이다.(, 肩也. 象屋下刻木之形. 凡克之屬皆从克. , 古文克. , 亦古文克.)"

허신은 잘못 바뀐 고문자형에 근거하여 집에서 나무를 조각하는 모습을 본뜬 것이라고 하였는데 이것은 분명히 잘못된 것이다.

079 **가죽 피**

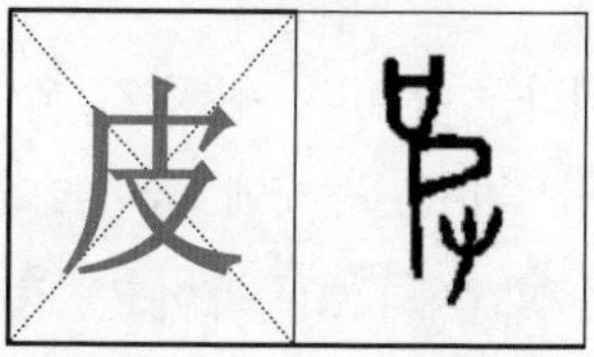

皮

pí

갑골문에는 피(皮)자가 보이지 않는데, 아마도 피혁은 국왕이 점을 쳐 묻는 대상이 아니기 때문인 것 같다.

금문에서 피(皮)자❶가 가죽으로 만든 방패를 들고 있는 모습인 것으로부터 가죽의 주된 목적은 군수품을 만드는 것임을 알 수 있다.

『고공기(考工記)』에서의 가죽을 다루는 다섯 가지 직업 중에서 위(韋) 및 구(裘)는 일상의 옷과 도구를 만드는 것이다. 농업에 기반을 둔 중국에서 모피는 실크와 린넨 옷만큼 편안하지도 않고 보급되지도 않았다. 모피는 사회 생존에 결정적인 영향을 미치지 않기 때문에 이 두 가지 유형의 업종에 대한 기록은 나중에 실전되었다. 그밖의 세 가지 직업인 함(函), 포(鮑), 운(韗)은 모두 군사 관련 장비를 만드는 업종이므로 이 세 가지 직업에 대한 기록은 자세히 보관되어 있다. 가죽으로 만든 군사 장비인 방패를 나타내는 극(克)자로 '능력이 있다' 또는 '역할이 있다'는 의미를 만들어 낸 것으로 이해할 수 있다.

❶

『설문해자』에서는 피(皮)자에 대해 이렇게 풀이했다.

> "피( )는 '벗겨놓은 동물 가죽'이라는 뜻이다. 우(又)가 의미부이고, 위(為)의 생략형이 소리부이다. 피(皮) 부수에 속하는 글자는 모두 피(皮)가 의미부이다. 는 피(皮)의 고문체이고, 는 피(皮)의 주문체이다.(, 剝取獸革者謂之皮. 从又, 為省聲. 凡皮之屬皆从皮. , 古文皮. , 籒文皮.)"

금문의 자형과 비교해보면 이 글자가 점차 잘못 변하는 과정을 확인할 수 있다. 우선, 주문체의 로 틀리게 바뀌었고, 그다음에는 고문체의 로 틀리게 바뀌었다. 마지막으로 소전체에서는 방패를 들고 있는 모습이 전혀 보이지 않아서 비로소 이 글자는 형성자이고 위(為)의 생략형이 소리부라고 추측했던 것이다. 사실, 는 소전체의 위(爲)인 와 전혀 다르다.

080 부드러울 유

柔

róu

도구를 만들기 위한 재료로 단단한 가죽을 사용하는 것은 용도가 제한적인데다 가죽을 만들기 전에 가죽을 부드럽게 해야 한다. 그리하여 『고공기(考工記)』에서는 가죽을 다루는 포인(鮑人)은 전문적으로 가죽을 부드럽게 하는 직업에 종사한다고 기록하고 있다.

『설문해자』에서는 유(柔)자에 대해 이렇게 풀이했다.

> "유(柔)는 '나무는 구부릴 수도 있고 펼 수도 있다'는 뜻이다. 목(木)이 의미부이고, 모(矛)가 소리부이다.(柔, 木曲直也. 從木, 矛聲.)"

허신은 유(柔)자를 모(矛)가 소리부인 형성자로 해석했다. 모(矛)는 찌르는 무기이며 재료가 단단할수록 좋다. 창 모(矛)와 나무 목(木)을 조합하여 부드러움의 의미를 전달하는 것은 매우 부적절하다. 만일 형상자의 구조라면 유(柔)자와 모(矛)자의 소리도 너무 차이가 난다. 역대 학자들은 이 글자의 뜻을 합리적으로 설명할 방법이 없었다. 따라서 글자가 잘못 전해진 것이라는 방향으로 생각하는 것이 가장 좋으며, 유(柔)자의 자형은 틀림없이 잘못 전해졌을 것이다.

가죽을 부드럽게 하는 방법은 두드림, 기름 반죽, 산 담그기 등 여러 가지가 있지만 유(柔)자의 나무와는 아무런 관련이 없다. 가죽을 부드럽게 하는 방법은 오로지 한 가지였는데, 바로 나무 말뚝에 걸고 가죽을 앞뒤로 당기며 늘리는 것인데, 이것은 유(柔)자의 자형에 구성요소인 목(木)자가 포함되어 있는 것과 관련이 있을 수 있다.

갑골문의 유(𡰥)자 는 양손으로 부드럽고 구부러진 물체를 쥐고 있는 모습이다. 이 글자의 뜻은 '부드러운 가죽'이다. 따라서 손에 부드러운 가죽을 들고 있는 모습으로 글자의 의미를 표현했다는 것을 알 수 있다.

『설문해자』에서는 다음과 같이 풀이했다. "유(𡰥)는 '부드러운 가죽' 이라는 뜻이다. 시(尸)와 우(又)로 구성되었다. 우(又)는 구부린 시체를 편 이후의 모습이다.(𡰥, 柔皮也. 从尸·又. 又, 申尸之後也.)" 소전의 유(柔)자의 모(矛)자 부분은 아마도 유(𡰥)자가 잘못 쓰인 것일 수 있다.

최근 출토된 문헌들을 고찰해보면 전국시기 중후반의 유(柔)자는 모두 ❶로 썼고, 진나라시기에서는 로, 서한시기에서는 ❷와 같이 쓰고 있었다. 모(矛)의 자형은 서한시기 자형에서 잘못 전해지고 유형화 되어 형성된 것이 분명하다. 전국시기의 자형은 손으로 어떤 물건을 나무 말뚝에 걸고 펴서 당기는 모습과 매우 비슷하다. 진나라시기의 자형은 나무 위에 유(𡰥)자가 있는 모습이다. 유(𡰥)자는 매우 보기 드문 글자이다. 한나라시기에 이르러서 의 윗부분이 모(矛)자와 매우 유사하게 되었고 그리하여 유형화 시켜 모(矛)자는 위에, 목(木)자는 그 밑에 두어 유(柔)자로 쓴 것이다.

❶ ❷

가죽을 나무 말뚝에 걸고 펴서 당기면서 부드럽게 하는 것은 많은 민족이 사용하는 방법이므로, 유(柔)자의 뜻은 나무 말뚝에서 부드러운 가죽을 만드는 것이라고 추측하는 것이 합리적이다.

다음 글자에 대한 논의에서 유(柔)자의 윗부분은 유(㞭)자이며 부드러운 가죽 조각을 손에 쥐고 있는 모습이어야 함을 알 수 있다. 따라서 유(柔)자는 손으로 가죽 조각을 잡고 나무 말뚝에 걸고 앞뒤로 힘껏 당겨 가죽을 만드는 것을 표현하는 것으로 가죽을 부드럽게 하는 가공처리 모습이다. 일부 좀 낙후된 곳에서는 아직도 이런 방식으로 가죽을 부드럽게 하고 있다.

081

연할 연

軟 甍 [seal script]

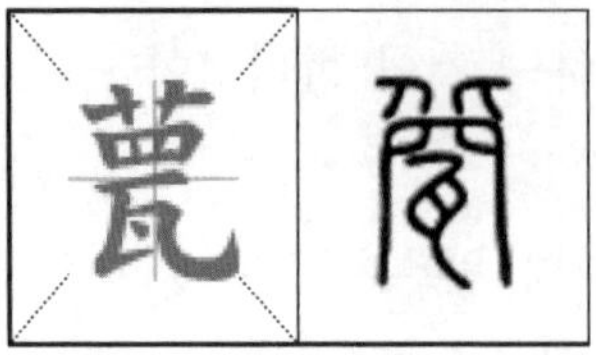

ruǎn

소전에는 연(甍)자가 있다.

『설문해자』에서는 다음과 같이 풀이했다.

"연(甍)은 '무두질한 부드러운 가죽'이라는 뜻이다. 북(北)으로 구성되었고, 피(皮)의 생략형으로 구성되었다. 형(敻)의 생략형이 소리부이다. 연(甍) 부수에 속하는 글자는 모두 연(甍)이 의미부이다. 연(耎)처럼 읽는다. 일설에서는 준(儁)과 유사하다고 한다. [古文]는 연(甍)의 고문체이고, [籒文]은 연(甍)의 주문체이다. 형(敻)의 생략형으로 구성되었다.(甍, 柔韋也. 从北·从皮省, 敻省聲. 凡甍之屬皆从甍. 讀若耎. 一曰若儁. [古文], 古文甍. [籒文], 籒文甍. 从敻省.)"

이 글자는 분명 '무두질한 가죽(피혁)'라는 뜻이다. 그러나 허신은 이 글자가 어떻게 '부드러운 가죽'이라는 뜻이 되었는지 설명할 수 없었다.

먼저 갑골문의 면(免)자는 본래 의미가 '부드러운 가죽으로 만든 가죽 모자'이다. 갑골문의 면(免)자❶는 머리에 모자를 쓰고 서있는 남자의 모습이다. 모자(갑옷)를 착용한 전사는 머리 부상을 피할 수 있으므로 '피하다', '면제하다'는 뜻이 생겼다. 이 모자에는 두 개의 굽은 물건으로 된 장식품이 있는데 그 모양은 이 글자의 윗부분인 [門]과 유사하다. 그래서 이 연(甍)자는 모자와 관련이 있다.

❶

[oracle bone forms]

다음으로 다른 갑골문 글자 모(冃)자❷를 보면 아이의 모자 모양인데, 이 모자 위에도 두 개의 굽은 장식이 있다. 나중에 이 장식물은 생략되었다.

『설문해자』에서는 모(冃)자에 대해 이렇게 풀이했다. "모(冃)는 '어린 아미 또는 야만인의 모자'라는 뜻이다. 경(冂)으로 구성되었다. 이(二)는 장식품이다. 모(冃 부수)에 속하는 글자는 모두 모(冃)가 의미부이다. (冃, 小兒及蠻夷頭衣也. 从冂. 二, 其飾也. 凡冃之屬皆从冃.)"

요즘에도 북방에는 아이들이 쓰는 호랑이 모자가 있는데, 머리 위의 장식물은 두 개의 세워진 호랑이 귀이며, 양쪽에는 귀를 보호하기 위한 귀 보호대가 있다. 북방은 겨울이 매우 춥기 때문에 귀를 따뜻하게 유지해야 할 필요가 있기 때문이다.

위의 모자와 관련된 갑골문 자형 두 개에서 연([illegible])자의 윗부분이 모자라는 것을 확인할 수 있었다. 그렇다면 [illegible]자의 아랫부분은 무엇을 의미하는 것일까? 아마도 [illegible]의 자형인 것으로 보인다. 이 글자의 본래 의미는, 모자를 제작하는 소재가 부드러운 가죽이기 때문에 '부드러운 가죽'이라는 뜻이다. 자형이 반(反)자와 지나치게 유사하여 나중에 거의 사용하지 않은 것으로 보이며 글자의 의미도 파악할 수 없게 되었다. 그리하여 나중에는 영구차(喪車)의 의미를 가진 형성자 연(輭)자로 대체되었고, 동시에 속자(俗寫) 연(軟)으로 써서 더 이상 부드럽다는 의미와 부드러운 가죽과의 관계를 완전히 찾아 볼 수 없게 되었다.

❷

082

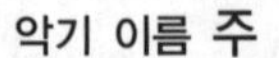

zhù

갑골문의 주(壴)자❶는 분명히 북의 모양을 그린 것이다. 아랫부분은 받침대로 북을 땅에 세워둘 수 있으며 윗부분은 여러 갈래로 갈라진 모습인데 장식 효과 외에도 북채를 걸어 놓을 수 있다.

북은 속이 빈 기물 위에 짐승의 가죽을 씌워놓고 두드려 소리를 내는 악기이다. 북의 제작 영감은 아마도 속이 빈 물건을 두드려 얻은 음향 공명에서 비롯된 것 같다. 가죽은 오랫동안 땅속에 보관하기 어렵기 때문에 실제 물건을 볼 수 없었으며, 오직 도기와 나무로 된 받침대 혹은 땅위에 남겨진 흔적을 통해 실제로 존재했음을 확인할 수 있다. 대략 4,000년 전의 감숙(甘肅省) 반산문화(半山文化)와 마창문화(馬廠文化)에서는 확실히 북을 제작한 흔적이 있다.

금문의 주(壴)자 는 많이 보이지는 않는데 대체로 모두 '북을 치다'는 뜻인 고(鼓)자를 사용했다.

❶

『설문해자』에서는 다음과 같이 풀이했다.

> "주(壴)는 '악기를 진열할 때 세워두어서 윗부분의 장식물이 보인다'는 뜻이다. 좌(屮)와 두(豆)로 구성되었다. 주(壴) 부수에 속하는 글자는 모두 주(壴)가 의미부이다. (壴, 陳樂立而上見也. 从屮·豆. 凡壴之屬皆从壴.)"

허신은 이를 매우 정확하게 상형자로 해석했다.

083 북 고

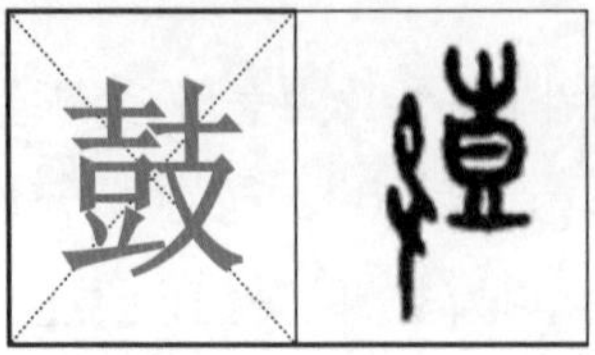

鼓

gǔ

갑골문의 고(鼓)자❶는 한 손에 북채를 들고 세워놓은 북을 치고 있는 모습이다. 북채는 초기에는 앞쪽이 조금 크고 자루가 휘어진 모습이었다.

출토된 악기의 북채는 모두 곧은 자루이다. 이것은 상대방을 다치게 하는 것을 목적으로 하는 글자 복(攴)자와 구별하기 위해서, 와 같이 의도적으로 휘어진 자루로 그린 것이며 , 그 이후에는 와 같이 주의를 기울이지 않고 곧은 자루로 그렸고, 심지어는 와 같이 복(攴)자 모양의 자루로 쓰기도 했다.

금문에서 고(鼓)자❷에서는 모두 복(攴)자 모양의 북채가 되었다.

❶

❷

고(鼓)자를 처음 만들었을 때에는 북을 치는 동작이었지만 나중에는 명사인 고악기(鼓樂器)에 동사인 '북을 치다'는 의미를 함께 나타내게 되었다.

『설문해자』에서는 고(鼓)자에 대해 이렇게 풀이했다.

> "고(鼓)는 '두르다'라는 뜻이다. 춘분의 소리에 만물이 껍질에 쌓여 있다가 나온다. 그래서 고(鼓)라고 한다. 주(壴)로 구성되었고, 좌(屮)와 우(又)로 구성되었다. 좌(屮)는 장식물을 본뜬 것이고, 우(又)는 손으로 치고 있는 모습을 본뜬 것이다. 『주례(周禮)』에서는 다음과 같이 기록되어 있다. '북은 여섯 가지가 있는데, 뇌고(擂鼓)는 여덟 면(八面)이고, 영고(靈鼓)는 여섯 면(六面)이며, 노고(路鼓)는 네면(四面), 분고(鼖鼓)와 고고(皐鼓), 그리고 진고(晉鼓)는 모두 두면(兩面)이다.' 고(鼓) 부수에 속하는 글자는 모두 고(鼓)가 의미부이다. [illegible]는 고(鼓)의 주문체이다. 고(古)로 구성되었다.(鼓, 郭也. 春分之音, 萬物郭皮甲而出, 故曰鼓. 从壴·从屮·又. 屮象飾, 又象其手擊之也. 周禮 : 六鼓·擂鼓八面, 靈鼓六面, 路鼓四面, 鼖鼓·皐鼓·晉鼓皆兩面. 凡鼓之屬皆从鼓. [illegible], 籒文鼓, 从古)"

허신의 이 설명은 매우 정확하다.

084

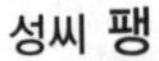

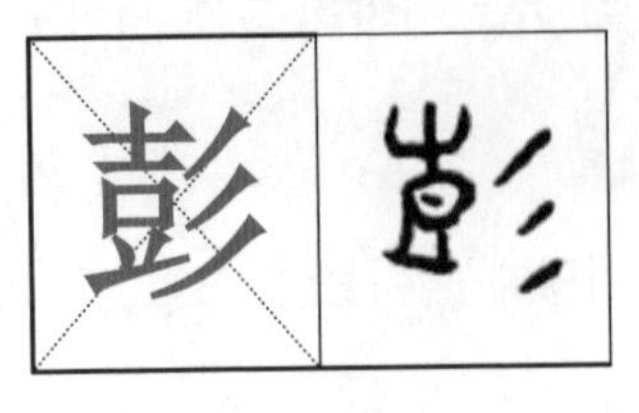

péng

갑골문의 팽(彭)자❶는 북 옆에 세 가닥의 짧은 획이 있는데 짧고 힘 있는 북소리를 나타낸다.

소리는 보이지 않기 때문에 이것은 글자를 만들 때의 표현방식으로 추상적인 물건을 형상화한 것이다. 원래는 작은 점이었지만 나중에는 긴 선으로 연장되었다.

『설문해자』에서는 다음과 같이 풀이했다. "팽(彭)은 '북소리'라는 뜻이다. 주(壴)로 구성되었고, 삼(彡)으로 구성되었다.(彭, 鼓聲也. 从壴·从彡.)" 북은 대형 연주에서 박자를 치는데 없어서는 안 될 악기이며, 동시에 군대가 전진할 때의 리듬 신호이다.

❶

85 하인 주/세울 수

樹 尌

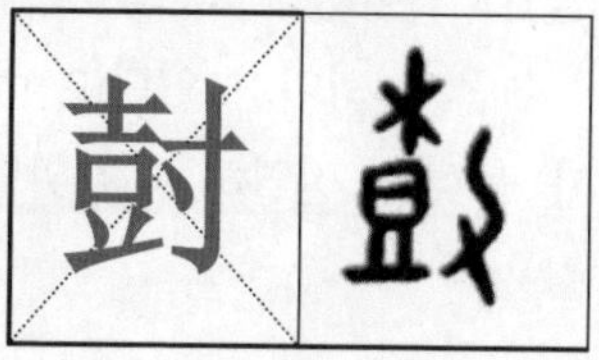

shù

갑골문의 주(尌)자❶는 세 가지 요소로 구성된 것으로 보인다. 하나는 두(豆) 豆인데, 두(豆)는 고대에서 밥을 담는 용기이다.

두 번째는 인데 우(又)자 (오른손 모양)과 비슷하지만 약간 다르다. 세 번째는 목(木), 래(來) 혹은 초(屮)인데, 목(木)은 나무이고, 래(來)는 밀이고, 초(屮)는 풀이다. 모두 두(豆)의 위에 위치하는데 아마도 두(豆)라는 용기에 담고 있는 식물을 표현한 것으로 짐작된다.

종합하여 추측해보면 손을 사용하여 식물이 감겨져 있는 두(豆)라는 용기를 배치하는 모습인데, 이는 제사의 목적일수 있다. '수립'의 뜻은 대체로 제사물품의 진열에서 비롯되었을 것이다. 귀신에게 제사를 지내는 것은 큰일이므로 제물을 진열하는 일은 엉성하게 해서는 안 되기 때문에 모든 세부사항은 신중해야 한다. 제사물품을 진열하는 것은 제사의 중요한 내용이기 때문에 글자를 만들어 그 의미를 나타내야 했던 것이다.

❶

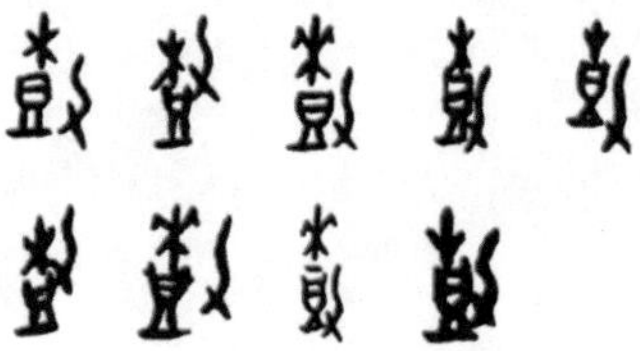

금문의 주(尌)자 는 초(屮)를 담아놓은 자형만 보류하였고 또한 두(豆)자와 일체로 연결되어 북 모양의 주(壴)와 같아졌다. 따라서 주(尌)자는 북을 설치하는 일이기 때문에 '설치', '수립'의 의미가 있다고 여겼다. 갑골문의 자형을 통해 본래 의미는 제사 음식을 진열하는 행위였다는 것을 알 수 있다.

『설문해자』에서는 주(尌)자에 대해 이렇게 풀이했다.

> "주( )는 '세우다'는 뜻이다. 주(壴)로 구성되었고, 촌(寸)으로 구성되었다. 촌(寸)은 '잡다'는 뜻이다. 주(駐)처럼 읽는다.(, 立也. 从壴·从寸. 寸, 持之也. 讀若駐.)"

허신은 주(壴)로 구성되었고 촌(寸)으로 구성되었는데 어떻게 '서다'는 의미가 생겼는지에 대해서는 설명하지 않았다. 우(又)는 오른손의 모습인데, 전국시대에 이르게 되자 때로는 한 갈래의 비스듬한 그림을 추가하여 가 되었고 빈 공간을 채우는 장식으로 사용하였는데 그 결과 엄지손가락을 나타내는 촌(寸)자 와 혼동하게 되었다. 『설문해자』에서 촌(寸)은 '잡다'는 의미가 있다고 설명했는데 정확한 것이다.

백업의 두 번째—방직

사람들이 가장 먼저 사용했던 옷을 만드는 재료는 동물가죽과 같은 쉽게 구할 수 있는 것이었다. 베와 비단을 방직하여 옷을 재단한 것은 아주 오랜 시간이 흐른 뒤에야 발명된 것들이다. 앞에서 이미 설명했듯이 지금으로부터 4~2만 년 전의 요녕성(遼寧省) 해성현(海城縣) 유적에서 바늘 세 개가 출토되었는데 구멍이 0.1센티미터도 안 되는 것도 있었다. 당시의 도구로 가죽 조각을 바늘구멍을 통과할 정도로 가늘게 자를 수는 어려웠을 것이므로 식물의 섬유를 사용할 줄 알았을 것이라고 추측할 수 있다.

1만 년 전의 화남(華南)에서 자주 보이는 승문토기(繩文陶器)의 표면 무늬 장식은 바로 끈으로 날인(捺印)한 것이다. 몇 가닥의 실을 꼬아 한 가닥의 노끈으로 만들면 물건을 묶을 수 있었는데 이것은 이미 방직에 필요한 기술과 가까워졌다는 것을 말한다. 먼저 몇 가닥의 가는 섬유를 꼬아서 실로 만들어야만 실을 가지고 직조하거나 방직할 수 있다. 6,000년 전의 앙소문명(仰韶文化)에서 출토된 도기에서는 가끔 바닥에서 마포(麻布)의 흔적을 볼 수 있는데 이미 방직을 매우 폭넓게 사용했을 것으로 보인다.

직조의 경제적 가치가 있는 식물 섬유로는 여러 가지가 있었는데 종류도 다르고 성질도 달랐다. 예를 들면 문헌에서 흔히 보이는 칡은 콩과의 덩굴식물이고 삼(麻)은 뽕나무 과이다. 삼베의 방직이 가장 중요하기 때문에 일반적으로 질긴 섬유가 있고 직조 가능한 식물을 통틀어 삼이라고 불렀다. 제3권 『일상생활』❶(음식과 의복)편에서 이미 소개한 금문의 마(麻)자 는 집안이나 혹은 덮개 아래에 있는 두 가닥의 껍질이 벗겨진 삼의 모습을 그린 것이다. 삼은 봄에 심고 여름에 수확한다. 줄기를 자른 후 몇 주 동안 말린 뒤 껍질을 벗기고 긴 시간동안 물에 담가 불순물을 제거한 다음 두들겨 섬유를 분리한다. 담그는 물이 뜨거울수록 담그는 시간이 더욱 짧아진다. 그래서 일반적으로 물로 끓이면 섬유 분리를 가속화 할 수 있다.

삼섬유를 분리하는 과정은 갑골문의 산(散)자 에 반영되어있다. 한 손에 막대기를 잡고 삼 두 묶음을 두드려 삼의 껍질을 줄기에서 분리하는 모습을 본떠서 그린 것이다.

086 오로지 전

zhuān

갑골문의 전(專)자❶는 로 한 손에 실을 가득 감은 실패를 들고 있는 모습이다. 방직하기 전에 먼저 실을 감아서 하나하나의 실꾸리로 만들어야 하기 때문이다.

방직은 전문적인 기술뿐만 아니라 정신을 집중해야 한다. 그렇지 않으면 수많은 가닥의 실 앞에서 허둥지둥하게 되고 실이 엉키거나 순서가 틀려서 무늬를 틀리게 짜게 된다. 그래서 전(專)자는 '전문적이다'와 '전념하다'는 두 가지 뜻을 모두 가지고 있다.

실 뽑는 작업은 긴 막대를 사용하여 방륜(紡輪)의 중앙 구멍을 통과한 다음 실을 묶어 놓고 빠른 속도로 손가락으로 긴 막대를 돌려 실이 긴 막대에 감기게 하는 것이다. 는 완전한 형태이고 는 방륜을 생략한 모습이다. 어쩌면 '회전하다'는 의미의 전(轉) 또한 전(專)에서 파생된 의미일 수 있다.

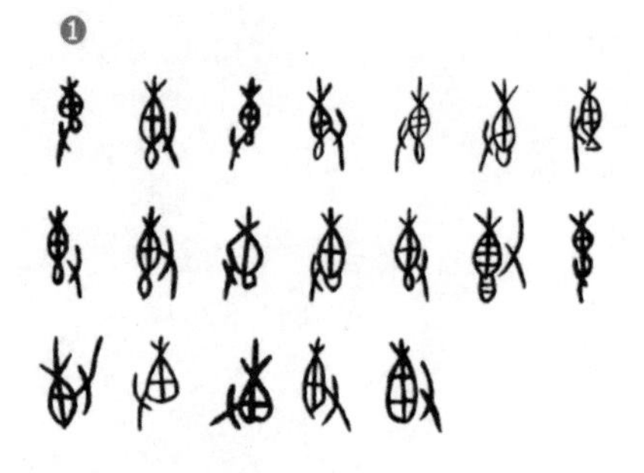

금문의 전(專)자 (전(傳)자❷)는 자형이 변하지 않았다. 『설문해자』에서는 다음과 같이 풀이했다. "전(專)은 '6촌 두께의 문서'라는 뜻이다. 촌(寸)이 의미부이고, 전(叀)이 소리부이다. 일설에서는 전(專)의 뜻은 '방륜'이라고도 한다.(專, 六寸簿也. 从寸, 叀聲. 一曰專, 紡專.) 그러나 '방륜' 이야말로 전(專)의 본래 의미이다.

❷

087 물줄기 경

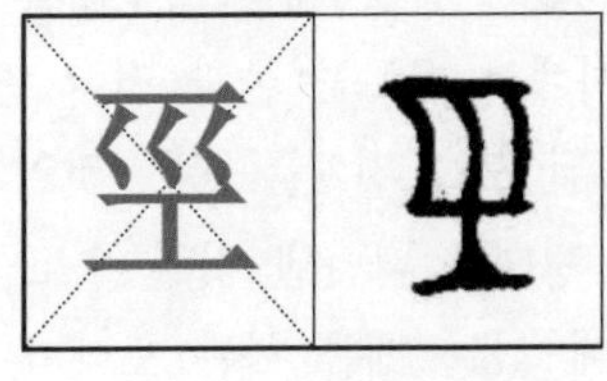

jīng

금문의 경(巠)자❶는 베틀에 날실(經線)을 이미 설치한 모습이다. 북(梭子)을 사용하여 씨실을 날실에 통과시키면 베(布)를 짤 수 있다.

경(經)자는 방직에 관한 일을 가리키며 사(糸)를 추가하여 경(經)자가 되었다. 날실은 남북으로 종횡하기 때문에 지리 혹은 도로의 남북방향을 경(經)이라고 한다. 가장 중요한 것은 직조할 때 우선 먼저 날실이 있어야 씨실이 통과할 수 있기 때문에 '자주', '상도(常道)', '경전'의 의미를 지닌다.

『설문해자』에서는 다음과 같이 풀이했다. "경(巠)은 '수맥'이라는 뜻이다. 천(川)으로 구성되었고 일(一) 아래에 있다. 일(一)은 땅이다. 임(壬)의 생략된 모습이 소리부이다. 일설에서는 물이 깊고 많은 모습을 경(巠)이라고 한다는 견해이다.. 𢀛은 경(巠)의 생략되지 않은 고문체이다. (巠, 水也. 从川在一下. 一, 地也. 壬省聲. 一曰水冥, 巠也. 𢀛, 古文巠不省.)" 허신은 천(川)자와 관련이 있는 글자로 잘못 인식하였을 뿐만 아니라 임(壬)의 생략된 모습이 소리부라고 여겼다.

❶

한나라시기의 화상석(畫像石)에는 방직에 관련된 소재가 흔하게 보인다. 경(巠)의 윗부분에는 많은 날실이 있고 아랫부분의 공(工)자 형태는 조작하는 사람들이 앉는 곳으로 지하에서 흐르는 물과 전혀 관련이 없다. 경(巠)의 자형은 베틀에 실이 설치된 모습 전체를 본뜬 것일 수도 있고 매우 원시적인 요기(腰機)의 전체 형태를 나타낸 것일 수도 있다. 모양과 구조는 운남(雲南)의 동고(銅鼓)에 있는 베를 짜는 노예가 조작하는 요기와 비슷한데 베의 한쪽 끝은 허리에 두고 다른 한쪽 끝은 두 발을 사용하여 팽팽하게 했다. 이렇게 직조한 베는 폭이 좁고 복잡한 도안을 짜기도 어렵고 방직 속도가 느렸다.

▎진한(秦漢)시기 운남(雲南) 동고(銅鼓)의 직포요기도(上的織布腰機圖)

088 **몇 기**

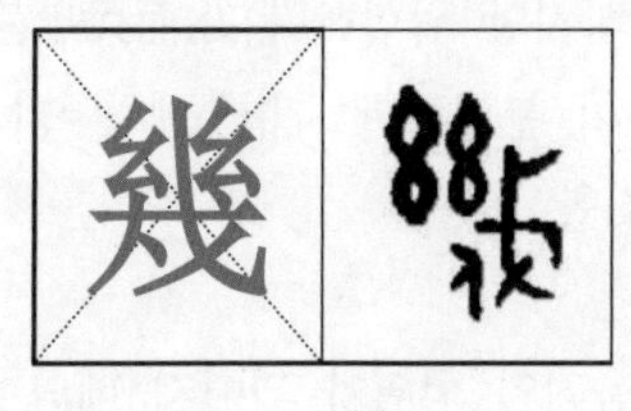

jǐ

금문의 기(幾)자❶는 세 가지 요소로 이루어졌으며 매우 선진적인 직기를 나타냈다. 사람 이 앉아서 발판을 통해 날실의 개폐를 조종할 수 있는 직기로, 과(戈) 는 직기의 측면 형태이다.

두 가닥의 실은 실패를 나타낸 것일 수도 있고 또는 실패를 움직이는 두 가닥의 끈일 수도 있고 또는 실을 뽑는 것과 관련된 용도일수도 있다. 직기는 정교한 기계를 사용하여 방직하기 때문에 '기계를 조작하는 사물' 및 '정교하다'는 의미가 생겼다. 앉을 수 있는 직기는 손을 자유롭게 사용할 수 있기 때문에 북에 묶은 실의 폭을 넓혀 직조의 속도와 품질을 향상시킬 수 있다. 그래서 기(幾)는 앉을 수 있는 직기 기(機)자의 근원을 나타낸 것일 수도 있다. 직기는 발동부분인 기괄(機栝)로 움직이는 천을 짜는 기계이기 때문에 기(機)자는 다양한 기계의 장치로까지 확장되었다. 서주시기에는 오직 베틀만 기계 장치를 사용했다.

『설문해자』에서는 기(幾)에 대해 이렇게 풀이했다. "기(幾)는 '미세하다'는 뜻이고, '위험하다'는 뜻이다. 𢆶로 구성되었고 수(戍)로 구성되었다. 수(戍)는 '병사가 보초서다'는 뜻이다. 미세한 흔적을 발견하여 보초병이 지키게 하지만 위험하다.(幾, 微也. 殆也. 从𢆶·从戍. 戍, 兵守也. 𢆶而兵守者, 危也.)"

❶

기(機)의 뜻은 '교묘하다'이지만 허신은 '위험하다'로 설명했다. "미세한 흔적을 발견하여 보초병이 지키게 하지만 위험하다.(𢆶而兵守者, 危也.)"는 것은 정확한 의미를 모르는 것이 분명하다. 기(機)에는 '기계'의 의미가 있으므로 베틀의 모양이 가장 적합하다.

앉거나 설수 있는 베틀은 양손의 움직임 범위가 넓어져 베의 폭이 더 넓은 베를 짤 수 있다. 고대 사람들은 재료를 아끼기 위해서 불필요한 재단을 하지 않고 가능한 직물의 너비에 따라 재단을 했다. 베는 교역의 주요상품이기 때문에 가격 흥정을 위해 일정한 규격이 필요했다. 그래서 베는 폭을 시장의 규격대로 짰다. 『주소(注疏)』에 따르면 한나라의 표준 베 폭은 2척 2촌이었다. 각 시대의 척의 길이에는 약간의 차이가 있는데 발굴한 실물을 살펴보면 대략 현재의 44~47센티미터이다. 따라서 일반 의류에 사용하는 베는 4폭이며 앞뒤 각 두 폭을 사용했다. 더욱 넓으면 앞쪽에 3폭, 뒤쪽에 2폭을 사용했다.

한(漢)나라 화상석(畫像石)위의 방직도(紡織圖)

089 **실 사**

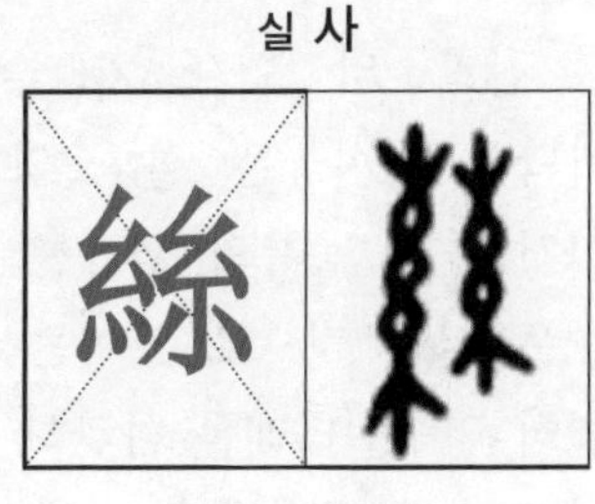

sī

갑골문의 사(絲)자❶는 두 개의 실타래가 나란히 배치된 모습이다. 누에가 실을 뱉으면 고치로 변하고, 고치에서 뽑아 실로 만든다.

누에가 뱉은 실은 매우 가늘어 방직에 직접 사용할 수 없는데 먼저 세 가닥의 가는 실을 꼬아서 조금 더 굵은 명주실을 만들어야만 기계에 올려 방직할 수 있다. 아마도 이 때문에 굵게 꼬아놓은 실을 통해 명주실의 재료를 나타냈을 것이다. 일반적인 밧줄과 헷갈릴까봐 걱정하여 두 개의 명주실타래로 나타냈을 것이다.

금문의 사(絲)자❷는 세 번 꼬아놓은 명주실을 두 번으로 줄였다. 『설문해자』에서는 다음과 같이 풀이했다. “사(絲)는 ‘누에가 뱉어놓은 실’이라는 뜻이다. 두개의 멱(糸)자로 구성되었다. 사(絲) 부수에 속하는 글자는 모두 사(絲)가 의미부이다.(絲, 蠶所吐也. 从二糸. 凡絲之屬皆从絲)”

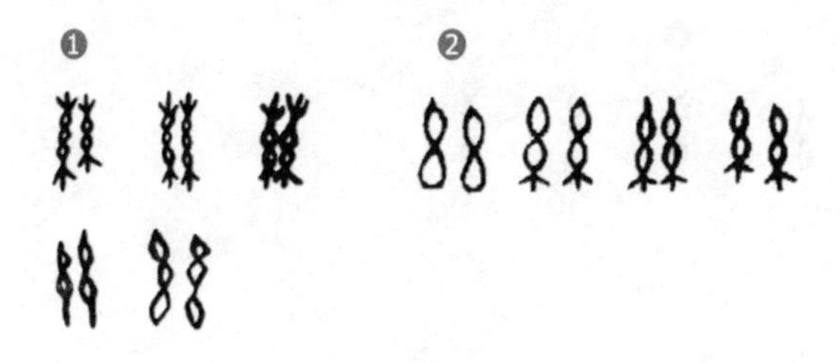

090 **가는 실 멱**

糸

mì

갑골문의 멱(糸)자❶는 한 가닥의 꼬아놓은 실 모양이다. 이것은 삼 종류의 섬유를 꼬아놓은 실인 것으로 보이는데 특별히 명주실타래를 나란히 배치한 모습과 구별했다.

금문의 멱(糸)자❷는 자형이 변하지 않았다. 『설문해자』에서는 다음과 같이 풀이했다. "멱(糸)은 '가는 실'이라는 뜻이다. 묶어놓은 실의 모습을 본뜬 것이다. 멱(糸) 부수에 속하는 글자는 모두 멱(糸)이 의미부이다. 맥(硯)처럼 읽는다. 糸는 멱(糸)의 고문체이다.(糸, 細絲也. 象束絲之形. 凡糸之屬皆从糸. 讀若硯. 糸, 古文糸.)" 허신의 이 설명은 매우 정확하다.

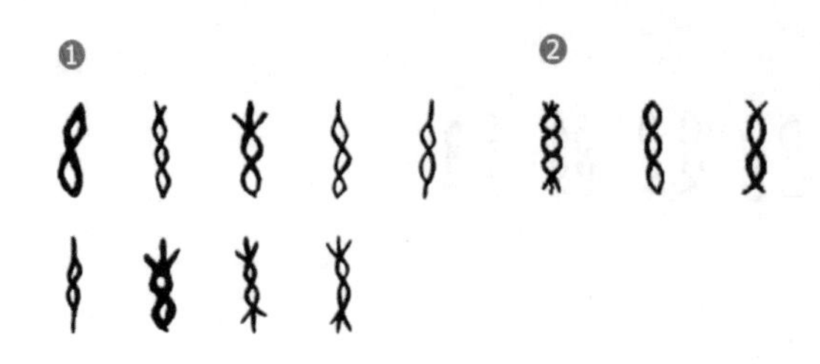

091 **불을 자**

zī

갑골문의 자(茲)자❶는 지시대명사로 사용되었는데 두 묶음의 명주실을 빌려서 나타낸 것으로 보인다.

금문에서는 자형❷이 변하지 않았다. 『설문해자』에서는 다음과 같이 풀이했다. "자(茲)는 '초목이 우거지다는 뜻이다 초(艸)가 의미부이고, 사(絲)의 생략형이 소리부이다.(茲, 艸木多益. 从艸, 絲省聲.)" 소전에서는 명주실의 끝이 드러나게 했는데, 사람들은 많은 초목이 잘 자라난 모양을 나타낸 것이라고 오해했다. 나중에 갑골문과 금문의 자형을 통해서 이러한 설명이 틀렸다는 것을 확인할 수 있었다.

중국에서는 잠사(蠶絲)의 사용을 복희씨(伏羲氏)의 공적으로 돌렸다. 또는 황제(黃帝)가 치우(蚩尤)를 물리친 뒤 잠신(蠶神)은 잠사를 황제에게 바쳤다는 전설이 있으며, 또는 황제의 왕비인 서릉씨(西陵氏) 누조(嫘祖)가 누에를 키워 생사를 추출하는 방법을 발명했다는 전설도 있다.

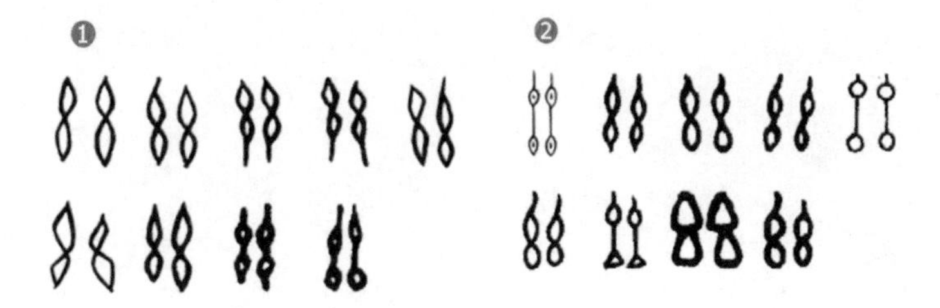

고고학적 발굴에 따르면 6,300년 전 허모도유적(河姆渡遺址)에서 출토된 상아조각에는 누에의 도안이 있었다. 5,400년 전의 하북성(河北省) 정정현(正定縣) 남양장유적(南楊莊遺址)에서는 도기 잠용(蠶俑)이 출토되었다. 5,000~4,500년 전의 앙소문명(仰韶文化) 후기에는 절단된 누에고치를 발견했다. 오흥구(吳興區) 전삼양유적(錢三漾遺址)에서는 매 제곱센티미터의 날실과 씨실이 각 47가닥인 잠사 직조 제품을 발견했다.

잠사는 누에 체내의 여러 샘에서 분비된 액체인데 공기를 만나면 응고되면서 두 가닥의 천연단백질로 구성된 물체가 접착되어 한 가닥의 가는 실이 된다. 잠사는 섬세하고 부드럽고 내열성이 강하고 흡습성이 양호하고 광택이 풍부하고 염색하기 쉽다. 가장 가는 식물섬유와 비교해보아도 우열을 바로 확인할 수 있다. 잠사로 만들어진 옷은 중국 귀족들의 사랑을 받았으며 나중에는 유럽으로 판매되어 유럽귀족들에게서도 널리 사랑 받았다. 어떤 사람들은 지출을 너무 많이 하여 파산하기도 하였는데 로마제국의 상의원에서는 기원전 14년에 비단 금지령을 반포하여 사치스러운 생활풍조를 억제할 정도에 이르기도 했다.

092

뽕나무 상

桑

sāng

갑골문의 상(桑)자❶는 뽕나무 모습을 그린 것이다. 『설문해자』에서는 다음과 같이 풀이했다. "상(桑)은 '누에가 먹는 잎의 나무'라는 뜻이다. 약(叒)과 목(木)으로 구성되었다.(桑, 蠶所食葉木. 从叒·木.)"

원래 상(桑)자는 뽕나무 전체의 모양으로 만들어졌는데 나중에 세 개의 가지가 모두 나무에서 분리되어 우(又)가 세 개인 모양으로 되었다. 그래서 『설문해자』에서는 상형자로 설명할 수 없었다.

누에는 뽕나무 잎을 먹는데 뽕잎의 품질은 잠사의 품질에 영향을 미치게 되고 나아가 견직물의 품질에도 영향을 미치기 때문에 뽕나무의 재배에 주의를 기울여야 했다. 뽕나무는 습하고 더운 것을 좋아하기 때문에 뽕나무 잎의 수확은 기후에 따라 달라진다. 누에알이 부화하여 누에고치로 되는 시간 또한 기후와 누에의 종류와 관련이 있다. 누에고치로 되는 시간은 빠르면 17~22일 필요하고, 느리면 33~40일이 필요하다.

❶

전국시대 『관자(管子)』에서는 다음과 같이 말했다. "백성 가운데 누에치기에 통달하여 누에가 병들지 않게 하는 사람은 모두 황금 한 근을 상으로 주는데, 곡식 여덟 석의 가치입니다. 삼가 그들의 말을 잘 듣고 기록하여 관청에 보관해야 하며 전쟁 때 병역을 면제해주어야 합니다.(民之通于蠶桑, 使蠶不疾病者, 皆置之黃金一斤, 直食八石, 謹聽其言, 存之於官, 使師旅之事無所與)."

이로부터 견직물은 고대에서 매우 비싼 중요한 상품이었으며 국가 경제에도 중요한 영향을 미쳤기 때문에 뽕나무를 심고 누에를 치는 사람에게는 특별한 상을 내렸고 금전 외에도 병역을 면제하는 정책을 실행했다는 것을 알 수 있다.

093 잃을 상

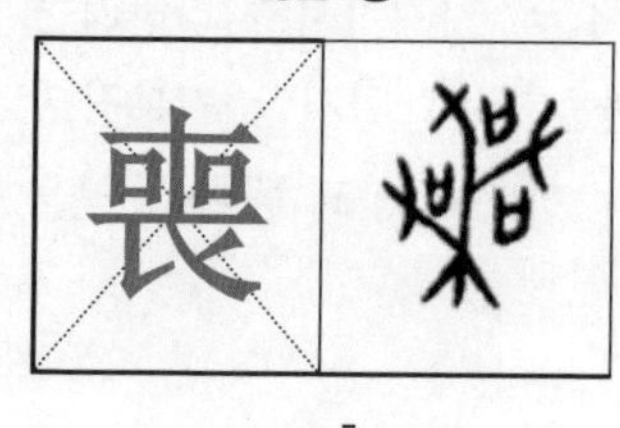

sāng

갑골문의 상(喪)자❶는 한 그루의 나무 가지사이에 네 개의 입이 있는 모습이다. 이 글자는 상나라시기에는 '죽음', '상실'의 의미가 있다. 이것은 가차된 의미인 것으로 보이는데 글자의 본래 의미가 있을 것이다.

뽕나무에는 여러 종류가 있는데 어떤 것은 높게 자랄 수 없기 때문에 서서 뽕나무 잎을 딸 수 있다. 그러나 대부분의 종류는 키가 큰 교목으로 나무 위로 올라가야만 잎을 딸 수 있다.

동주(東周) 시기에 적동(紅銅)을 끼워 넣어 생활풍경을 묘사한 그림이 그려져 있는 청동술병이 있는데, 그 중의 한 장면이 뽕나무 잎을 따는 그림이다. 이 그림에는 두 그루의 키가 큰 뽕나무를 그렸다. 왼쪽의 나무는 긴 머리를 한 여인이 가장 왼쪽의 나뭇가지에 앉아서 두 손으로 가지의 뽕나무 잎을 따고 있고, 나무 아래에는 나무에 올라가려는 자세를 한 사람이 그려져 있다. 오른쪽의 나무에는 긴 머리를 한 여인이 중간의 나뭇가지를 아래로 잡아당겨 그 끝에 앉아 양손으로 가지에 있는 뽕나무 잎을 따고 있고 맞은편에는 허리에 칼을 차고 머리에 모자를 쓴 한 남성이 가장 오른쪽의 나뭇가지에 앉아 뽕나무 잎을 따고 있으며 그의 바구니는 오른쪽 나뭇가지 아래에 걸어놓은 모습이다. 나무 아래에

❶

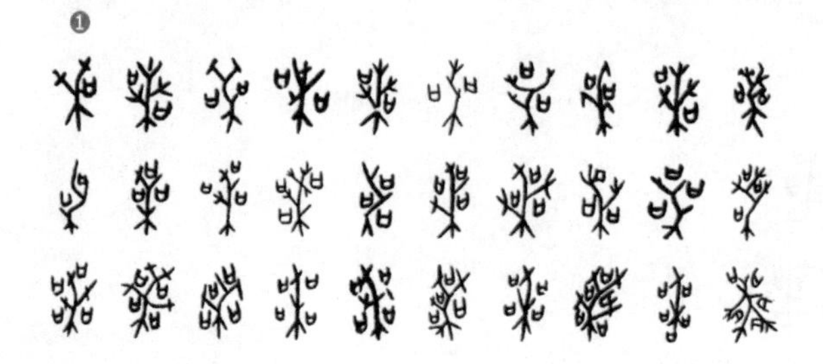

는 또 다른 모자를 쓴 남성이 있었는데 왼손에는 바구니를 하나 들고 있었다. 아마도 뽕나무 잎으로 가득 차서 곧 가져가서 처리하려는 모양이다. 비교해보면 비록 갑골문에 다양한 자형이 있지만 기본적으로 가지가 많은 뽕나무 사이에 바구니를 여러 개 걸어놓고 뽕나무 잎을 따는 장면을 표현한 것임을 알 수 있다.

『좌전(左傳)』에서는 노희공(魯僖公) 23년(기원전 637년)에 진나라(晉國) 공자 중이(重耳)가 제나라로 망명했을 때 외삼촌과 제나라(齊國)에서 도망쳐 나와 진나라(晉國)로 돌아가 권력을 계승하는 일을 은밀히 모의할 때 "마침 누에 치는 여인이 뽕나무 위에서 이들의 얘기를 몰래 듣고 강씨에게 일러바쳤다.(謀桑下, 蠶妾在上, 以告姜氏.)" 라고 되어있는데 이는 누에 치는 여인이 뽕나무 위에 올라가 은밀히 모의하는 말을 듣는 상황을 분명하게 나타냈다는 기록이다. 이로써 상(喪)자는 뽕나무 잎을 따는 장면을 묘사한 것인데 '죽음'이라는 의미로 가차된 것임을 판단할 수 있다.

금문의 상(喪)자❷는 뽕나무의 모양이 크게 변형되었지만 여전히 변천된 흔적을 알아볼 수 있다. 『설문해자』에서는 상(桑)자에 대해 이렇게 풀이했다. "상(喪)은 '죽다'는 뜻이다. 곡(哭)과 망(亡)이 의미부이고, 망(亡)은 소리부이기도 하다.(喪, 亡也. 从哭亡, 亡亦聲.)" 자형이 잘못 변하였기 때문에 허신은 곡(哭)과 망(亡)이 의미부이고, 망(亡)이 소리부라고 분석한 것이다. 갑골문과 금문의 자형을 통해 전혀 그렇지 않다는 것을 알 수 있다. 게다가 상(桑)과 망(亡)의 음은 많이 다르며 서로 다른 운부에 속한다.

❷

▎뽕잎 채집, 익사, 연회, 수륙 공격 전투 무늬 적동 상감 청동원호
(嵌鑲紅銅採桑.弋射.飮宴.水陸攻戰紋青銅圓壺)
전체 높이 39.9센티미터, 지름 13.4센티미터, 바닥 지름 14.2센티미터. 약 기원전 500~기원전 350년(기물 목 부분에 있는 뽕잎채집무늬(採桑紋).

094 **본디 소**

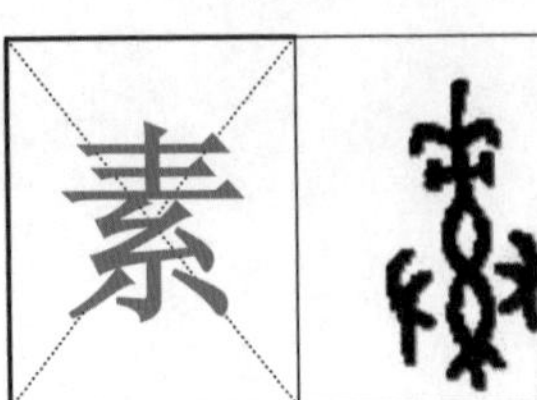

sù

금문의 소(素)자( )는 양손에 정리되지 않은 실을 잡고 있는 모습이다. 직물은 금방 방직되었을 때 가장자리를 꿰매지 않아서 소(素)자의 상반부는 가장자리가 정리되지 않은 모습이다.

옷을 재단하고 나면 가장자리를 꿰매야 한다. 그렇지 않으면 흩어져 형태를 이루지 못하게 된다. 가장자리가 불규칙한 것은 포백의 초기 상태이므로 아직 가공하지 않은 포백의 의미가 있으며 아직 가공되지 않은 모든 상황으로 의미가 확대되었다. 의미부로 사용될 때에는 두 손을 생략할 수 있는데 소(素)가 의미부이고 탁(卓)이 소리부인 작(綽)❶자가 그 예이다.

『설문해자』에서는 소(素)자에 대해 이렇게 풀이했다.

> "소( )는 '희고 촘촘한 비단'이라는 뜻이다. 멱(糸)과 수(𠂹)로 구성되었다. 수(𠂹)는 그 광택을 취했다. 소(素) 부수에 속하는 글자는 모두 소(素)가 의미부이다.(, 白致繒也. 从糸·𠂹, 𠂹取其澤也. 凡素之屬皆从素.)"

❶

소(素)자의 뜻은 '가공되지 않은 직물'인데, 흰 비단(白繒)은 아직 염색되지 않은 것이므로 가공되지 않은 상태에 속한다. 소(素)의 자형은 색(索)과 비슷한데 소(素)자의 자형 앞쪽에는 두 개의 구부러진 실패가 있고, 색(索)자에는 세 개의 실마리가 있다. 『설문해자』에서 소(素)자를 설명할 때 "수(𠂹)는 그 광택을 취했다.(𠂹, 取其澤也)"라고 하였는데, 실제로는 색(索)자 자형에서 유화(類化)된 것이다.

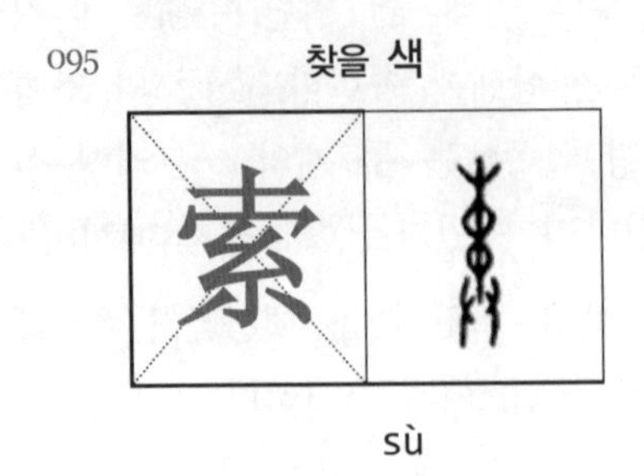

갑골문의 색(索)자❶는 두 손으로 밧줄을 꼬는 모습이다. 두 손을 사용해야만 세 가닥의 실을 꼬아 밧줄로 만들 수 있기 때문에 밧줄의 한쪽 끝에는 세 개의 실마리가 그려져 있다.

이 글자와 소(素)자의 중요한 차이점은 색(索)자에 세 개의 실마리고 있고 소(素)자에는 두 개의 구부러진 실패가 있다는 것이다. 색(索)과 소(素)의 자형은 유사하고 의미 또한 직물과 관련이 있기 때문에 편방으로 사용될 때에는 종종 서로 대체할 수 있다.

예를 들어 금문에서는 색(索)이 의미부이고, 령(令)이 소리부인 글자❷는 소(素)가 의미부이고 령(令)이 소리부인 로 쓸 수 있다.

『설문해자』에서는 색(索)자에 대해 이렇게 풀이했다. "색(索)은 '풀에 줄기와 잎이 있으면 밧줄로 만들 수 있다'는 뜻이다. 𣎵와 멱(糸)으로 구성되었다. 두림(杜林)은 𣎵는 적불(赤韍)이기도 하다고 말했다.(索, 艸有莖葉可作繩索. 从𣎵·糸. 杜林說, 𣎵亦朱市字.)" 여기에서는 자형이 이미 잘못 변하였다. 아마도 갑골문 색(索)자의 두 손이 두 가닥의 휘어진 필획으로 단순화되었기 때문에 𣎵와 멱(糸)으로 구성되었다고 분석하였고 본래 의미를 정확하게 설명할 수 없었던 것 같다.

❶ ❷

제6부

직업의 번성
도기와 금속

제6부
직업의 번성
도기와 금속

백업의 세 번째—도기

진흙을 고온에서 구운 후 굳어진 뒤에는 도(陶)라고 부른다. 진흙은 어디에나 있지만 불의 세례를 받게 되면 정교하게 변하여 음식을 담을 수 있는 그릇이 되기도 하고 집 외관을 장식하는 벽돌이나 기와가 되기도 한다. 인류는 비록 수십만 년 전에 이미 불을 사용할 줄 알았지만 도자기는 인류가 불을 사용하는 방법을 알고 나서도 오랜 시간이 지난 뒤에야 만드는 방법을 터득했다.

도자기는 흙에서도 부패하지 않아 그 연대를 측정할 수 있다. 중국 강서(中國江西)에 있는 만년선인동굴(萬年仙人洞)에서 발굴된 도자기 조각을 방사성 탄소 연대측정법으로 측정하였는데 지금으로부터 16, 400년(오차범위 ±190년)전의 것이었으며 교정 연대는 기원전 18, 050년에서 기원전 17, 250년 사이였다. 이는 인류가 도자기를 만든 최초의 사례이다. 이는 중국 도자기 제작 기술의 역사가 적어도 15,000년이 넘었으며 그 시기는 벼 재배보다 더 이르다는 것을 증명하기에 충분하다.

도자기 조각의 발견을 신석기 시대 시작의 표시로 간주하는 범주 확정 방식은 지나치게 간소화된 것이다. 왜냐하면 도자기의 기원은 매우 다양하기 때문이다. 남방의 도자기는 대부분 바닥이 둥글고 북방은 대부분이 바닥이 평평한데 그릇 모양의 차이는 아마도 생활환경과 관습과 연관이 있을 것이다. 도자기의 기원은 농업과는 관련이 없고 채집,

어업, 사냥 및 경제의 발전과 관련이 있다.

도자기는 깨지기 쉽고 사냥 생활에 도움이 되지 않기 때문에 농업 흥기 이후 사람들이 안정적인 생활을 할 때가 되어서야 비로소 도자기가 중요시 되었다. 중국에는 "신농이 농사를 짓고 도자기를 만들었다"는 전설이 있는데 대개 도자기가 정착에 이롭고 정착 후에야 인류 문명이 비로소 더욱 발전할 수 있었기 때문일 것이다.

도자기가 처음 발명되었을 때에는 물을 담는 용도로 사용되었고 나중에는 음식을 요리하고, 음식을 담고 보관하며, 건축과 장식 등 용도로 광범위하게 사용되었다. 도자기를 이용하여 물을 담아 보관하기 시작한 후 사람들은 강 근처에 살 필요가 없어졌다. 그렇게 활동 범위를 확대한 결과 강에서 멀리 떨어진 저지대에서 솟아나는 샘물이 생명에 필요한 물을 공급할 수 있음을 발견하게 되었다. 사람들은 마침내 광활한 땅에 마을과 도시를 세울 수 있게 되었던 것이다.

도자기는 일상에서 사용한 것이 가장 많고 깨져서 버린 것도 많다. 썩지 않기 때문에 유적에서 흔히 발견된다. 또한 재료, 기술, 풍격, 사용 요구 등의 차이로 인해 각 지역에서 만들어진 도자기는 서로 다른 특징을 가지고 있으며 각 민족, 각 시대 문화의 다른 양상을 판별하는 지표가 된다. 따라서 도자기 감정은 고고학 작업의 중요한 항목이며, 도자기 점토의 성분에 대한 화학적 분석은 도자기 점토가 채취된 지점을 찾아내는 데 도움이 되어 씨족간의 교류를 연구할 수 있다.

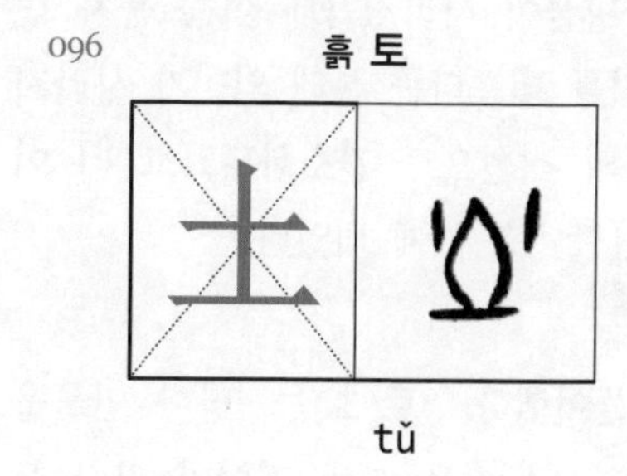

도자기의 주요 재료는 점토이다. 갑골문의 토(土)자❶는 흙더미의 모습이다. 어떤 흙더미는 위아래가 뾰족하고 작고 중간부분이 비대하고, 어떤 것은 물방울 몇 개가 추가된 모습이다.

간혹 작은 점들은 먼지를 뜻하는 것이라고 간주되기도 한다. 그러나 이런 견해는 고대 사람들이 글자를 만든 의도를 놓친 것이다. 흙은 수분이 없으면 덩어리로 뭉칠 수 없고 형태를 만들 수 없다. 느슨한 흙더미는 반드시 위가 작고 바닥이 큰 원뿔모양이다. 오직 점토만이 중간 허리부분이 굵고 큰 형태를 나타낼 수 있다. 고대 사람들이 토(土)를 만든 의도는 아마도 빚을 수 있고 구워서 모양을 낼 수 있는 특성을 강조하려는 것일 수 있다.

❶

금문의 토(土)자❷는 우선 작은 물방울이 사라졌는데 이는 문자 변화의 보편적인 규칙이긴 하지만 도자기를 빚는다는 본래 의미가 사라지게 되었다. 점차적으로 흙더미는 하나의 직선으로 간소화되었고 더 이상 문자를 만들 때의 핵심 의미를 찾아 볼 수 없게 되었다.

『설문해자』에서는 다음과 같이 풀이했다. "토(土)는 '땅이 만물을 만들어낸다'는 뜻이다. 이(二)는 땅 위와 땅 속을 본뜬 것이며 곤(丨)은 사물이 나오는 모습이다. 무릇 토(土) 부수에 속하는 글자는 모두 토(土)가 의미부이다.(土, 地之吐生萬物者也. 二象地之上:地之中, 丨物出形也. 凡土之屬皆从土.)" 허신은 잘못된 자형을 바탕으로 하였기 때문에 땅에서 솟아 나오는 식물의 이미지로 해석하였던 것이다.

모든 진흙으로 도자기를 만들 수 있지만 완성품의 품질에는 매우 큰 차이가 날 수 있다. 신석기 시대부터 사람들은 재료를 엄선하여 진흙 속의 모래, 풀뿌리, 석회 등의 불순물을 헹구어 제거한 뒤 음식을 삶을 때 사용하는 도자기를 만들 줄 알았다. 또한 작은 모래가 진흙에 섞이면 도자기의 열전달 기능이 더욱 좋아지고 빠른 속도로 냉각하여 쉽게 깨지지 않는 다는 것도 발견했다.

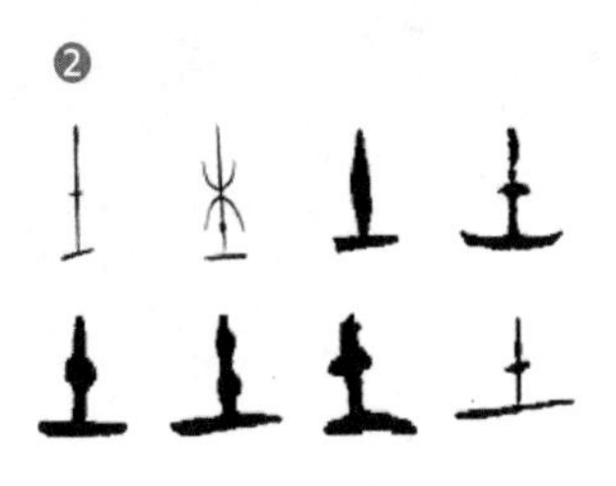

097 질그릇 도

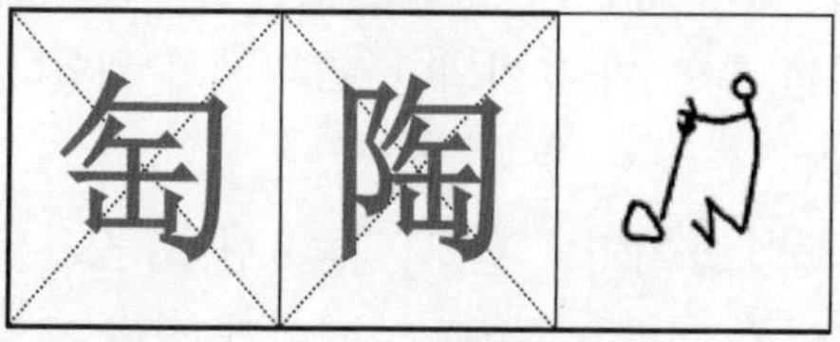

匋 陶

táo

갑골문의 도(匋)자 [glyph]는, 한 사람이 쪼그리고 앉아 손에 가늘고 긴 도구를 들고 점토를 다루는 모습이다.

이 글자는 이해하기 매우 쉬운데 옹기장이가 도박(陶拍)과 같은 도구를 들고 점토 한 덩어리로 도자기를 만드는 모습이기에 '옹기장이', '도자기' 등과 관련된 의미를 가지고 있다.

금문의 도(匋)❶자에서 갑골문의 자형이 간소화하는 과정을 볼 수 있다. 우선, 손에 잡고 있던 도박(陶拍)이 사람의 몸에서 분리되었고, 도박(陶拍)은 다시 점토와 연결되어 부(缶)자가 만들어졌다. 『설문해자』에서는 다음과 같이 풀이했다. "도([glyph])는 '도자기를 만들다'는 뜻이다. 부(缶)가 의미부이고 포(包)의 생략형이 소리부이다. 옛날에 곤오(昆吾, 도자기 발명자)가 도자기를 만들었다.([glyph], 作瓦器也. 从缶, 包省聲. 古者昆吾作匋.)" 허신은 이처럼 사람의 몸이 포(包)의 생략한 부분이라고 오해하고 도(匋)를 형성자라고 분석했다.

❶

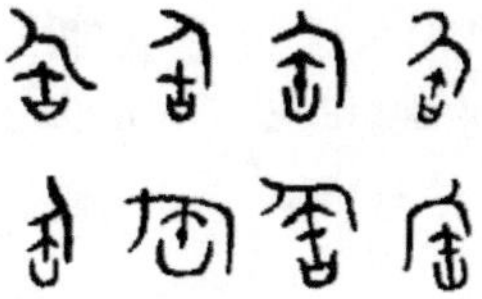

도자기를 굽는 장소는 늘 산비탈을 골랐는데 이는 불을 땔 때 사용하는 장작을 쉽게 구할 수 있기 때문인 것으로 보인다. 그리하여 나중에 도(匋)에 산악을 대표하는 부(阜)가 추가되어 도(陶)자가 되었다.

도박(陶拍)은 옹기장이들이 도자기를 만드는 중요한 도구로 몇 가지 모양이 있다. 삽도에서 보여준 것과 같이 긴 손잡이가 달린 모양이 있고 손가락에 덧씌워서 사용할 수 있는 둥근 원통모양도 있다. 도박은 도자기의 표면을 두드리는 데 사용할 수 있는데 표면을 두드리는 과정은 질감이 더 단단해지게 한다. 전륜(轉輪)이 발명한 뒤로 도박은 좁고 길어져 기물의 안쪽으로 들이 밀어 도자기의 높이를 높게 할 수 있고, 무늬를 새겨 넣은 나무도박은 도자기의 표면을 눌러 무늬를 만들어 아름다움을 더할 수도 있었다. 또는 무늬를 찍어낼 수 있는 거푸집 하나를 만들어 도자기가 빠르게 완성될 수 있게 하여 제조 시간과 비용을 절약하고 제품의 보급을 촉진했다.

▎면의 길이 6~7센티미터, 너비 5~6센티미터, 두께 1~2센티미터, 손잡이 길이 약 13 센티미터 강서(江) 응담각사(西鷹潭角山) 상(商)나라 요지(窯址)에서 출토 상(商)나라 중후기, 기원전 15~기원전 11세기.

098

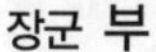

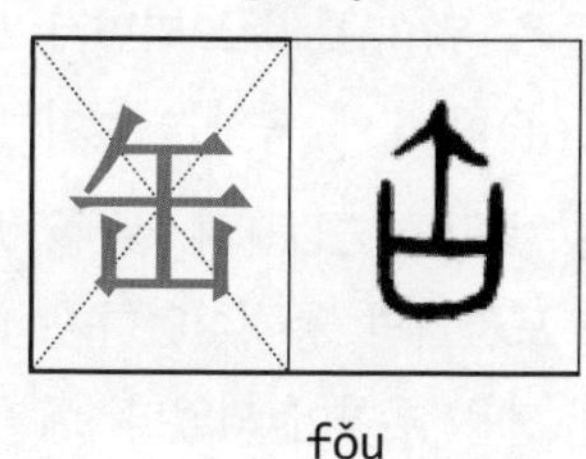

fǒu

갑골문의 부(缶)❶자는 도(匋)와 비교하지 않으면 그 본래 의미를 이해할 방법이 없다.

본래 이 글자는 하나의 용기와 도자기를 제작하는 도박(陶拍)의 조합으로 이루어졌는데, 이는 도박으로 만들어 낸 도자기임을 강조하여 기타 돌과 나무 혹은 뼈와 같은 재료를 이용하여 만든 기물과 구별하였다. 따라서 '도자기'의 의미를 가지고 있다. 혹은 도(陶)자의 생략형일 수 있는데, 이는 인(人) 부분을 생략하여 단지 사람이 만든 기물이라는 것만 나타내려는 것일 수도 있다.

금문의 부(缶)❷에서 자형 은 갑골문보다 더욱 사실적이다. 도박은 하나의 긴 자루 형태인데, 두 개의 가지로 갈라진 갑골문의 자형 보다 실물에 더욱 가깝다. 금(金)자 편방을 추가한 는 금속으로 만들어졌음을 강조했다.

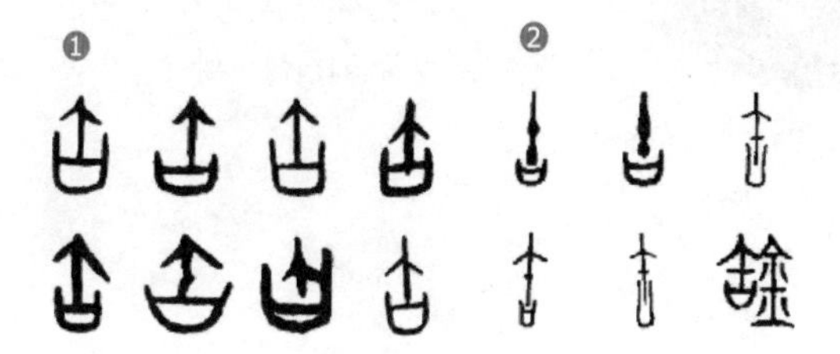

『설문해자』에서는 다음과 같이 풀이했다. "부(缶)는 '술 등을 담는 도자기'라는 뜻이다. 진나라 사람(秦人)들은 부(缶)를 두드리면서 노래를 부르고 박자를 맞추었다. 상형자이다. 부(缶) 부수에 속하는 글자는 모두 부(缶)가 의미부이다.(缶, 瓦器所以盛酒漿. 秦人鼓之以節謌. 象形. 凡缶之屬皆从缶)" 부(缶)의 본래 의미는 모든 도자기의 총칭이었다가 나중이 되어서야 서서히 그 중 한 종류, 용도의 전용 호칭이 되었다. 예를 들어 아래 그림은 락서부(欒書缶)라고 하는데 몸통은 크고 밑바닥은 작은 술을 담는 용기이다.

▎서환이청동개부(四環耳青銅蓋缶)(낙서부/欒書缶)전체 높이 48.8센티미터, 지름 16.5센티미터. 춘추(春秋)중기, 기원전 7~기원전 6세기

099 기와 굽는 가마 요

yáo

『설문해자』에서는 다음과 같이 풀이했다. "요(窯)는 '기와를 굽는 부엌'이라는 뜻이다. 혈(穴)이 의미부이고, 고(羔)가 소리부이다.(窯, 燒瓦竈也. 从穴羔聲.)" 이 설명에 따르면 요(窯)자는 형성자이다. 그러나 혈(穴)로 구성되고 부(缶)로 구성된 다른 글자인 요(窑)자가 있는데 의미 또한 도자기를 구워 만드는 가마이며, 표의자이다. 문자의 변화 추세는 대부분 형성자로 표의자를 대체하는 것이다. 요(窑)자는 초기 자형인 것으로 보이는데 단지 초기 문헌에 나타나지 않았을 뿐이다. 본래 의미는 동굴과 비슷한 장소에서 도자기를 굽는 시설을 나타낸다.

도자기는 굽는 온도가 높을수록 점토가 더 많이 수축되고 품질이 더 높아진다. 최초에 도자기를 야외에서 구웠는데 이런 방식으로 구워진 도자기는 화력이 약해서 소결결과가 불완전하고 질감이 느슨하고 쉽게 깨여져 실용적이지 않았다.

고고학 정보에 따르면, 8천 년 전의 하남성(河南省) 신정시(新鄭市) 배리강(裴李崗) 유적지에서 꽤 발전된 횡혈식(横穴式) 도자기 가마를 발견하였다고 한다. 비록 상승하는 화도(火道) 구간을 지나야 화염이 항태(陶坯)에 도달할 수 있고, 열량도 전달하는 과정에서 손실되어 가마 내부의 온도를 높이는데 불리하지만 야외에서 구워 만드는 도자기 보다는 상당히 발전했다. 나중에는 수직식 도자기 가마로 개량하였는데, 화염은 직접 화구를 통과하여 위에 있는 항태에 닿을 수 있게 되어 열이 손실되지 않아 소결 온도가 더욱 높아졌다.

기원전 5,400년의 세니홍도(細泥紅陶)는 소결 온도가 이미 섭씨 930도에 도달했고, 기원전 3,000년의 회도(灰陶)는 990도에 도달했다. 3000년 전의 상나라 후기의 도자기 가마에는 굴뚝이 설치되어 있어 온도를 1,200도로 높였다. 시대가 늦어질수록 도자기 가마의 구조는 더욱 발전하였고 산화염(氧化焰)으로 구운 홍도(紅陶)의 수량은 점점 줄어들었다. 상나라시기에 생산된 도자기 중 90%는 상당히 발전한 환원염(還原焰)으로 구워 만든 회도(灰陶)였다.

백공의 네 번째—금속

석기를 사용하는 하는 것은 사람이 동물의 그룹에서 처음 두각을 나타내기 시작한 첫 번째 단계이다. 사람들이 석기 제작에 대한 요구가 점점 더 높아지면서 자연스럽게 좋은 석재를 찾아다녔다. 자연에는 금, 은, 동과 같은 금속광물이 있는데 사람들은 이러한 재료가 일반 돌과는 매우 달라 광택이 있고, 두드려서 얇은 조각으로 만들 수도 있고, 길게 늘일 수도 있고, 오래 쓸 수 있고, 쉽게 부러지지 않고, 또한 접착하여 개조할 수도 있고, 장식품을 만들 수 있는 이상적인 재료라는 것을 발견했다. 그리하여 신경 써서 찾았고 또한 그 가치를 매우 중시했다.

불은 야금의 필수적인 조건으로, 섭씨 800도 이상의 고열처리를 해야 구리, 주석, 납이 함유된 광석을 녹여 청동으로 만들 수 있다. 이러한 고열은 일반적인 상황에서 발생할 수 있는 것이 아니다. 이론적으로 반드시 높은 온도를 만들 수 있는 도자기 가마를 이용해야만 구리 광석을 녹일 수 있다. 요점은 사람들이 어떻게 도자기 가마를 이용하여 광석을 녹이는 것까지 생각하게 되었는가 하는 것이다. 어쩌면 고대 야금의 발명 계기는 영원히 풀 수 없는 수수께끼 일 수도 있다.

구리와 기타 납, 주석, 아연 등 금속의 합금은 산화한 뒤에 청색으로 변하기 때문에 중국 사람들은 청동이라고 부른다. 청동은 합금 구성에 따라 색상, 경도, 유연성이 다른 기물을 주조할 수 있기 때문에 다양한 요구를 충족시킬 수 있었다. 청동의 예리한 특성은 전투에 사용하는 무기로 주조할 수 있고, 아름다운 색채와 광택이 풍부한 특성은 신을 섬기는 제기를 주조할 수 있었다. 이 때문에 "국가의 대사는 제사와 전쟁에 있다.(國之大事, 在祀與戎)" 라고 말하는 것이다. 청동이 제사와 전쟁이라는 이 두 가지 가장 중요한 대사에 사용되기 때문에 그 가치가 매우 높다.

청동 제련 기술을 발견한 뒤 공급 수요를 충족시키기 위해서는 많은 양의 광석채굴이 필요했다. 광석채굴은 매우 힘들고 위험한 작업이어서 일반 사람들이 흔쾌히 종사하는 일이 아니었다. 이 때문에 일부 학자들은 고대인의 금속에 대한 수요가 노동 체제 형성을 촉진했고, 동시에 대중을 조직하고 관리하는 능력을 향상시켜 국가 체계의 설립을 크게 가속화했다고 주장한다.

일반적으로 중국은 다른 고대 문명과 마찬가지로 청동 산업을 발전시키기 전에 적동(紅銅)을 사용했다. 적동은 자연적인 형태로 존재할 수 있어 제련 과정을 거칠 필요가 없기 때문이다. 6,000년 전 이집트에서는 이미 가열하여 적동을 광석에서 뽑아낸 뒤에 두드려 형태를 만들 줄 알았다. 어떤 사람들은 적동을 제련하는 기술은 마땅히 청동보다 늦은 시기여야 된다고 주장했는데 이는 청동의 용해점이 적동보다 낮아 청동을 제련하는 기술은 적동을 제련하는 기술보다 쉽기 때문이다. 중국의 고고학적 증거에 따르면 적동 기물은 확실히 청동보다 일찍이 나타났다.

방사선탄소연대측정법으로 측정한 결과 대략 기원전 1,800년의 산서성(山西省) 양분현(襄汾縣) 도사향(陶寺鄉) 용산유적(龍山遺址)과 대략 기원전 1,700년의 감숙성(甘肅省) 무위시(武威市) 황낭낭대(皇娘娘臺) 영정현(永靖縣) 대하장(大何莊) 등 유적에서 모두 구리함량이 99%를 초과하는 방울, 칼, 송곳, 끌, 고리 및 파편이 발견되었다. 황낭낭대 유적에서는 30개가 넘는 적동제품이 발굴되었는데, 이는 당시는 금속에 관한 초보적인 지식만 갖고 있었던 것이 아니라 스스로 재료를 찾아서 기물을 주조했던 시대였다는 것을 충분히 보여준다.

신뢰할 수 있고 대량의 청동기물이 출토된 유적지는 방사선탄소연대측정으로 대략 기원전 1,600년의 하남성(河南省) 언사(偃師)의 이리두(二里頭)인데 그곳에서는 청동 술잔, 대패, 창, 낚싯 바늘, 화살촉 등이 발견되었다. 또한 기원전 1,500여년의 강서(江西) 청강(清江縣) 오성촌(吳城村) 유적의 청동 칼의 연대도 적동의 유적이 발굴된 곳보다 100~200년 늦다.

서안 반파(西安半坡)에도 1,600여년이 된 유적이 있는데 1956년에 구리 조각을 발견하여 화학 분석을 해보니 대량의 구리, 아연 및 니켈을 함유하고 있었다. 1973년 임동구(臨潼區) 강새촌(姜寨村)의 앙소(仰韶)문화 유적에서도 구리 조각 하나를 발견하였는데 분석한 결과 구리 65%, 아연 25%, 주석 2%, 납 6%를 함유하고 있었다. 조금 늦은 대략 5,000년 전의 마가요 문화(馬家窯文化)에서도 청동 칼을 발견했다.

중국은 최초로 6,000년에서 5,000년 전에 우연히 청동을 제련했을 가능성이 매우 높지만, 기술이 부족하고, 수량이 너무 적어 사회에 영향을 미칠 수는 없었다. 진정한 청동기 시대는 기술을 충분히 터득하고 어느 정도의 생산량이 있을 때에만 가능했다. 하남 용산(河南龍山) 후기의 유적, 예를 들면 임여매산(臨汝煤山), 등봉왕성강(登封王城崗), 정주우채(鄭州牛寨) 등지에서도 연달아 도가니(坩鍋), 구리 찌꺼기, 구리 기구 조각, 구리 덩어리 등의 물건을 발견했는데 이는 4,000년 전에 중국에서는 이미 진정한 청동기 시대로 진입했음을 설명해준다.

『고공기(考工記)』에는 금속 분야의 직업을 전문적으로 기록했는데 축(築)·야(冶)·부(鳧)·율(栗)·도(桃)·단(段) 6가지가 있다. 축(築은 자(尺)를 제조하는 직업이고, 야(冶)는 화살촉을 제조하는 직업이고, 부(鳧)는 악기를 제조하는 직업이고, 율(栗)은 계량기를 제조하는 직업이고, 도(桃)는 무기를 제조하는 직업이고, 단(段)은 농기구를 제조하는 직업이다.

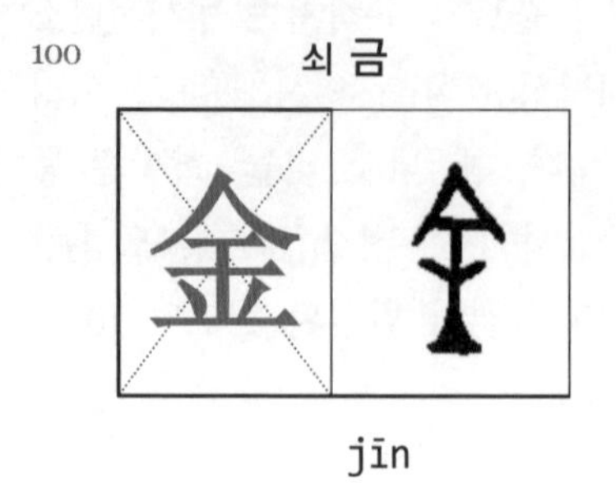

상나라시기의 청동 용기가 수만 개 출토되었지만 갑골복사에는 오히려 금(金)자가 보이지 않았다. 이는 단지 상왕이 제련과 주조에 관련된 일을 묻지 않았기에 이 글자가 보이 않는 것이라고 해석 할 수밖에 없다.

금문에는 금(金)❶자가 여러 번 출현했는데 변화하는 추세를 - - - - - 로 대략적으로 파악할 수 있지만 만족스러운 설명은 없다.

❶

『설문해자』에서는 금(金)자에 대해 이렇게 풀이했다.

> “금(金)은 ‘오색의 금속’이라는 뜻이다. 황금을 으뜸으로 하는데, 오래 묻어 두어도 녹이 나지 않고 백번을 제련해도 가벼워지지 않으며, 마음대로 바꾸어도 그 본질이 잘못되는 일이 없다. 서방을 대표하는 금속이다. 토(土)에서 생겨났고, 토(土)로 구성되었다. 좌우에 있는 필획은 금속 조각이 흙속에 있는 모양을 본뜬 것이다. 금(今)이 소리부이다. 금(金) 부수에 속하는 글자는 모두 금(金)이 의미부이다. 金은 금(金)의 고문체이다.(金, 五色金也. 黃為之長, 久薶不生衣, 百煉不輕, 從革不韋. 西方之行, 生於土. 从土. ナ又注象金在土中形. 今聲. 凡金之屬皆从金. 金, 古文金)”

허신은 이렇게 금속이 흙속에 있는 형태를 본떴다고 해석하였다. 이는 분명히 초기의 자형에 부합하지 않는다. 금(金)의 뜻을 이해하기 위해 다음의 주(鑄)를 먼저 살펴보겠다.

101 **불릴 주**

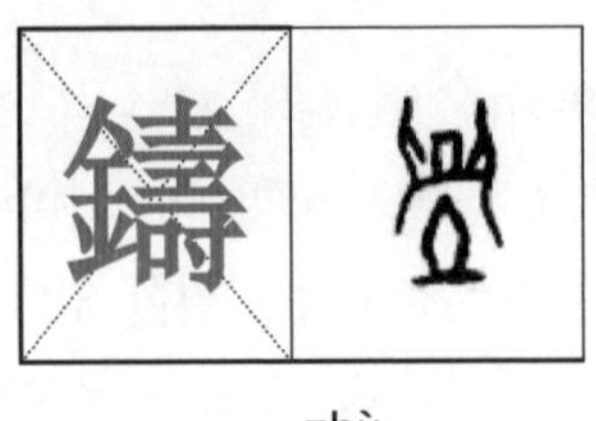

zhù

갑골문의 주(鑄)자는 와 두 가지 자형이 있다. 첫 번째 자형은 양손으로 용기를 들어 흙으로 된 거푸집(土型)에 덮는 모습이다.

이는 구리 액체를 거푸집에 부어넣어 기물을 주조한다는 의미를 표현하고 있다. 두 번째 자형은 양손으로 한 용기에서 다른 용기로 구리 액체를 붓는 모습 으로 이것도 기물을 주조하는 과정을 뜻으로 삼았다.

금문에 이르자 주(鑄)❶자가 자주 보이는데 갑골문의 기본 자형에 의미부인 금(金), 화(火)를 추가하거나 소리부인 를 추가하여 만들어졌다. 가장 주목할 만한 자형은 갑골문 에서 발전된 자형이며 은 에서 변화하여 온 것이다. 갑골문의 주(鑄)자에서 는 구리 액체를 부어넣는 거푸집이다. 그래서 금(金)자가 기물을 주조하는 거푸집이다.

『설문해자』에서는 "주()는 '금을 녹이다'는 뜻이다. 금(金)이 의미부이고, 수(壽)가 소리부이다.(, 銷金也. 从金, 壽聲.)" 라고 풀이했는데, 이 글자가 형성자의 구조이기 때문에 별로 설명할 것이 없다.

❶

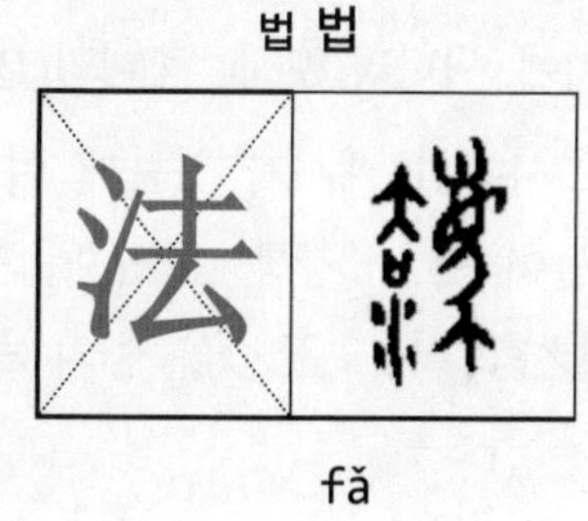

제1권 '동물편(動物篇)'에서 법(法)자 灋를 소개한 바 있는데, 뜻은 해태가 선과 악을 구별하는 신비로운 능력을 가지고 있어 죄가 있는 쪽을 만져 재판을 돕는다는 것이다.

법 집행은 마땅히 물이 균형을 이루듯이 기울어짐이 없어야 한다. 『설문해자』에서는 다음과 같이 풀이했다.

> "법(灋)은 '형벌'이라는 뜻이다. 법은 공평하기를 물과 같다. 수(水)로 구성되었다. 해태는 정직하지 못한 자에 저항하는 신령으로 정직하지 못함을 버리게 한다. 치(廌)와 거(去)로 구성되었다. 法는 지금의 법(法)자의 생략형이다. 佱은 법(法)의 고문체이다. (灋, 刑也. 平之如水, 從水. 廌所以觸不直者去之. 從廌去. 法, 今文省. 佱, 古文.)"

수록한 고문 자형은 매우 창의적이다. 형(刑)은 고대에서도 '거푸집(鑄型)'의 의미가 있었다. 고문체 자형 佱는 거푸집을 가리켜 말하는 것이다. 佱과 금(金)자의 여러 가지 자형은 비슷한데 아마도 동일한 출처에서 나온 것으로 보인다. 금(金)의 자형은 두 가지 관련된 의미가 있다. 하나는 거푸집이고 다른 하나는 금속이다. 금속의 의미는 일반적이지만 거푸집의 의미는 매우 드물다.

법과 거푸집에는 서로 상통하는 개념이 있는데 둘 다 다른 종류의 사물을 규제하는 데 사용된다. 전국시기에 위나라(魏國), 촉나라(楚國)와 중산(中山)에서는 모두 全을 법(法)자로 사용한 예시가 있는데 이 또한 이러한 해석을 증명할 수 있다. 예를 들어, 호북 강릉 초묘(湖北江陵楚墓)에서 발굴된 율관(律管)에는 '法新鐘之宮', '法文王之角' 등의 문구를 새겨놓았는데 여기서 법(法)자는 全로 쓰였다.

103 쇠 쇠

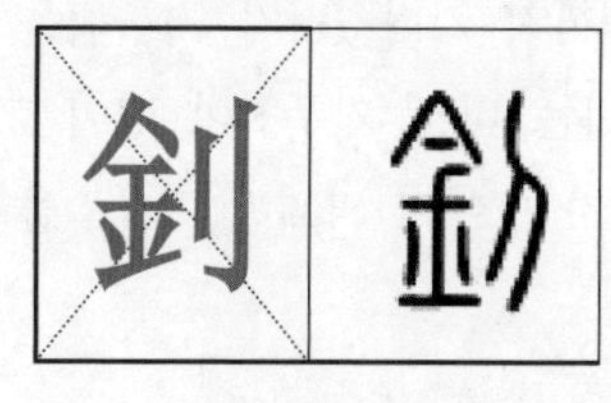

zhāo

104 벨 할

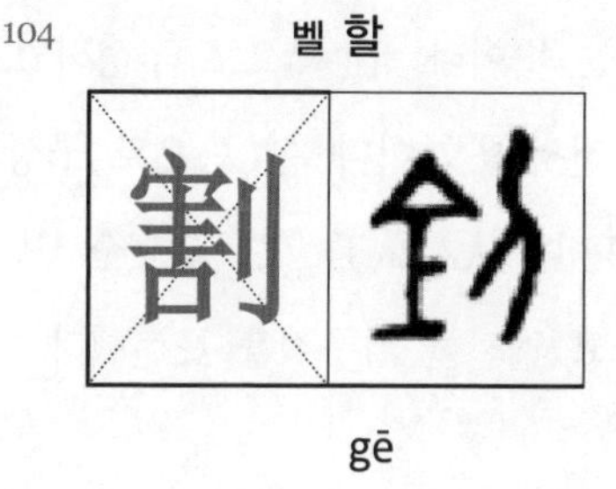

gē

위나라의 『삼체석경(三體石經)』(삼국시기 위나라 정시(正始) 2년에 고전(古篆), 소전(小篆) 예서(隸書) 세 가지 서체를 사용하여 『상서(尚書), 춘추(春秋), 좌전(左傳)의 내용을 석각한 것이다.)에 따르면 할(割)자의 고문체는 인데, 이 글자와 소전의 쇠(釗)자 는 분명히 모두 금(金)과 도(刀)로 구성되었고, 그 뜻은 마땅히 모두 칼로 거푸집에 묶여 있는 밧줄을 자르고 흙을 제거하여 주조된 기물을 꺼내는 것이다.

『설문해자』에서는 다음과 같이 풀이했다. "할()은 '껍질을 벗기다'는 뜻이다. 도(刀)가 의미부이고, 해(害)가 소리부이다.(, 剝也. 从刀, 害聲.)" 허신은 단순하게 형성자로 보았는데, 이것은 틀린 것일 수 있다.

금문의 해(害)❶자를 『설문해자』에서는 다음과 같이 풀이했다. "해()는 '다치다'는 뜻이다. 면(宀)과 구(口)가 의미부이다. 소문은 집에서부터 시작된다는 뜻이다. 개(丯)가 소리부이다.(, 傷也. 从宀·口. 言从家起也. 丯聲.)" 허신은 해(害)자를 개(丯)가 소리부인 형성자로 해석하고 다시 언어의 상해는 가정에서부터 시작된다고 억지스러운 설명을 했다. 그러나 자형은 분명히 하나의 물건이 두 개로 잘라진 형태 로, 파괴된 모습을 표현했다.

금문의 할(割)❷자는 칼로 어떤 물건을 절반으로 나누는 모습을 표현했다. 기물을 주조한 뒤에 식을 때까지 기다렸다가 거푸집을 쪼개어 완성된 제품을 꺼내야 한다. 할(割)자는 바로 거푸집이 이미 쪼개어져 파괴된 현상을 나타낸 것이고 해(害)자는 이미 파괴된 거푸집을 표현했다.

다시 동(仝)자와 쇠(釗)자를 보면 『설문해자』에서는 동(仝)자에 대해 이렇게 풀이했다. "동(仝)은 '완벽하다'는 뜻이다. 입(入)으로 구성되었고, 공(工)으로 구성되었다. 은 동(仝)의 전서(篆文)이다. 왕(王)으로 구성되었다. 은 동(仝)의 고문체이다.(仝, 完也. 从入·从工. , 篆文仝. 从王. 純玉曰全. , 古文仝.)" 자형이 유사하고 완전한 거푸집을 표현했다.

『설문해자』에는 쇠(釗)자에 대해 이렇게 풀이했다. "쇠(釗)는 '깎다'는 뜻이다. 도(刀)와 금(金)으로 구성되었다. 주나라 강왕(康王)의 이름이다.(釗, 刓也. 从刀·金. 周康王名.)" 이 또한 칼로 거푸집을 만드는 것을 나타낸다.

❶

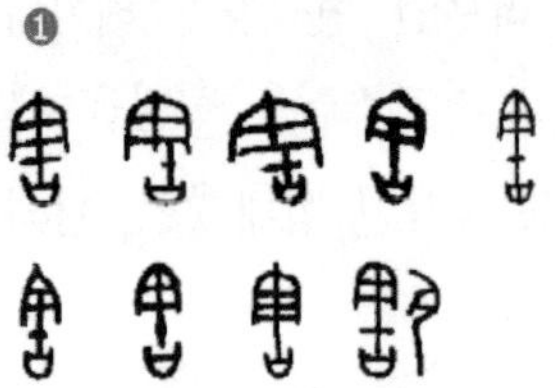

❷

앞의 복잡한 설명을 통해 우리는 금(金)자의 본래 의미가 '거푸집'이라는 것을 알 수 있다. 금(金)자는 금문 동(銅)자 에서 거푸집을 잘 맞추고 견고하게 묶어 놓고 액체 부어넣기를 기다리는 모습이라는 것을 더욱 생동감 있게 표현했다.

금속을 대표하는 금(金)자는 거푸집을 이용하여 청동기를 주조하는 개념에서 비롯되었다. 중국은 금, 은, 구리와 같은 자연형태로 존재하는 금속이 부족하기 때문에 금속을 녹이는 과정을 통해서만 금속을 얻을 수 있었으므로 주조에 사용되는 거푸집을 사용하여 금속의 의미를 표현했다. 이것도 고대 중국에서 청동기를 만들 때 진흙으로 만든 거푸집을 선호했다는 특성을 반영한다. 상나라시기와 그 전 시대의 청동기 주조 방법을 조사해보면 청동기의 다양한 가공 방법 중 주조기물 뿐만 아니라 무늬와 부품 등도 거의 주조하는 방법만을 사용하는 것으로 나타났다. 이것은 기타 문명고국(文明古國)에서 주로 탈랍법(脫蠟法)으로 주조하고 리벳(鉚釘), 용접(熔焊) 등의 가공법을 사용하는 것과 분명하게 다르다. 이 때문에 학자들은 이러한 현상은 중국 주조 기술의 자발성을 강하게 반영한 것으로 서양에서 배운 것이 아니라고 주장했다.

105

길할 길

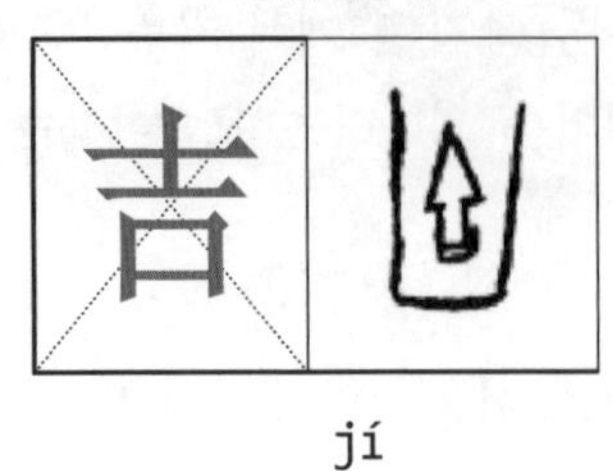

jí

갑골문에 길(吉)자는 많이 출현했는데❶, 변화과정은 - - -이다. 학자들은 이 글자가 무엇 때문에 '상서로움', '선량함'의 의미와 관련이 있는지에 대해 그 해답을 얻지 못했다.

만약 이러한 자형을 주(鑄)자 의 분이거나 혹은 금(金)❷자 등의 자형과 비교하면 이 글자는 주조하는 부분의 입구로 거푸집 부분을 이미 잘 맞추어서 깊은 구덩이에 둔 모습이라는 것을 알 수 있다.

청동기 주조에 대한 과학적 조사에 따르면 액체를 부어 넣은 뒤 거푸집을 깊은 구덩이에 넣으면 공기 순환이 되지 않아 발산하는 열기가 빠져나가지 못해 오랜 시간 천천히 냉각하게 되는데, 그 과정에서 구리와 주석은 대칭되는 나뭇가지 모양으로 합쳐진다. 이렇게 하면 거푸집이 파열되거나 변형되는 단점을 방지할 수 있을 뿐만 아니라 주물 표면을 보다 매끄럽고 아름답게 만들 수 있어 훌륭한 기물을 만들어 낼 수 있다. 이 때문에 길(吉)에는 '아름다움', '훌륭함'의 의미가 있다.

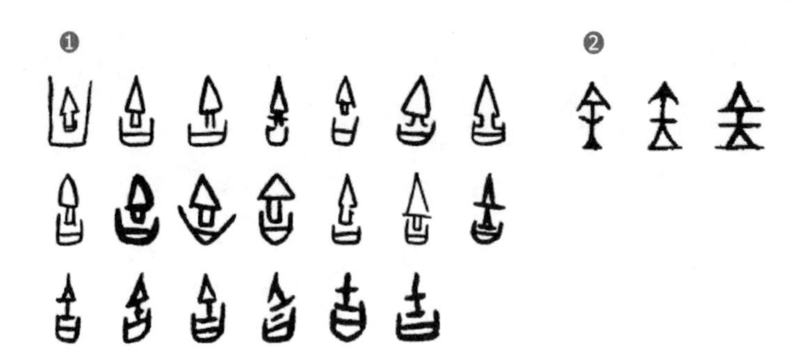

금문에서 길(吉)❸자는 거푸집의 형태가 사(士)자로 잘못 변한다. 따라서 『설문해자』에서는 다음과 같이 풀이했다. "길(吉)은 '아름답다'는 뜻이다. 사(士)와 구(口)로 구성되었다.(吉, 善也. 从士·口.)"

허신은 이처럼 길(吉)자의 본래 의미를 전혀 설명하지 못했다. 상나라의 수도 안양(安陽)의 청동기 주조 유적지의 주변 깊은 구덩이에는 파손된 거푸집의 파편들이 많이 흩어져 있는데, 이는 바로 이러한 방법으로 청동기를 주조했다는 것을 구체적으로 나타내는 것이며, 상나라의 기술자들은 이미 청동기를 완벽하게 주조하는 비결을 알고 있었음이 분명하다.

❸

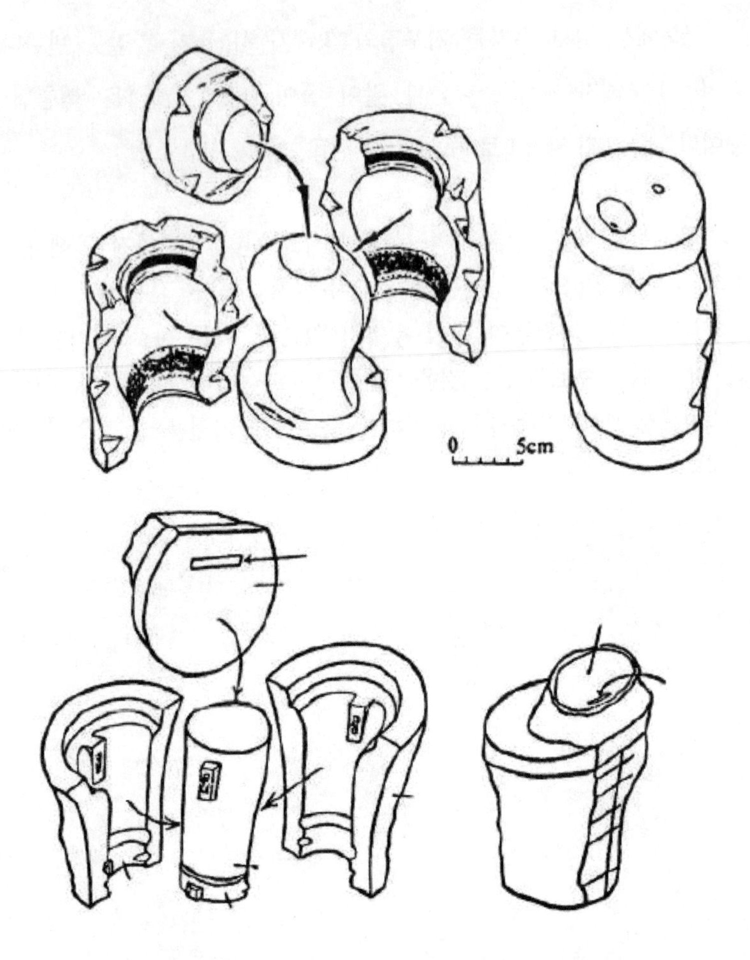

❙ 청동으로 주조한 다편 거푸집의 합범 설명도

106 밝을 철

嚞 哲

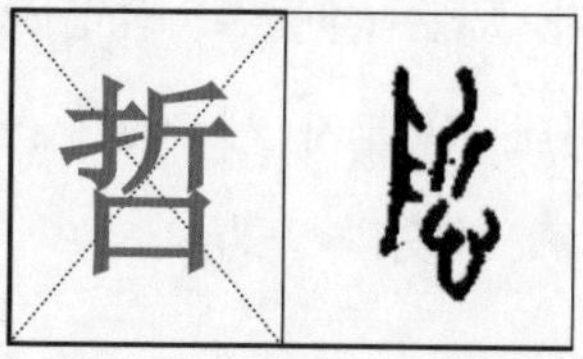

zhé

금문 철(哲)자❶는 자형이 다양한데 형성자의 구조처럼 보인다. 의미를 표현하는 의미부에는 심(心), 언(言), 패(貝)가 있고 두 개의 사선으로 생략된 도 있다.

심(心) 은 심장의 모양으로 사상, 감정과 관련된 것을 나타낸다. 언(言) 은 긴 나팔 모양으로 사고를 거친 의미 있는 언론을 나타낸다. 패(貝) 는 조개의 모양으로 가치 혹은 상업행위를 나타낸다. 는 야(冶)자의 생략된 글자로 보이는데 금속공예와 관련된 일들을 나타내며 자세한 설명은 뒤의 문장을 참조하기 바란다.

❶

『설문해자』에서는 다음과 같이 풀이했다. "철()은 '알다'는 뜻이다. 의미부가 구(口)이고 절(折)이 소리부이다. 은 철(哲)로, 심(心)으로 구성되기도 한다. 은 철(哲)의 고문체인데, 길(吉)자 세 개로 구성되었다.(, 知也. 从口, 折聲. , 哲或从心. , 古文哲. 三吉.)"

이에 근거하면 철(哲)의 뜻은 '알다'이며 이들의 서로 다른 의미부는 사고, 가치, 전문성을 나타낸다. 소리부는 일반적으로 독음을 표시하므로 본래 의미와는 별로 관련이 없다. 이 글자의 소리부는 매우 다양하다. 나중에 독음이 철(哲)로 정착하는 과정을 살펴보면 이 글자를 만드는 데 여러 번의 시도가 있었음을 알 수 있다. 의미부에는 몇 가지 모양이 있었고 소리부에도 절(折) 자를 중심으로 여러 번 잘못 변화하였는데, 때로는 절(折)자의 목(木) 부분을 부(阜) 혹은 상(相)으로 잘못 쓰기도 했다. 이러한 것들도 어쩌면 전문적인 기술을 표현한 것일 수도 있다. 전체적인 철(哲)자의 구조는 깊이가 있고 전문적인 지식을 표현하는데 중점을 두고 있다.

특히 주의해야 하는 점은 『설문해자』에 고문체 자형 도 수록하고 있다는 것이다. 문자의 변화 추세는 표의자를 형성자로 변환하는 것이지, 그 반대의 경우는 매우 드물다. 은 아마도 철(哲)자의 초기 자형일 것이다. 이 글자는 3개의 길(吉)자로 구성되어 있고, 위에는 한 개 아래는 두 개인 형태로 배열되었다. 이것은 문자 구조의 일반적인 예로 사물의 특성을 강조하는 것이다. 예를 들어 우(牛)자 세 개는 분(犇(奔))자가 되는데 소가 골격이 건장하기 때문에 소 무리가 놀라서 뛰게 되면 위세가 사람을 두렵게 한다. 견(犬)자 세 개면 표(猋)자가 되는데 개 무리가 사냥물을 추격할 때 전속력으로 달리는 위세 또한 가히 볼만하다. 길(吉)자의 본래 의미는 깊은 구덩이에서 동기를 주조하면 품질 좋은 동기를 얻을 수 있다는 뜻이다. 은 3개의 길(吉)자로, 주조의 달인을 표현했고 깊은 경험을 지닌 야금 기술자를 나타냈다.

철(哲)자의 자형 에서 의미부 는 야(冶)자 의 생략형일 가능성도 있다. 야(冶)자는 다듬잇돌 위에서 철기를 단조하는 철 제련 방법을 표현한 것이다.(자세한 것은 뒤의 문장을 참고하기 바란다.) 따라서 마찬가지로 주조와 관련된 것이다.

이상의 분석에서 철(哲)자의 초기 자형은 길(吉)자 세 개를 조합한 것이며 주조 달인(전문가)을 빌려 지식 혹은 기술이 특출하게 뛰어난 인재를 나타냈다는 것을 알 수 있다. 그러나 자형이 너무 복잡하여 형성자의 구조로 바뀌었다. 자형이 변화하는 과정에서 심(心), 언(言), 패(貝), 야(冶) 등 의미부가 다른 자형이 나타났는데 나중에는 언(言)을 대체하여 구(口)를 의미부로 하고, 절(折)을 소리부로 하는 가장 간단한 자형인 을 선택했다.

107 엄할 엄

yán

기물을 주조하려면 우선 정련과 정을 거쳐야 하는데 광석을 제련하여 금속의 초기재료를 만드는 것이다. 광석을 정련하려면 광석에 대한 지식을 갖추고 채굴을 먼저 해놓아야 한다.

사람들은 구석기 시대부터 각종 석재를 찾기 시작했다. 앞에서 소개한 박(璞)자 는 깊은 산속에서 발굴된 가공되지 않은 박옥(玉璞)을 캐는 것을 묘사했다.

롱(弄)자 는 깊은 산속에서 박옥을 캐내어 너무 즐거워 손에 쥐고 감상하는 모습을 나타냈다. 금문의 엄(嚴)자❶도 깊은 산속에서 광석을 채굴한다는 뜻을 나타냈다. 가장 복잡한 자형 을 이미 발굴된 구리 광산 유적지의 상황과 비교해보면 이 글자는 동굴밖에 이미 밖으로 운반해낸 3개의 목판이 있다는 것을 알 수 있다. 동굴에서는 깨지기 쉬운 도자기를 사용하기 적합하지 않으므로 목판으로 채굴한 광석을 담았다. 산속에 톱니모양의 채굴 도구와 목판 하나를 들고 있는 손 하나가 있는 모습이다. 전체적인 도형(圖形)은 산속에서 광석을 채굴하는 장면을 나타낸다. 광석을 채굴하는 작업은 우뚝 솟은 산 동굴에서 이루어졌으므로 '산봉우리'라는 의미가 있다. 채굴은 매우 힘들고 어렵기 때문에 더 나아가 '엄격하다', '준엄하다'는 의미도 생겨났다.

❶

나중에는 엄(嚴)자 위에 산(山)을 기호로 추가하여 엄(巖)자로 만들어 엄(嚴)자와 구별했다. 어떤 것은 [glyph]처럼 동굴 밖의 목판을 생략하였다.

『설문해자』에서는 다음과 같이 풀이했다.

"엄(厰)은 '험준하다'는 뜻이다. 일설에서는 지명이라고도 한다. 엄(厂)이 의미부이고, 감(敢)이 소리부이다.(厰, 崟也. 一曰地名. 从厂, 敢聲.)"

"엄(嚴)은 '명령을 내려 매우 급박하게 독촉하다'는 뜻이다. 훤(吅)이 의미부이고, 엄(厰)이 소리부이다. [glyph]은 엄(嚴)의 고문체이다.(嚴, 教命急也. 從吅, 厰聲. [glyph], 古文嚴.)"

보다시피 허신은 형성자로 설명했다. 금문의 자형에서 구(口)는 거친 광석을 담는 목판을 나타내는 것으로 두 개 혹은 세 개, 심지어는 없을 수도 있다는 것을 알 수 있다. 엄(吅)으로 의미를 나타낸 것도 아니다.

108 **감히 감**

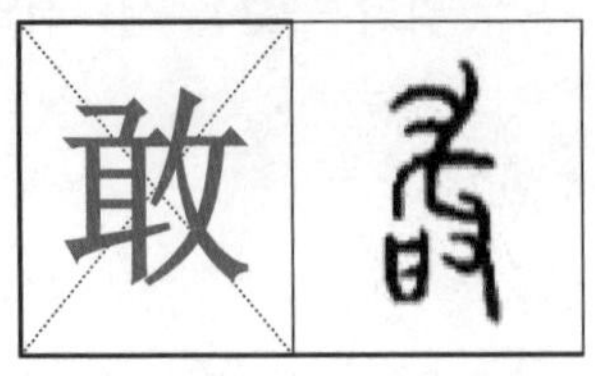

gǎn

금문의 감(敢)자❶에서 알 수 있듯이 자형은 엄(嚴)자의 산봉우리 부분을 제거한 것이다.

광석 채굴은 매우 힘들고 위험한 일이기 때문에 상당한 용기가 있어야만 종사할 수 있다. 바로 이점을 빌려 '용감하다', '과감하다'는 본래 의미를 만든 것이다. 용감함은 추상적인 의미이므로 광석 채굴을 빌려서 나타냈다. 『설문해자』에서는 다음과 같이 풀이했다.

> "감(𠭖)은 '진취'라는 뜻이다. 𠬪가 의미부이고, 고(古)가 소리부이다. 𢽤은 감(敢)의 주문체이다. 𠪚은 감(敢)의 고문체이다.(𠭖, 進取也. 从𠬪, 古聲. 𢽤, 籀文敢. 𠪚, 古文敢.)"

이처럼 허신은 감(敢)이 '진취'의 의미를 나타내는 이유에 대해서는 설명을 하지 못하고 있다.

❶

『사기·외척세가(史記·外戚世家)』에는 서한(西漢)시기 두황후(竇皇后)의 동생 두광국(竇廣國)(자 소군(少君))의 이야기를 기록하고 있다. "소군은 네다섯 살 무렵에 집안이 가난했고 유괴되어 팔려갔는데 집에서는 그가 어디로 팔려갔는지 찾지 못했다. 10여 집에 팔려 다니다 나중에 주인을 위해서 산에 들어가 숯을 만들게 되었다. 저녁에 백여 명이 절벽 아래에서 잠을 잤는데 절벽이 무너지면서 모두 깔려 죽고 오직 소군만이 홀로 빠져나와 죽지 않았다." 고대에는 채굴 기술과 안전시설이 낙후하여 위험성이 매우 높았기 때문에 채굴은 당연히 일반 사람들이 흔쾌히 종사하려는 직업이 아니었다. 일부 학자들은 고대의 광부는 대부분 강요에 의해 종사하게 된 것이라고 주장했다. 상나라시기나 상나라 이전의 광부들은 아마도 주로 범죄자, 포로, 노예들로 채워졌던 것으로 보이며 두광국도 그 중 하나의 예일 뿐이다.

고대에는 월족(발뒤꿈치를 베다)이라는 형법이 있었는데 범죄자들의 저항능력을 약화시키지만 동시에 노동능력을 잃지 않게 했다. 이 형벌은 바로 노예들이 생산에 참여하도록 통제하기 위한 것이었다. 일부 학자들은 금속물자에 대한 수요를 바탕으로 고대사회의 상류층이 하위 계층에 대한 통제와 관리를 계속 강화하면서 국가 조직의 조기 완성을 촉진했다고 주장했다.

109 깊을 심

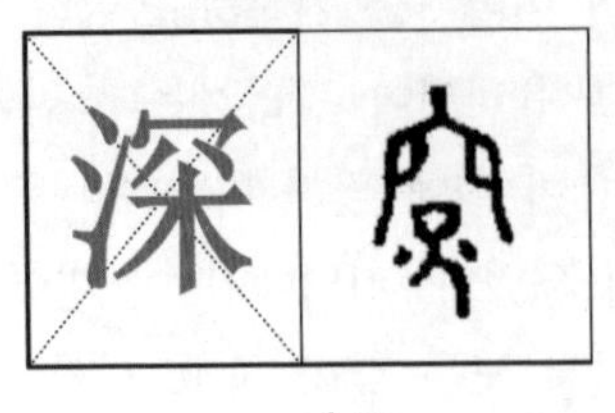

shēn

금문의 심(罙)자 [glyph]는 한 사람이 동굴 속에서 입을 벌리고 숨을 쉬며 식은땀을 흘리는 모습이다. 이것은 광산의 갱도 깊은 곳에서 발생하는 현상이기 때문에 '깊다'는 의미가 있다.

심(深)자 윗부분의 혈(穴)은 한 동굴이 나무 말뚝에 지탱하는 모습을 나타낸 것이다. 갱도가 붕괴하는 것을 방지하기 위해서 나무 말뚝을 많이 사용한다. 고고학에서 호남성(湖南省) 마양(麻陽)의 전국시대 광산을 발굴했는데 광산의 갱도는 많은 수직갱도, 사선갱도, 수평갱도로 구성되었다. 오직 광석을 채굴하는 동굴만 이러한 나무 말뚝으로 지탱하였기 때문에 '동굴'의 의미를 나타냈다.

호북성(湖北省)의 대야시(大冶市) 지역 안에 있는 동록산(銅綠山)의 고동광(古銅礦) 유적지는 갱도의 깊이가 땅속 50미터 넘는 깊은 곳에까지 이르렀다. 호남성(湖南省) 마양(麻陽)의 동광 동굴은 지하 400미터 깊이까지 도달했다. 의심할 여지없이, 시대가 가까워질수록 얕은 광상(礦床)은 찾기가 더 어려워지기 때문에 더욱 깊게 파야 했다. 동록산(銅綠山)의 갱도는 높이가 일반적으로 1미터밖에 되지 않았으며, 가장 낮은 곳은 75센티미터이고 너비는 40센티미터에 불과했다. 이런 경우에는 반드시 몸을 굽히고 무릎을 꿇고 비좁고 낮은 울퉁불퉁한 갱도에서 작업해야 한다. 물론 효율성은 당연히 높지 않았을 것이고, 생산량도 적을 수밖에 없기 때문에 가격이 매우 비쌌다.

산의 돌을 캐낼 때에 먼지를 발생시킬 수 있으며 광석은 쪼갠 뒤 물에 흔들어 씻으면서 선별을 거친 뒤에야 갱도 입구로 운반하는데, 이는 필요한 노동력을 줄이기 위함이다. 먼지는 공기 오염의 정도를 증가시킨다. 광산은 깊게 파고 들어갈수록 압력은 더욱 커지고 온도는 더욱 높아지며 공기도 순환이 되지 않아 산소가 부족하여 숨 쉬기 힘들어진다. 그런 덥고 습하고 숨쉬기 힘든 환경에서 광부의 고생은 가히 상상할 수 있다.

『설문해자』에서는 심(深)자에 대해 이렇게 풀이했다.

> "심(罙)은 '깊다'는 뜻이다. 일설에서는 부뚜막에 달린 굴뚝이라고도 한다. 혈(穴), 화(火)와 구(求)의 생략형으로 구성되었다. 예(禮)처럼 읽는데, 예(禮)는 삼년도복(三年導服)의 도(導)와 같다. (罙, 深也. 一曰竈突. 从穴火求省. 讀若禮, 三年導服之導.)"

허신은 이 글자가 어떻게 '깊다'는 의미를 나타내는지에 대한 설명을 전혀 하지 않았다.

가릴 간

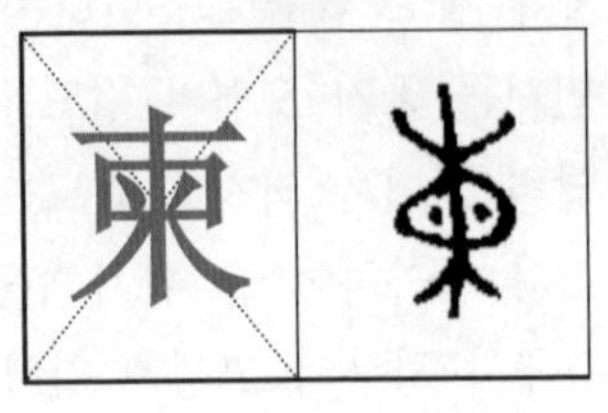

jiǎn

금문의 간(柬)자(柬 柬)는 자루에 무언가가 담긴 모습을 나타낸다. 이 글자에는 '선택하다'는 의미가 있으며, 자형을 통해 이 글자의 뜻을 유추할 수 있다.

고대에는 반드시 재료를 자루에 담아 물에 담궈 놓고 물이 재료의 불순물을 천천히 녹여 비교적 순수한 품질을 얻는 두 가지 작업이 있었는데, 그것이 바로 채굴과 방직이다. 연료 소비를 줄이기 위해 광석은 일정한 크기의 입자로 쪼개어 일차적으로 불순물을 제거한 뒤에 용광로에 넣는다. 흐르는 물속에 넣고 물로 헹구어 불순물을 용해시키는 것은 가장 간단하고 경제적인 방법이다. 방직 작업을 할 때에도 명주실과 삼실을 자루에 넣어 흐르는 물이 불순물을 제거할 수 있도록 한다. 두 방법은 수법이 동일하며 얻고자 하는 효과도 동일하다. 따라서 자루에 넣은 것은 광석인지 명주실과 삼실인지는 판단하기 어렵다. 다만 이 때문에 '선택하다'는 의미를 가지게 되었다는 것은 확실하다.

호북성 대야시(湖北大冶) 동록산(銅綠山) 광산에는 큰 연못이 있었고 하남성(河南省) 정주시(鄭州시) 고형진(古滎鎮)의 야철(冶鐵) 유적지에도 우물과 연못이 있었는데 광석의 불순물을 제거하기 위해서 설치한 것으로 보인다. 『설문해자』에서는 다음과 같이 풀이했다. "간(柬)은 '묶어놓은 것을 풀어서 고르다'는 뜻이다. 속(束)과 팔(八)로 구성되었다. 팔(八)은 '풀다'는 뜻이다.(柬, 分別簡之也. 从束·八. 八, 分別也.)" 허신은 글자의 의미만을 설명하고 '선택'의 의미가 생기에 된 이유에 대해서는 설명을 하지 못했다. 짧고 간단한 편지도 간(柬)이라고 하는데 이 또한 간략하게 편지의 내용을 서술하기 때문이다.

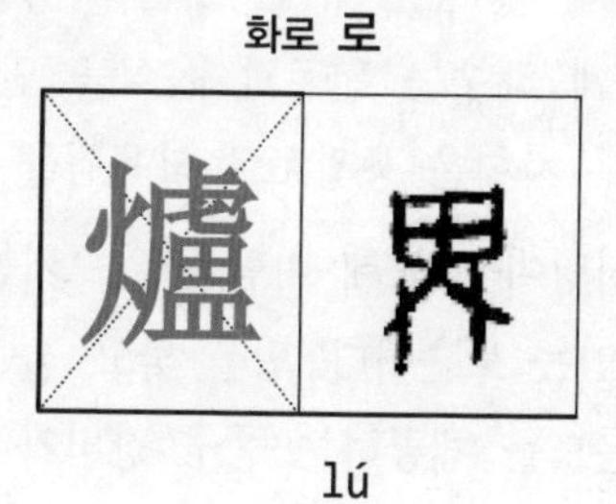

갑골문 로(爐)자❶의 초기 자형 는 용광로가 지지대에 설치된 모습이다. 다음은 지지대와 용광로의 필획이 함께 연결된 이다. 독음의 편의를 위해서 소리부인 호(虎)(호랑이 머리) 를 추가하였는데 형성자의 형식이 되어 버렸다.

금문시기에 이르게 되자 자형에는 많은 변화❷가 생겼는데 하나는 용광로 자체가 위(胃)자 와 비슷하게 변한 것이고, 다른 하나는 지지대가 민(皿)자로 바뀐 것이다. 하나는 의미부인 금(金)을 추가하여 불을 때는 도구라는 의미를 보다 명확하게 했다. 『설문해자』에서는 다음과 같이 풀이했다. "로( )는 '네모난 난로'라는 뜻이다. 금(金)이 의미부이고 로(盧)가 소리부이다.(, 方爐也. 从金, 盧聲.)" 허신은 금(金)이 의미부이고 로(盧)가 소리부인 것으로 설명할 수밖에 없었을 것이다.

❶

❷

불을 때는 난로는 큰 것이 있고 작은 것이 있다. 큰 것은 광석을 제련하는 용광로이고 작은 것은 따듯하게 해주는 난로와 음식을 만드는 화로이다. 갑골문의 기타 자형에서 일부 자형은 용광로로 사용됨을 증명할 수 있다. 갑골문에는 라는 지명이 있는데 바람을 일으키는 풍구의 바람 자루가 용광로에 연결되어 있는 모습이다. 밥을 하고, 술을 데우고, 따뜻하게 해주는 난로는 높은 온도를 제공하는 풍구 장비가 필요하지 않기 때문에 이것은 분명하게 금속을 제련하는 용광로일 것이며 그렇기 때문에 풍구 장비가 필요한 것이다. 고고학의 발굴에 따르면 상나라시기에는 이미 용광로가 있었고 구리를 녹여 기물을 제작할 수 있었다는 것을 증명했다. 상나라 후기의 용광로 지름은 1미터가 되었고, 서주 시기의 용광로는 내부 지름은 88~170센티미터가 되는 타원형이었다.

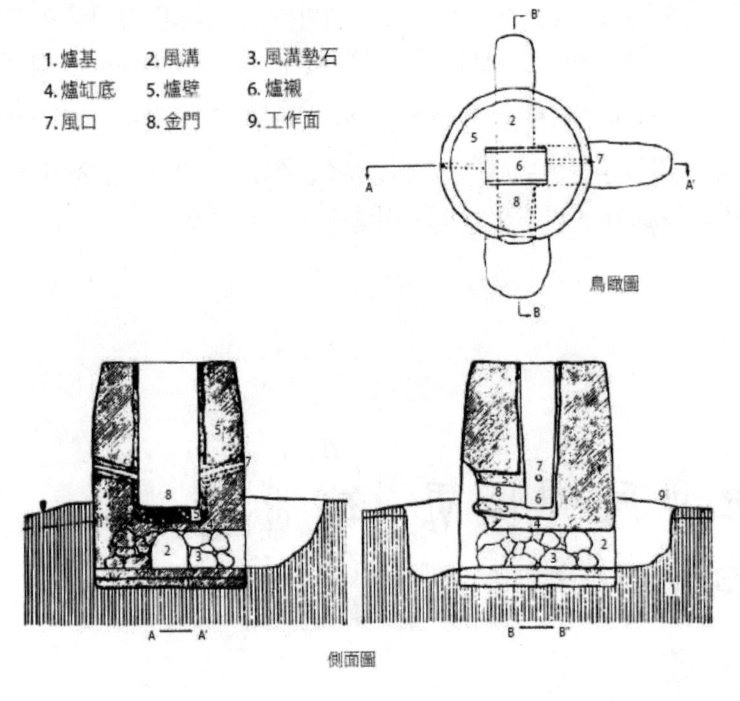

▍춘추(春秋)시대 용광로 복원 구조도

112 **전대 탁**

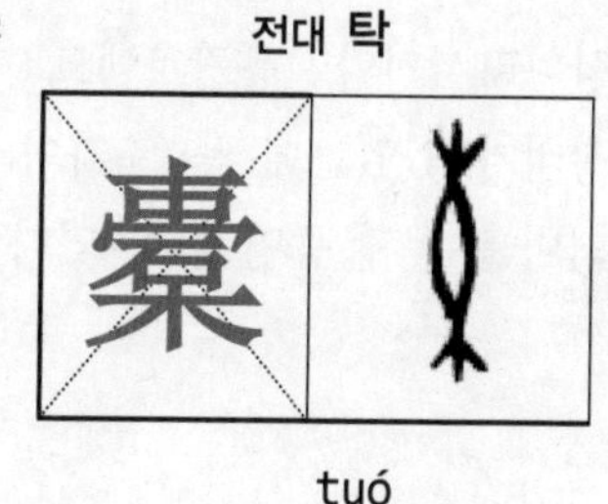

tuó

풍구 장비로 용광로의 연소 온도를 높일 수 있다는 것을 나타내는 글자는 탁(橐)이다.

갑골문에서 탁(橐)자❶는 양쪽 끝이 묶인 자루 모습인데 바로 요즘에 말하는 풍구이다. [古文字]자의 경우에는 자루에 기호가 하나 있는데 아직은 해독할 수 없다. 소리부이거나 독음을 표시하는 기호일 수도 있다.

금문의 자형 [古文字][古文字]은 자루 안에 소리부인 (缶)가 들어 있는 모습이다. 글자의 공간을 이용하여 소리부를 추가하는 것은 문자 창조에서 늘 사용하는 수법 중 하나이다. 『설문해자』에서는 다음과 같이 풀이했다. "탁(橐)은 '자루'라는 뜻이다. 탁(囊)의 생략형이 의미부이고, 석(石)이 소리부이다.(橐, 囊也. 从囊省, 石聲.)" 어떤 이유인지는 알 수 없지만 더 가까운 소리부 부(缶)를 훨씬 멀어진 소리부 석(石)으로 대체하였다.

❶

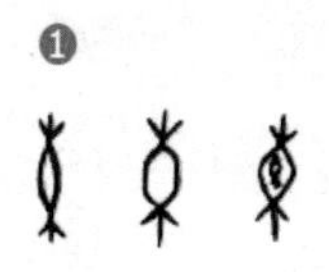

113 **회복할 복**

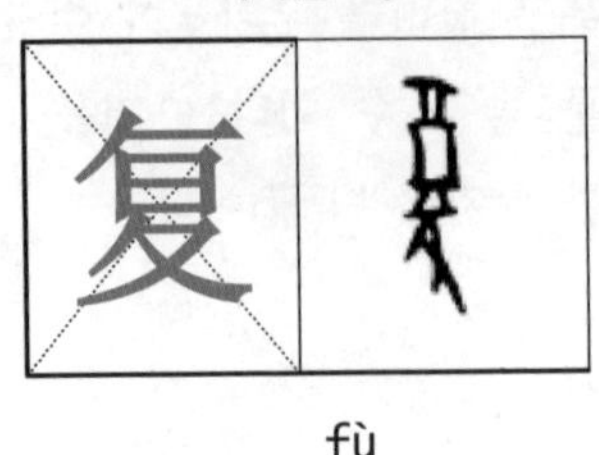

fù

상나라시기의 용광로에도 풍구 장비가 있었는데 복(復)자의 본래 의미를 통해 증명할 수 있다.

갑골문의 복(复)자❶는 한 발 로 풍구의 자루 를 다루고 있는 모습이다. 풍구 자루의 작동은 자루 압축을 이용하여 공기를 용광로에 보낸 다음 이완하여 다시 자루에 공기를 보충하는 식이다. 이러한 팽창했다 이완하는 동작은 공기를 계속하여 용광로에 보내어 연소를 돕고 온도를 높인다.

자의 윗부분 의 가운데 있는 기다란 형태는 소가죽을 사용하여 만든 풍구의 가죽 자루 몸체이고, 두 끝은 각각 도관(陶管)과 발판이다. 발 은 발판을 움직이는 동력이다. 풍구의 동작은 끊이지 않고 반복되기 때문에 복(复)자에는 '반복', '회복', '왕복' 등의 의미가 생겼다. 나중에는 여행의 왕래에 더 많이 사용되면서 길을 걷는다는 부호를 추가하여 복(復)자가 되었다.

❶

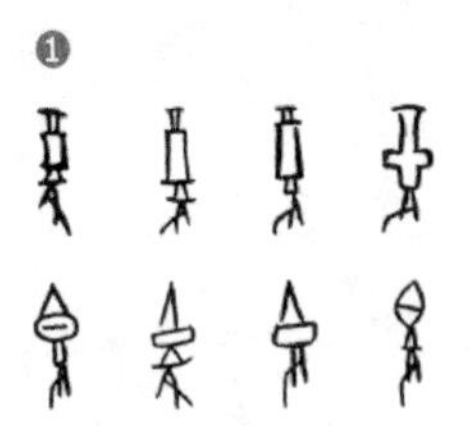

용광로에 보내는 공기를 강하게 만들어 연소 효과를 향상시키려면 송풍하는 입구가 약간 가늘고 작아야 된다. 따라서 갑골문의 복(復)자의 도관(陶管) 부분 중 일부 글자는 뾰족한 형태이다. 유적지에서도 한 쪽 끝은 넓고 한쪽 끝은 좁은 도자기 풍구가 출토되었다. 측정한 결과 상나라시기의 용광로의 용해점은 섭씨 1,160~ 1,300도 사이인 것으로 확인되었다. 풍구의 도움이 있었기 때문에 이와 같은 고온에 도달할 수 있었던 것이다.

금문의 복(復)자❷는 자형이 사실과 부합하진 않지만 형태는 여전히 쉽게 알아볼 수 있으며 동시에 彳 또는 辵의 길을 걷는다는 의미의 기호를 추가했다. 『설문해자』에서는 다음과 같이 풀이했다. "복(复)은 '옛날 길을 걷다는 뜻이다. 치(夊)가 의미부이고, 복(畐)의 생략형이 소리부이다.(复, 行故道也. 从夊, 畐省聲.)" 자형의 잘못된 변화로 인해 풍구를 다루는 모양은 더 이상 보이지 않는다. 갑골문의 자형에서 중국 초기의 풍구 방식과 서양에서 초기에 사용하던 상하족답식(上下足踏式) 방식이 동일하다는 것을 알 수 있다. 나중에 풍구를 손으로 조절할 수 있고 힘이 더욱 세고 바람을 일으키는 효과가 더욱 좋은 수평식으로 개량하였다.

❷

114 **두터울 후**

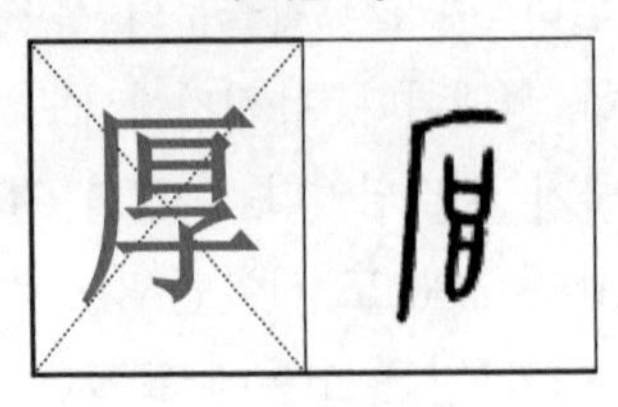

hòu

갑골문의 후(厚)자 는 입구가 크고 바닥이 뾰족한 용기가 무언가에 기대어 있는 모습이다.

후(厚)자의 의미를 통해 도가니(坩鍋)의 사용방식과 관련이 있는 뜻이라는 것을 유추할 수 있다. 구리 광석을 녹이려면 천도의 고온이 필요하다. 구리의 비중은 매우 커서 용광로에서 흘러나온 구리 액체는 고온과 무게를 견딜 수 있는 용기를 사용해야만 담아서 거푸집에 부어넣어서 기물을 주조할 수 있다.

고고학적 발견에 따르면, 초기에는 입구가 큰 도자기 항아리에 흙을 발라 두껍게 한 뒤 사용했다. 상당한 경험을 쌓은 후에야 입구가 크고 바닥이 뾰족한 구리를 녹일 수 있는 도가니를 만들 수 있었다. 후(厚)자가 나타내는 입구가 크고 바닥이 뾰족한 용기는 상나라시기의 유적지에서 발견한 도가니와 매우 유사하다. 도가니의 벽은 매우 두꺼워 무게가 13킬로그램에 달했는데 구리 용액을 포함하면 무게가 최소 20킬로그램 이상이다. 뜨거운 구리 액체를 거푸집에 부어넣기 편리하도록 하기 위해서 윗부분이 무겁고 아랫부분이 가벼운 형태로 설계되었다. 하지만 윗부분이 무겁고 아랫부분이 가벼운 물건은 넘어지지 않게 세워두기 쉽지 않았기에 다른 물건에 비스듬히 기대 놓아야 했다. 도가니의 벽은 일반 용기의 벽보다 훨씬 두껍기 때문에 빌려서 두께의 개념을 표현하는 데 사용했다.(276쪽 그림 참조)

금문의 후(厚)❶자에는 두 가지 자형이 있다. 한 자형은 갑골문의 자형을 계승하고 있다는 것을 알 수 있는데 또한 입구가 크고 바닥이 뾰족한 용기가 다른 물건에 기대에 있는 모습이다.

다른 자형❷은 왼쪽 절반은 큰 입구에 뾰족한 바닥이 있는 용기 모양이고, 오른쪽 절반은 밧줄의 끝에 반원형태의 고리가 달려있는 것으로 보이는데, 도가니를 운반하는 도구로 보인다. 이 글자는 나중에 사용되지 않았다.

『설문해자』에서는 다음과 같이 풀이했다. "후(㫗)는 '두껍다'는 뜻이다. 반(反)과 亯으로 구성되었다. 㫗 부수에 속하는 글자는 모두 㫗가 의미부이다.(㫗, 厚也. 从反亯. 凡㫗之屬皆从㫗.)" "후(厚)는 '산릉'이라는 뜻이다. 엄(厂)으로 구성되었고 㫗로 구성되었다. 垕는 후(厚)의 고문체이다. 后로 구성되었고, 사(土)로 구성되었다.(厚, 山陵之也. 从厂·从㫗. 垕, 古文厚. 从后·土.)" 두 글자로 나누어서 수록했지만 모두 '두껍다'는 의미가 있다. 후자는 자형의 본래 의미를 분석할 때 산릉과 관련이 있다고 잘못 알고 있었던 것이다.

❶

❷

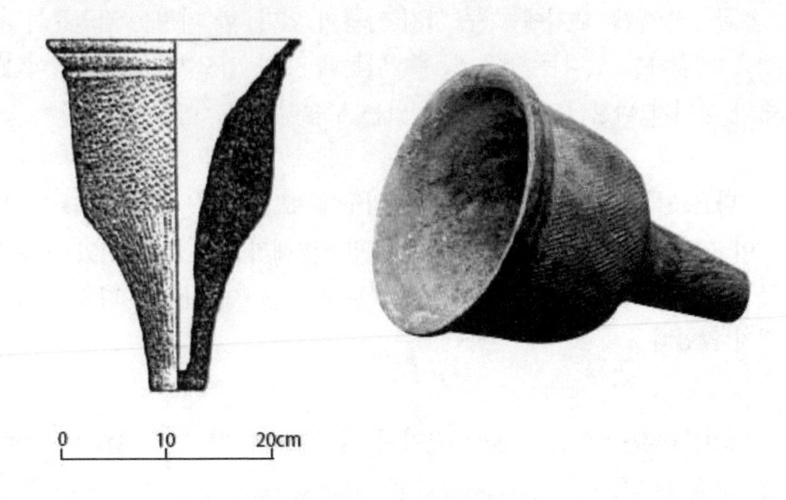

▎홍도용동감와(紅陶熔銅坩鍋).
높이 32센티미터, 지름 22.8센티미터, 하남(河南) 안양(安陽)에서 출토
상(商)나라 후기, 기원전 14~기원전 11세기.

115 **법칙 칙/곧 즉**

zé

상나라와 주나라 사이의 서주(西周) 시기 갑골문 칙(則)자 는 정(鼎)자와 도(刀)자의 조합으로 이루어졌다.

상나라시기 구리 솥은 제사 때 사용하는 기물로, 외관은 반드시 휘황하고 눈부셔야 했는데, 그것은 제사 때 진열해놓은 제물들이 더욱 아름답게 보이도록 하기 위함이었다. 구리칼은 실용적인 절단 도구이며 날카롭고 내마모성이 있어야 했다. 구리 제품을 아름답거나 날카롭게 만드는 것은 구리 대 주석의 합금 비율에 달려 있다. 기물의 성질 상 요구 사항이 다르며, 이상적인 기구를 주조하기 위해서는 원료의 합금 비율 기준이 달라야 하므로 솥(鼎) 한 개와 칼(刀) 한 자루로 '규칙', '원칙' 등의 의미를 나타냈던 것이다.

금문에서 칙(則)❶자의 구조 역시 정(鼎)자와 도(刀)자로 이루어졌지만, 정(鼎)자의 자형이 점차 잘못 변하여 금문의 패(貝)자 의 자형에 가까워졌고 결국 패(貝)와 도(刀)의 구조로 변하였다.

❶

『설문해자』에서는 다음과 같이 풀이했다. “칙()은 ‘물건을 여러 등분하다’는 뜻이다. 도(刀)와 패(貝)로 구성되었다. 패(貝)는 고대에서는 물품을 가리킨다. 은 칙(則)자의 고문체이고, 은 칙(則)자의 주문체이며 정(鼎)으로 구성되었다.(, 等畫物也. 从刀·貝. 貝, 古之物貨也. , 古文則. , 籒文則, 从鼎.)”

즉, 여기서는 칼로 조개 한 마리를 여러 등분으로 나누는 모습이라고 해석하였다. 조개의 껍데기는 매우 단단하여 상나라의 구리칼로는 자르기가 쉽지 않았다. 물론 이것은 잘못된 자형을 기반으로 한 설명이다. 지금은 갑골문과 금문 자형이 있어서 정(鼎)자에서 패(貝)자로 변하는 과정을 쉽게 볼 수 있다. 따라서 『설문해자』의 이 설명은 믿을 수 없기에 채용할 수 없다.

『고공기(考工記)』에서는 합금의 성분에 대하여 다음과 같이 기록하고 있다. “쇠를 6등분하여 6분의 1에 주석(錫)을 넣는 방법을 종정제(鐘鼎之齊)라 하고, 쇠를 5등분하여 5분의 1에 주석을 넣는 방법을 부근제(斧斤之齊)라고 하고, 쇠를 4등분하여 4분의 1에 주석을 넣는 방법을 과극제(戈戟之齊)라 하며, 쇠를 3등분하여 3분의 1에 주석을 넣는 방법을 대인제(大刃之齊)라 한다. 쇠를 5등분하여 5분의 2에 주석을 넣는 방법을 삭살시제(削殺矢之齊)라 하고, 쇠와 주석을 반반씩 넣는 방법을 감수제(鑒燧之齊)라 한다.(六分其金而錫居一, 謂之鐘鼎之齊. 五分其金而錫居一, 謂之斧斤之齊. 四分其金而錫居一, 謂之戈戟之齊. 參分其金而錫居一, 謂之大刃之齊. 五分其金而錫居二, 謂之削殺矢之齊. 金錫半, 謂之鑒燧之齊.)” 비록 역대 학자들은 이 6가지 도구의 합금 처방에 대해 서로 다른 의견을 가지고 있었지만, 청동기물의 성분이 완제품과의 성능의 차이를 유발할 것이라는 데에는 공동된 인식을 가지고 있었다.

현대 실험의 결과, 주석의 함량이 17~20 %일 때 청동 재질이 가장 단단하고 도끼, 미늘창 등 기타 물체를 주조하는 데 적합하다. 주석이 10~40%를 차지하는 경우 경도가 가장 높아 큰 칼날, 칼, 화살과 같고 날카로움이 필요한 도구의 주조에 적합하다. 또한 주석의 성분이 증가하면 청동의 색이 적 구리, 적황, 주황, 담황색에서 회백색으로 바뀐다. 종과 솥은 진열했을 때 아름답고 고상하게 보이기 위해서는 눈부신 적황색을 필요로 하므로 구리 함량이 높아야 한다. 거울은 반사 효과가 좋은 회백색이 필요하므로 주석 함량이 높다.

116 **음률 려**

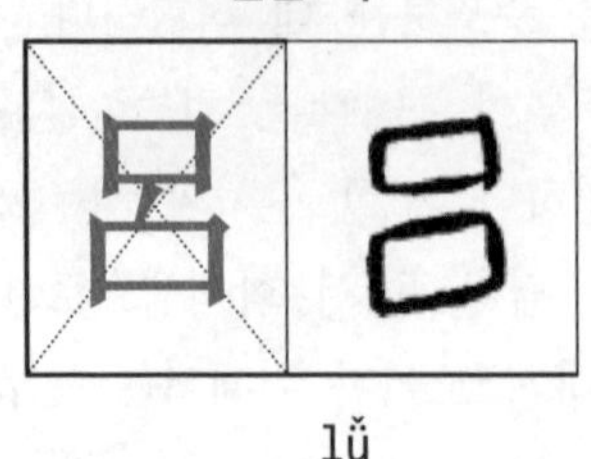

lǚ

갑골문의 려(呂)자❶는 그 뜻이 주조와 관련이 있으며 두 개의 금속 주괴의 모습을 그렸다는 것을 쉽게 알 수 있다.

갑골복사에는 다음과 같은 문장이 있다. "王其鑄黃呂, 奠血, 唯今日乙未利?(왕이 곧 황려(黃呂)를 주조하려고 한다. 피의 의식을 하려고 하는데 오늘 乙未日을 선택하는 것이 유리합니까?)" 전혈(奠血)은 새로 주조된 기물에 피를 발라 신에게 제사를 지내는 의식을 말한다. 려(呂)가 주조와 관련이 있고 또한 노란색이므로 이것은 틀림없이 청동기물 주조에 대한 질문이다.

"王賜X呂, 用乍彝"와 같이 주나라 시기의 청동기 명문에서도 려(呂)자는 대부분 주조기물과 관련이 있었다. 금문의 려(呂)자는 두 개의 네모 모양인 로 되어있거나 또는 두 개의 타원 모양인 으로 되어 있는 것 외에도 때로는 금(金)이 의미부로 추가된 도 보인다. 려(呂)자는 금속 주괴의 모습을 본뜻 것이 틀림없다. 려(呂)자는 광석을 제련한 이후의 모습이다. 본래의 의미는 아마도 '순동'이거나 '어떤 금속 주괴'였을 것이다. 만일 어떤 금속인지 명확하게 가리켜야 할 시에는 황려(黃呂) 또는 노려(爐呂) 등이라고 설명한다.

❶ ❷

『설문해자』에서는 려(呂)자에 대해 이렇게 풀이했다.

"려( )는 '등골뼈'라는 뜻이다. 상형문자이다. 옛날에 대악(大獄)이 우(禹)임금의 심장과 등골뼈와 같은 신하여서 여후(呂侯)에 봉했다고 한다. 려(呂) 부수에 속하는 글자는 모두 려(呂)가 의미부이다. 는 려(呂)의 전서체로, 육(肉)이 의미부이고 여(旅)가 소리부이다.(, 脊骨也. 象形. 昔大獄為禹心呂之臣, 故封呂侯. 凡呂之屬皆从呂. , 篆文呂从肉, 旅聲.)"

갑골문과 금문의 자형 및 사용 의미로부터 그 뜻이 '금속 주괴'임을 알 수 있다. 그러나 허신은 '등골뼈'의 모습으로 해석했는데, 아마도 성씨 려(呂)자와 등골뼈 려(膂)를 같은 글자로 착각했기 때문일 것이다.

117 **주석 석**

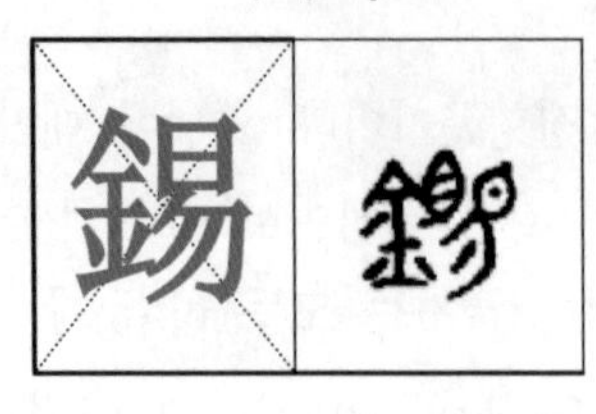

xí

청동 합금의 주요 성분은 서로 다른 비율의 구리와 주석이다. 초기 구리는 금(金)이라고 불렸다.

한나라시기에 이르러서 금이 황금으로 불렸기 때문에 동(銅)자를 만들어 청동이나 구리 재료를 지칭하게 되었다. 상나라시기에는 석(錫)자가 보이지 않는데 어떻게 불렀는지도 모른다.

춘추시기의 청동기물에서 석(錫)자 를 언급하였는데, 이 글자는 세 부분으로 구성되었다. 금(金)은 이 물질이 금속이라는 뜻이고, 역(易)( )은 본래 의미가 아직 확정적이지 않지만 이 글자에서는 소리부로 쓰인다. 다른 구성요소를 려(呂)자와 비교해보면 주석 주괴 모양이라는 것을 알 수 있다. 아마도 화북(華北)의 주석은 대부분이 화남(華南)에서 수입된 것으로, 대부분이 이미 주석 덩어리(주괴)의 모양으로 되어 있었을 것이다. 그래서 글자에 주석 덩어리의 모양으로 표현하였던 것이다. 나중에 이 불필요한 구성 요소는 생략되었다. 『설문해자』에서는 "석(錫)은 은과 납 사이에 있는 금속이다. 금(金)은 의미부이고, 역(易)이 소리부이다.(錫, 銀鉛之閒也. 从金, 易聲.)"라고 풀이했다.

118 쇠 철

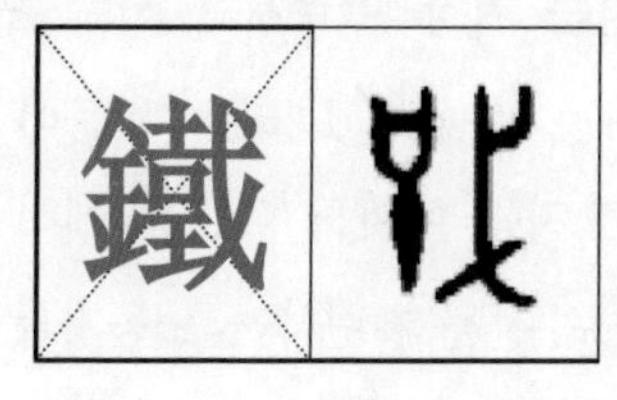

tiě

금속의 분류에 대해 서양에서는 철과 비철금속으로 나누고, 비철금속은 또 구리, 주석, 납, 아연 등과 같이 여러 범주로 구분하였다.

전국시기 말기의 『관자·소광(管子·小匡)』에서는 '미금(美金)'과 '악금(惡金)'으로 청동과 철을 구별한다. 아마도 철은 산화하기 쉽고 녹슬기 쉬워 보기 흉하기 때문인 것 같다.

철은 천연의 형태로 존재하거나 하늘에서 떨어지는 운석에 존재할 수 있다. 서양에서는 적어도 기원전 2,900 년에 이미 운석을 이용해 장신구를 만들었다고 한다. 고고학적 증거에서도 상나라시기에 운석 철을 사용해 무기를 만든 사례를 발견했으며, 그 당시에 이미 철의 날카로운 성질을 알고 있었음이 분명하다. 순철은 은백색으로 단조가 가능하고 길게 늘일 수 있으며 자성이 있어서 귀금속으로 여겨졌으며 '천국에서 온 구리' 또는 '천국의 금속'이라고 불렸다.

일반적으로 철광석은 제련 과정을 거치고 가열을 통해 탄소와 결합하여 여러 성질을 강철로 만들 수 있는데 경도(硬度)와 인성(韌度) 모두 청동보다 낫다. 철은 도구를 만들 수 있고, 이는 작업 효율성을 높이고 생활수준을 향상시킬 수 있다. 또한 무기를 만들어 군사강국이 될 수도 있다. 사람들이 광석을 철로 제련하여 대량의 도구와 무기를 만들 수 있게 되면 사회 문명이 더욱 발전하여 철기 시대에 접어든다.

춘추시기에는 철기의 제조량이 점점 많아지고 전국시기에는 많은 청동기가 철기로 대체되었다. 철(鐵)자는 가장 이르게는 서주 초기로 거슬러 올라갈 수 있다. 『반궤(班簋)』에는 "土馭人"라는 비문이 있는데, 특정 직업의 직함이다. 나중의 철(鐵)자는 아마도 이 글자에서 발전한 것 같다. 일부 학자들은 '人'이 바로 철을 제련하는 노동자를 가리키는 것이라고 주장했다. 춘추시기의 『숙이종(叔夷鐘)』에는 "陶徒四千, 為汝敵(嫡)寮"라는 비문이 새겨져 있다. 후대의 도철(陶鐵)은 흔한 합성어였기 때문에 徒는 철 제련공을 지칭할 가능성이 크다.

『설문해자』에서는 다음과 같이 풀이했다. "철()은 흑금이다. 금(金)이 의미부이고 철(𢧜)이 소리부이다. 은 철(鐵)의 고문체이고 이(夷)로 구성되었다. 은 철(鐵)의 생략형이다.(, 黑金也. 从金𢧜聲. , 古文鐵从夷. , 鐵或省.)" "철()은 '날카롭다'는 뜻이다. 일설에서는 '깎다'는 뜻이라고도 한다. 과(戈)가 의미부이고 정(呈)이 소리부이다.(, 利也. 一曰剔也. 从戈呈聲.)" 철(鐵)자는 𢧜을 소리부로 하고, 𢧜은 '날카롭다'는 뜻이다. 예리한 것이 철의 이용가치이므로, 𢧜은 철(鐵)자의 초기형태가 맞을 것이다.

문자 변화의 규칙에 따르면 의 일부인 은 정(呈)으로 변할 확률이 매우 높으므로 은 𢧜의 초기 자형이고 철(鐵)의 원형이다.

자의 본래 의미는 대체로 다듬잇돌 침(砧(呈)) 위에서 무기 과(戈)를 단조하는 데에서 뜻을 취한 것 같다. 철의 성질은 부드럽지만 탄소를 첨가하면 단단하고 날카로워져서 예리한 도구를 만드는 데 매우 적합하여 단단한 다듬잇돌 위에서 여러 번 가열 및 단조해야한다. 따라서 𢧜자가 철의 초기 자형인 것은 합리적이며 '철'과 '예리하다'는 두 가지 뜻을 모두 가지고 있는 것이다. 철은 금속의 일종이며 나중에 금(金)을 의미부로 추가해 철(鐵)이 된 것이다. 후대에 주조 산업은 종종 도자기 산업과 함께 언급되었으므로 도철도(陶□徒)는 도자기 또는 철 산업에 종사하는 노동자를 가리키게 되었다.

철은 산화되고 녹이 쓸어서 갈색을 띠기 쉽다. 만일 철기가 오랫동안 땅에 묻혀 있게 되면 불가피하게 지하의 수분에 노출되어 흔적 없이 부식되기 때문에 언제부터 철의 성질을 알고 철을 사용하여 기물을 만들었는지는 실물로 증명하기 어렵다. 과거에 중국에서는 춘추시기 말기 이전에는 철을 제련했다는 사실이 없다고 많은 사람들이 의심하면서 철을 언급한 초기 문헌에 대해서도 온갖 방법으로 모두 부정적인 해석을 했다.

그러나 20세기에 하북 평곡(河北平谷)과 고성(藁城)에서 2 개의 상나라 중기 유적이 발굴되었고 철날이 박힌 청동 무기 2 개가 발견되었다. 이는 중국이 3천 년 전에 이미 철이란 금속을 알고 있었을 뿐만 아니라 철의 예리한 성질에 대해서도 알고 있었으며 철재를 날카로운 칼날로 단조한 다음 창이나 도끼 같은 류의 무기로 주조할 줄도 알고 있었음을 증명하고 있다. 다행스럽게도 철제 칼날은 청동 무기로 주조되어 완전히 산화되지 않았으며 현대의 도구로 철이 존재했다는 흔적을 측정할 수 있다. 만일 전체 무기가 철로 만들어졌다면 흔적도 없이 부식되었을 것이다.

분명히 중국인들은 운석에서 철의 성질에 대해 알게 되었으며 이는 사람들이 철광석을 찾도록 유도하였다. 이미 발굴된 상나라시기의 유적지에서 철제 도구를 발견한 것은 한 번에 그치지 않았다. 그리하여 서주시기에 이미 철을 대표하는 문자인 철(鐵)자가 있었다는 것은 전혀 놀라운 일이 아니다.

중국의 철광석 분포도 구리 및 주석 광상보다 넓다. 철광석을 제련하여 얻는 철은 대략 두 가지 종류로 나뉜다. 하나는 해면철(海綿鐵)로 숙철(熟鐵)이라고도 불리는데, 다른 불순물을 녹여 버리고 철괴를 남긴 것이다. 상단에 불순물을 태우는 구멍들이 있는 모습이 마치 스펀지와 흡사하다고 하여 해면철이라고 한다. 이런 종류의 철은 탄소 함량이 낮고 성질이 부드러우므로 탄소가 철에 침투하여 강철이 되도록 지속적으로 단조하여야 한다. 다른 하나는 섭씨 1,200도 이상의 온도에서 녹인 선철 또는 괴범철(塊範鐵)로, 이 철은 탄소가 3% 이상 포함되어 있어 성질이 취약하여 깨지기 쉽다. 이런 종류의 철은 압출된 탄소의 함량이 약 1%정도가 되도록 단조하여야만 강철이 된다.

서양에서는 철이란 금속 및 숙철을 강철로 단조하는 기술을 알고 있었고 중국보다 늦지 않았지만, 선철 제조는 중국보다 적어도 수백 년은 늦었다. 이것은 아마도 중국인들이 거푸집을 사용해 기물을 주조하는 것을 선호했기 때문인 것 같다. 앞에서 이미 소개된 상나라시기의 다양한 청동기 주조 가공 방법 중 주물뿐만 아니라 심지어 꽃무늬, 부품 등의 가공에도 거의 거푸집 주조 한 가지 방법만 사용하였다.

온갖 방법을 동원해 용광로의 온도를 높이고 철광석을 액체 상태로 녹이고 기물을 주조하였기 때문에 비로소 선철이 그렇게 일찍 발견되었던 것이다. 서양인들은 도구를 만들기 위해 단조방법을 사용하는 것에 습관이 되어서 철괴를 녹일 필요가 없었던 것이다. 선철로 기물을 주조한다면 생산 시간을 대폭 단축하고 원가를 절감할 수 있으므로 중국에서 선철이 발명된 후 제련업이 크게 발전하였고 기타 산업도 더욱 발전하여 철기 시대에 접어들었다.

▌하북(河北) 대서성(臺西城) 상(商)나라 유적에서 출토된 철제 칼날(鐵刃)과 청동 도끼(銅鉞)

119 **풀무 야**

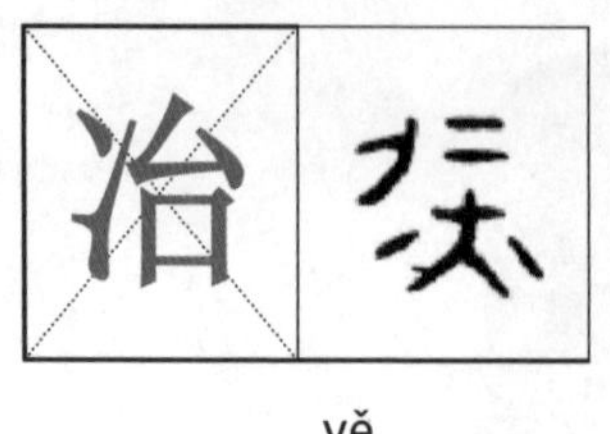

yě

철 제련, 도자기 제련, 제련, 야금은 모두 야(冶)자와 관련된 일반적인 어휘들이다. 야(冶)자는 철기 사용 후에 나타난 글자로, 철 단조 기술과 관련이 있다.

금문에서 야(冶)자❶는 여러 번 나타났고 꽤 복잡한 자형인 을 취하고 있는데, 대체로 도(刀) , 화(火) , 금속 찌꺼기 , 그리고 다듬잇돌을 나타내는 침(砧) 등 여러 구성요소가 있음을 알 수 있다. 야(冶)자는 불로 가열하고, 다듬잇돌 위에서 단조한 선철로 만든 칼을, 과도한 탄소와 불순물을 제거하기 위해 두드리는 모습을 나타냈을 것이다. 어쩌면 숙철을 반복적으로 숯불로 가열하고 탄소를 침투시키고 단조하여 탄소를 균일하게 분포되게 하거나 불순물을 압출한 침탐(滲碳)으로 단조하여 기물을 만드는 방법일 수도 있다. 요컨대, 야(冶)자는 철기를 단조하는 것과 관련된 기술을 나타내야 한다. 때로는 일부 구성 요소를 줄이거나 생략하였지만 마지막에는 자형 을 선택한다.

❶

『설문해자』에서는 야(冶)자에 대해 이렇게 풀이했다. "야(𠊱)는 '팔다'는 뜻이다. 빙(冫)이 의미부이고, 태(台)가 소리부이다.(𠊱, 銷也. 从, 台聲.)" 이것은 소전의 자형에 근거한 설명일 뿐이다. 야(冶)자에 이렇게 복잡한 자형들이 있다는 것을 알면 허신도 형성자로 해석하지 말아야 한다는 것을 알았을 것이다.

120 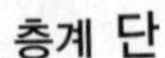
층계 단

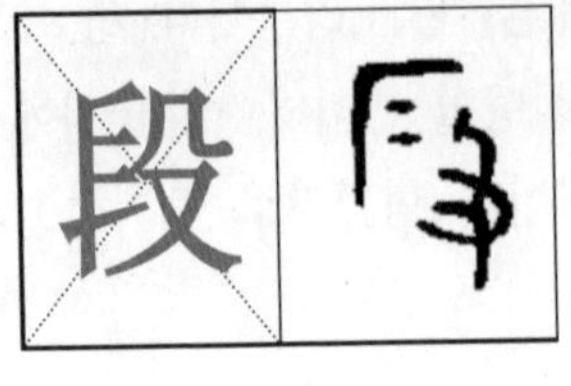

duàn

단조의 단(鍛)자는 금(金)을 의미부로 하고, 단(段)을 소리부로 한다. 단(段)자가 원래의 자형일 가능성이 크다.

금문의 단(段)자❶는 한손에 도구를 들고 산속에서 두 개의 금속 주괴를 발굴해낸 모습이다. 광석을 채굴하려면 도구로 바위에 놓고 두드려야 하므로 '두드리다'는 의미가 생겨났다.

『설문해자』에서는 다음과 같이 풀이했다. "단(段)은 '뾰족한 물건'이라는 뜻이다. 수(殳)가 의미부이고 단(耑)의 생략형이 소리부이다.(段, 椎物也. 从殳, 耑省聲.)" 허신은 단(耑)의 생략형을 소리부로 해석했다. 부분은 단(耑)의 생략형과 같지 않을 뿐만 아니라 바위를 두드려서 광석을 떨어뜨리는 장면을 표현하므로 형성자로 해석하는 것은 받아들이기 어렵다.

❶

121 **나아갈 진/진나라 진**

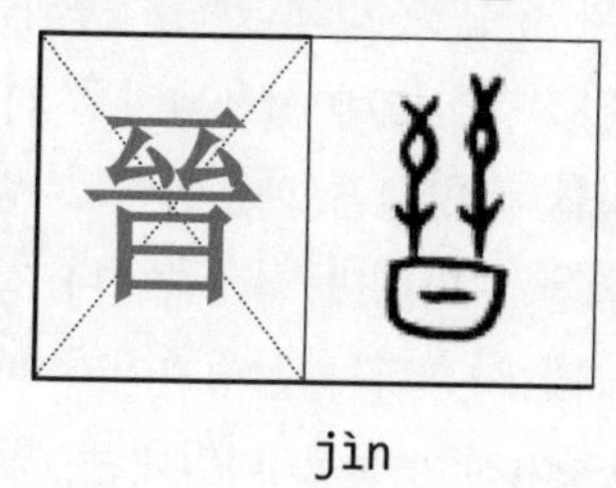

jìn

갑골문의 진(晉)자는 지명이며 뜻은 금속 제조업과 관련이 있다. 자형은 화살의 모양과 관련이 있는 것이 분명하며 두 개의 화살이 태양 모양의 물건 위에 있음을 나타낸다.

금문 자형 ❶은 갑골문의 자형과 거의 비슷하지만 태양 모양의 물건이 잘못 변하여 감(甘)자와 비슷해졌다.

『설문해자』에서는 다음과 같이 풀이했다. “진(晉)은 ‘들다’는 뜻이다. 해가 뜨면 만물이 든다. 일(日)로 구성되었고 진(臸)으로 구성되었다. 『주역(周易)』에서는 ‘밝은 것이 나오면 지상의 것은 들어간다.’고 했다.(晉, 進也. 日出而萬物進. 从日从臸. 易曰 : 明出地上晉.)” 태양 모양이 분명히 진(臸) 아래에 있어 태양이 하늘 높이 걸려있다는 천계의 사실과 부합하지 않는다. 다른 뜻이 있어야 한다.

❶

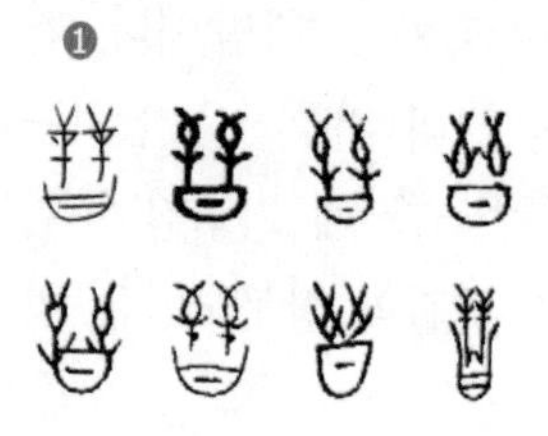

진나라시기와 한나라시기에 진(晉)자는 지명으로 사용되는 것 외에도 화살촉이나 창고달 등 간단한 모양의 주물을 만드는데 사용되는 두 개의 거푸집으로 주조된 형태의 기물을 지칭하는데 사용되기도 하였다. 후세의 주석가들은 그것은 독음인 소리를 가차했기 때문이라고 생각했다. 사실 진(晉)자는 짝을 이루는 거푸집을 나타내며 화살촉이나 창고달과 같은 것을 주조하는 것을 표현하는 데 사용되는 상형자이기 때문에 고대문헌에서는 두 개의 거푸집으로 만들어진 주물을 나타내는 데 사용했던 것이다. 이 글자의 본래 의미는 대략 다음 페이지의 그림과 같다.

왈(曰)은 거푸집이 맞물린 후의 주입구이며 (그리하여 때로는 원𣅀으로 표시됨), 두개의 화살은 병렬 또는 상하로 된 거푸집의 화살촉 홈을 나타낸다. 왈(曰)과 일(日)의 모양이 절대적으로 비슷하기 때문에 지금까지 문자학자들은 태양과 화살 사이의 합리적인 관계를 찾을 수 없었다. 이 그림을 통해 진(晉)자와 촉(鏃), 돈(鐓) 등의 의미 관계를 이해하는 것은 어렵지 않을 것이다.

금속의 주조 절차는 먼저 거푸집을 만들고, 즉 먼저 점토로 원하는 물체와 같은 크기의 거푸집을 만들고, 그런 다음 거푸집을 쉽게 뒤집기 위해 위에 무늬나 문자를 조각한다.

거푸집을 뒤집는 방법은, 여과된 미세 진흙을 적셔서 두드려서 평평한 진흙 조각으로 만든 후 거푸집의 외부에 눌러 붙이고 힘껏 눌러 무늬와 같은 세부사항들이 진흙조각 위에 새겨지도록 하는 것이다. 진흙조각이 반쯤 건조되면 칼로 여러 조각으로 나누고 널어서 말리거나 불에 구워서 각 조각이 거푸집이 되게 한다. 마지막 절차는 '합범'이다. 거푸집에서 주조할 기물의 두께를 긁어 낸 다음 한 쌍의 거푸집을 합치는 것이다. 둘 사이의 공간이 기물의 두께가 된다. 주조할 때 거푸집의 위치가 어긋나서 실패하지 않도록 내부 및 외부 거푸집의 장붓구멍은 맞

물리게 하고 밧줄로 단단히 묶은 다음 흙을 발라서 견고하게 한다. 그런 다음 주입구로 구리 액체를 붇는다.

이와 같이 시간이 많이 걸리고 복잡한 주조법은 중국에서 초기에 청동기를 주조하는 유일한 방법이었으며, 부품과 수리조차도 같은 방법을 사용했다. 이것은 중국의 주조기술의 특징이며 탈랍법(脫蠟法)이나 리벳, 용접, 납땜과 같은 서양의 가공 방법과는 매우 달랐으며 또한 중국이 독자적으로 주조 기술을 발전시켰다는 것을 보여주는 가장 유리한 증거이기도 하다.

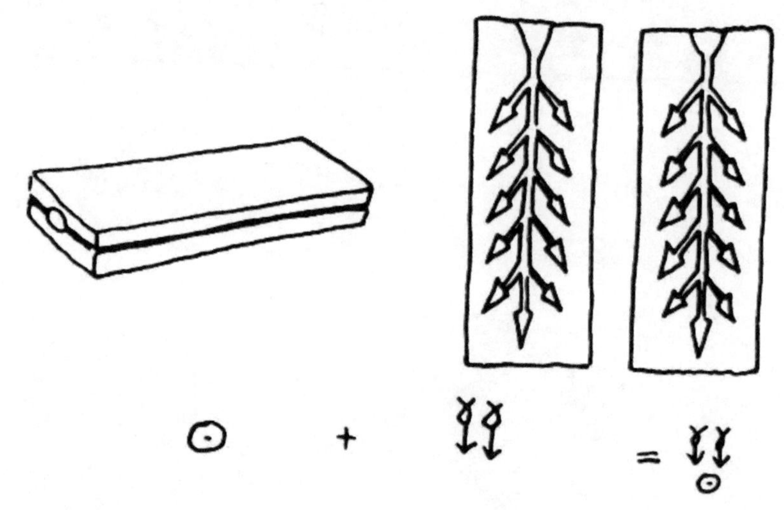

진(晉)자의 본래 의미 도해, 쌍편 거푸집 주조방식

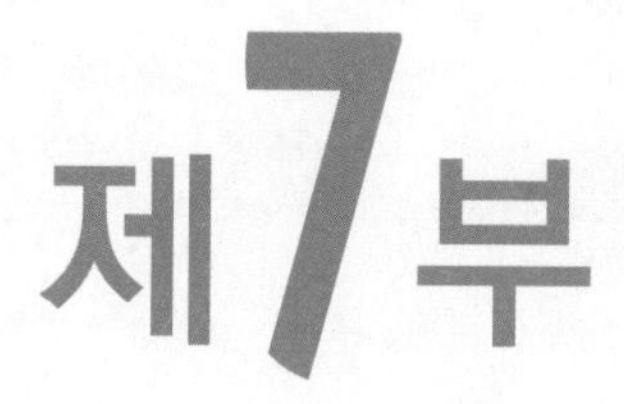

물자교류
화폐와 상업

第7부
물자 교류
화폐와 상업의 보급

다양한 생산과 제조를 위해 사회에는 갖은 기술과 직업이 존재하면서 사회에 필요한 물자를 공급한다. 시대의 요구에 따라 상업 활동과 상업적 메커니즘도 생겨났고, 상업 활동은 상품의 표준화와 계량 도구의 체계화를 촉진시켰다.

시대의 변화에 따라 생산량과 생산 품질을 높이기 위해 사회는 점차 분업을 하게 되었다. 처음은 부족 내의 분업이었으나 점차 특정 부족이 전문적으로 특정 직업에 종사하는 것으로 진화하였다. 분업은 생산 불균형을 가져왔고 이로 인해 잉여 제품의 상호 교환이 필요하게 되었다. 상고시기에는 사유 재산이 없었고 교역은 부족과 부족 사이에서만 일어났다. 가족과 가족 사이에서도 우정을 강화하기 위해 선물을 교환하였다. 이러한 물건의 교환이 바로 초기 상업 행위였다.

초기 사회에서는 분업이 세분화되지 않았고 사람들은 주로 생활에 필요하지만 스스로 만들 수 없는 물건이나 또는 근처에서 생산되지 않는 재료나 장신구를 교환했다. 이러한 교역 행위는 일반적으로 비정기적이었으며 거래가 끝난 후에는 바로 제자리로 돌아갔다. 나중에 사회가 발전하여 사람들이 사유 재산을 소유하게 되자 교역은 개인과 개인 사이로까지 확대되었고 상품 제작 또한 갈수록 점점 전문화되었다. 일반적으로 정착 생활은 유목 생활보다 교역이 더 필요한데, 이는 유목 생활은 활동범위가 넓고 비교적 쉽게 생활에 필요한 물자를 채집할 수 있기 때문이다.

옛날 사람들은 교역 장소를 흔히 사람들이 자주 모이는 곳으로 골랐다. 사람들이 모이긴 했지만 아직 마을이 형성되지 못한 시대에서는 아마도 모두가 물을 길으러 오는 물가가 물건을 교환하는 곳이었을 것이다. 사람들이 모여서 거주하던 곳이 마을을 형성한 후에는 몇 가구가 협력하여 파놓은 우물이 있는 곳이 사람들이 물을 긷거나 빨래를 하는 장소가 되었고 교역 장소가 되었기 때문에 나중에는 '시정(市井)'이라는 단어가 생겨났던 것이다.

전설에 따르면 시장 교역 제도를 처음으로 만든 사람은 신농씨(神農氏)라고 한다. 『주역·계사하(周易·繫辭下)』에서는 "신농씨……해가 중천에 떴을 때 물물교환을 하는 장소가 시장(市)이다. 천하의 백성들이 이르고 천하의 물건이 모이며 교역을 마치면 물러가는 곳이다.(神農氏……日中為市, 致天下之民, 聚天下之貨, 交易而退.)" 라고 하였다. 그때는 농업이 막 발달한지 얼마 안 되어 생활 형태가 단순하고 사회적 분업도 세밀하지 않은 시대여서 교역의 수량이나 종류가 많지 않았고 활동범위도 제한적이었으며 가끔 먼 곳에서 교환하여 가져온 희귀품이 있을 뿐이었다. 그리하여 인근 지역에서 생산되지 않는 특정 제품이 어떤 유적지에서 발견된다면 그것은 상업 활동을 통해 교환되어 온 것으로 판단할 수 있다.

지금으로부터 7,900 년 전의 것으로 측정된 하남성 신정현 배리강(河南新鄭裴李崗)의 한 유적지에서 녹송석(綠松石)이 발견되었다. 가장 가까운 녹송석 산지는 호북(湖北)인데 신정(新鄭)에서 최소한 수백 킬로미터는 떨어진 곳이므로, 신정현의 이 녹송석은 먼 곳에서 교환하여 가져온 것임이 틀림없다.

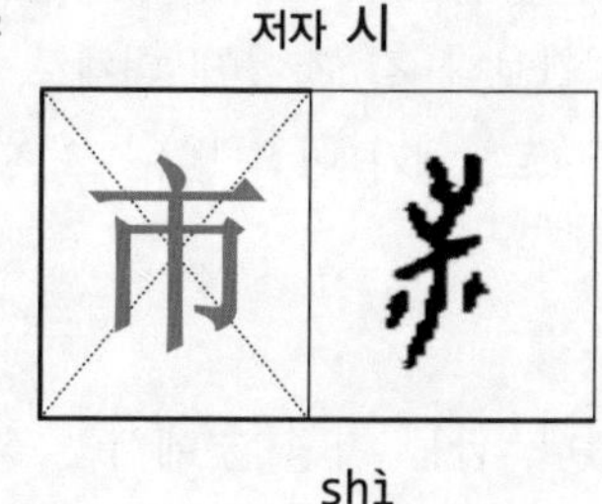

갑골문의 시(市)자는 인데, 문자 변화의 규칙으로 보면 비교적 이른 시기의 자형은 아마도 이었을 것이다.

이는 장대 위에 무언가가 있는 모습인데 나중에야 비로소 별 의미가 없는 장식용 점이 추가되었다. 장대 위에 있는 것은 도대체 어떤 물건인가? 『주례·사시(周禮·司市)』에는 다음과 같은 기록이 있다. "(凡市, 入則胥執鞭度守門, ……上旌于思次以令市)"(교역을 하기 위해 시장에 들어갈 때마다 양손에 채찍과 곤장을 들고 입구를 지키는 사람을 보게 되고…… 사차옥루(思次屋樓)에 깃발을 걸어 거래 시작을 알렸다.) 주석에서는 "깃발을 걸어놓은 자는 사람들이 모두가 깃발을 본다고 생각했다. 깃발을 본다면 당신이 시장에 있다는 것을 알 수 있다. 사차(思次)는 지금의 시장 관리사무소와 같다."고 말하고 있다. 갑골문의 시(市)자는 틀림없이 장대에 높이 걸어놓은 깃발일 것이다. 그래야 사람들이 멀리서 볼 수 있고, 시장이 열린다는 것을 알 수 있으며, 상품을 교환 할 수 있기 때문이다. 그리하여 시(市)자에는 '거래 장소'의 의미가 있다.

갑골문의 '시일(市日)' 은 시간부사로, 아침과 점심 사이의 시간을 가리킨다. 상나라시기 사람들은 대부분 농업에 종사하여 이른 아침부터 밭에서 일을 했는데 이 시간을 '단(旦)' 또는 '신(晨)'이라고 불렀다. 그다음은 해가 밝은 빛을 뿜는 '대채(大采)'이다. 이어서 아침 식사를 하는 '대식(大食)' 이 있고 다음은 해가 하늘 높이 걸리게 되는 '일중(日中)' 또는 '중일(中日)'이다. 그다음은 해가 서쪽으로 기울기 시작하는 '측(昃)'이고, 이어서는 두 번째 식사를 위한 '소식(小食)' 시간이다. 그 후로는 점점 해가 저물고 날도 어둑어둑해져서 장사를 할 수 없게 된다. 상나라

시기의 '시일(市日)'은 틀림없이 신농씨가 정한 '일중위시(日中為市, 해가 중천에 떴을 때 시장이 열린다)'라는 시간보다 길 것이며 대체로 '대식(大食)'이후, '(소식(小食)' 이전의 몇 시간으로, 해가 아직 밝은 그 시간일 것이다.

그 시기에는 아직 상설 가게가 없었다. 금문 자형 ⿱에서는 장대가 시장의 표지(물)에서 분리되었다. 『설문해자』에서는 시(市)자에 대해 다음과 같이 풀이했다.

> "시(⿱)는 '매매를 할 때 가는 장소'라는 뜻이다. 시장에는 울타리가 있으며, 경(冂)으로 구성되었고 ㇂으로 구성되었다. ㇂은 급(及)의 고문체인데 사물들이 모두 잇닿아 있는 모습을 그린 것이다. 지(之)의 생략형이 소리부이다. (⿱, 買賣所之也. 市有垣, 从冂, 从㇂. ㇂, 古文及, 象物相及也. 之省聲.)"

소전에 이르러 또 다시 잘못된 변화가 생겨 장식인 두 개의 작은 점이 연장되었다. 그리하여 허신은 매매 장소에는 담장이 있다는 해석을 하게 되었던 것 같다.

초기의 시장이 후대처럼 둘러싼 담장이 있었는지는 감히 확언하지 못하지만, 갑골문과 금문 자형에서는 담장의 모습이 나타나지는 않는다.

123 사귈 교

交

jiāo

124 바꿀 역

易

yì

갑골문의 교(交)자❶는 두 발을 교차시켜 서 있는 성인의 모습을 그린 것으로 추상적인 교차 현상을 나타낸다. 그런 자세로 서있는 것은 무게 중심이 불안정하여 오래 지탱할 수 없기 때문에 정상적인 상황에서는 그렇게 서있지 않을 것이다. 만일 앉은 모습이라고 한다고 해도 고대에는 의자에 앉는 버릇이 없었기 때문에 이것은 아마도 생활 습관이 아니라 의도적으로 이런 자세로써 '교역(交易)'과 관련된 추상적인 의미를 표현하려는 것일 수 있다.

위에서 『주역·계사하(周易·繫辭下)』를 인용하였는데, 거기에는 "交易而退(교역이 끝난 후 물러가다)"라는 말이 있다. 갑골문의 역(易)자❷는 마치 부드러운 몸에 딱딱한 껍질을 가진 생물이 바위 표면을 기어 다니며 흔적을 남기는 것과 같은 형상이다.

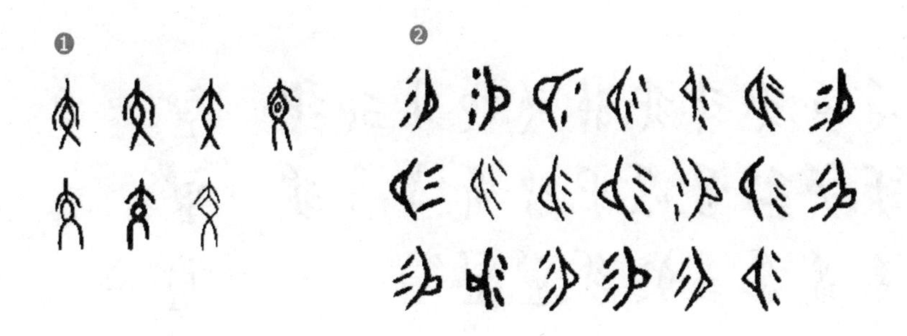

만일 이 생물의 모습만 묘사한다면 다른 글자와 혼동될 수 있으므로 생활환경에 대한 묘사를 추가해야 했다. 말조개류의 껍질은 매우 단단하고 갈라진 부분 또한 매우 뾰족하여 곡식을 수확하는 도구로 사용할 수 있으며 중요한 초창기 농기구였기 때문에 (소재로) 가져다가 글자를 만드는 주제로 삼을 수 있었다. 역(昜)이 말조개의 상형자라는 이 추측은 아직 사실임을 증명할 수 있는 증거가 없다. 이 글자는 갑골복사에서 '변화', '하사', '역일 (활짝 갠 날)' 등 의미로 쓰인다. '하사'도 일종의 선물 교역 행위이다. 주변국이 종주국에 거북 껍질, 말, 바다 조개, 옥석 등 지방 특산품을 조공으로 바쳤고, 종주국도 '하사' 명의로 답례선물을 줬는데, 이것은 모습만 바뀐 형태로 교역 목적을 이룬 것이다. 어쩌면 이 때문에 역(昜)자에 '증정', '하사' 및 '교역'의 의미가 생겨났을 수도 있다.

금문❸에 이르러 자형이 변하기 시작하여 사선이 바깥쪽으로 휘었던 [glyph]이 사선이 안쪽으로 휜 [glyph]으로 바뀌고 반원도 위로 올라가 [glyph] 모양이 되고, 또 안쪽에 작은 점이 추가되어 [glyph]가 되었다. 그리하여 사람들은 도마뱀과 같은 생물 모습으로 오해하였다. 후기에는 자형❹도 생겨났는데 마치 물웅덩이에 물이 곧 넘쳐날듯 한 모습을 하여 익(益)자의 생략형이라고도 한다.

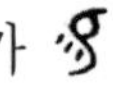

❸ ❹

『설문해자』에서는 역(易)자에 대해 다음과 같이 풀이했다.

"역(易)은 도마뱀, 벽호, 수궁을 가리키며 상형자이다. 『비서(祕書)』에서는 일(日)자와 월(月)자를 조합하면 역(易)이 되는데, 음양의 교체를 그린 것이다. 일설에서는 물(勿)로 구성되었다고 한다. 역(易) 부수에 속하는 글자들은 모두 역(易)이 의미부이다.(易, 蜥易·蝘蜓·守宮. 象形. 祕書說曰 : 日月為易. 象陰陽也. 一曰从勿. 凡易之屬皆从易.)"

갑골문의 자형으로부터 "역(易)은 일(日)자와 월(月)자의 조합이다"라는 견해가 확실히 잘못된 것임을 알 수 있다. 도마뱀의 모습과 같다는 견해에 대해서는 위에서 이미 자형의 잘못된 변화 때문이라는 것을 명확히 밝혔다. 게다가 도마뱀은 기어가면서 눈에 띄는 흔적을 남기지 않는다.

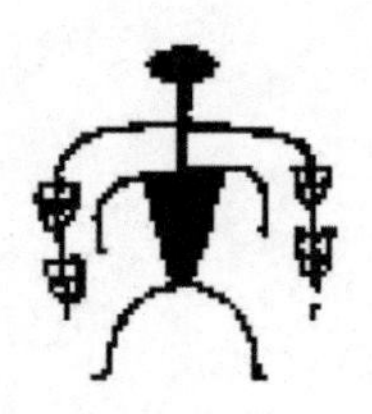

125

바탕 질

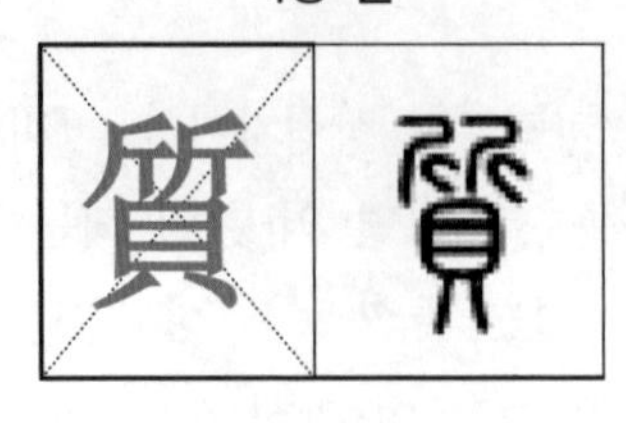

zhí

『설문해자』에서는 질(質)자에 대해 이렇게 풀이했다. "질(𧷿)은 '물건을 저당 잡히다'는 뜻이다. 패(貝)로 구성되었고, 은(斦)으로 구성되었다. 소리는 명확하지 않다.(𧷿, 以物相贅. 从貝从斦. 闕.)"

이 글자는 아직 초기 자형이 보이지 않지만 반드시 존재했을 것이다. 소전의 자형은 두 자루의 돌도끼로 하나의 조개를 교환하는 교역행위를 나타낸다.

화폐를 사용하기 전에는 물물교환의 방식으로 교역하였다. 주나라 초기의 『역경·여괴, 손괴(易經·旅卦巽卦)』에는 "得其資斧", "喪其資斧"가 있으며, 그 뒤의 『거궤(居簋)』에는 "舍余一斧, 貨余一斧)" 라는 청동기 명문(銘文)이 있는데, 모두 고대에는 돌도끼 또는 청동도끼 등 도구로 물건을 교환했음을 나타낸다. 좋은 석재는 어디에서나 구할 수 있는 것이 아니었으므로 품질이 좋은 돌도끼는 사람마다 얻고 싶어 하는 것이었으며 늘 교환하는 물품이 되었다.

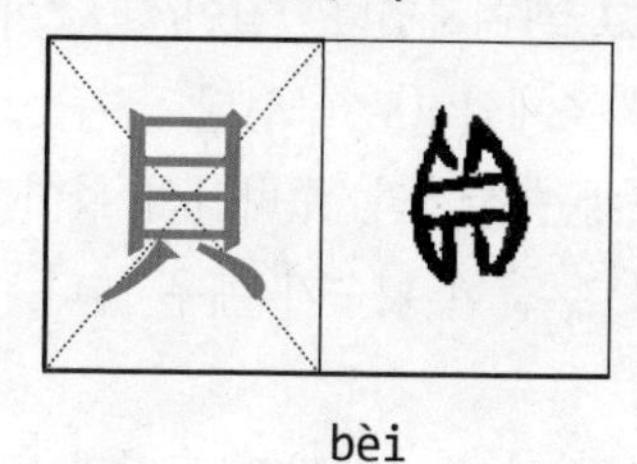

갑골문의 패(貝)자❶(), 이 자형은 가장 사실적으로 조개의 배를 그렸다.

중국에서 발견되는 조개는 인도양과 남중국해 도서 근처의 따뜻한 해역에서 생산된 것이다. 특히 이 조개는 개체가 가볍고 모양이 균일하며 길이는 일반적으로 약 2센티미터 정도인데 쉽게 손상되지 않아서 꿰어서 아름다운 장식품을 만들 수 있다. 보관과 휴대가 편리하며 화북지역(華北地區)의 사람들이 보편적으로 좋아하는 물품이며 중국 북방과 해안지역 간의 교역에서 아주 중요한 상품이기도 하다.

북방에서는 바다조개껍질을 구하기가 쉽지 않기 때문에 가치가 있는 물품으로 간주되었고 패(貝)자로 교역활동 및 귀중품을 나타내게 되었다.

질(質)자는 두 자루의 도끼와 하나의 조개껍질을 바꾸는 모습을 그렸는데, 전자는 일상생활의 필수품이고 후자는 진귀한 물자로, 둘 다 사람들이 자주 교환하는 것이었으므로 '등가'의 의미가 생겼다.

❶

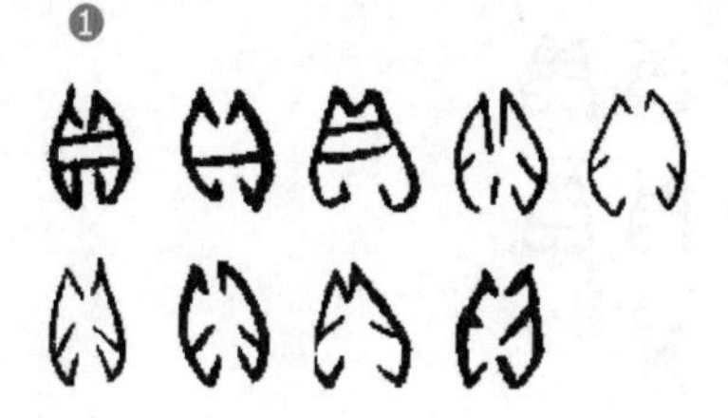

『주례(周禮)』에는 '질인(質人)'이라는 직책이 있는데, 상업 계약을 주관하고 관아의 대규모 교역을 책임지고 관리하였다. '질인(質人)'이라는 명칭으로 '경리' 직무를 나타낸 것이다. 조개껍질로 구성된 글자는 뜻이 대부분 '상업', '가치'와 관련이 있다. 조개는 상나라, 주나라의 왕이 신하에게 상을 내릴 때 사용한 귀중한 선물로, 출현 횟수가 매우 높다.

금문의 패(貝)자❷는 자형이 점차 변화하여 조개껍질 모양과 달라졌다. 『설문해자』에서는 패(貝)자에 대해 이렇게 풀이했다.

> "패(貝)는 상형자로 뜻은 '바다 곤충'이다. 육지에서는 이름이 표(猋)이고 물에서는 이름이 함(蜬)이다. 고대 사람들은 조개껍질을 화폐로 삼았고 거북을 보물로 여겼다. 주나라 시기에 이미 금속화폐가 생겼으나, 진(秦)나라 시기에 이르러서야 조개껍질 화폐가 폐지되었고 금속화폐가 유행했다. 무릇 패(貝) 부수에 속하는 글자는 모두 패(貝)가 의미부이다.(貝, 海介蟲也. 居陸名猋, 在水名蜬. 象形. 古者貨貝而寶龜, 周而有泉, 至秦廢貝行錢. 凡貝之屬皆从貝.)"

비록 자형이 변하였지만, 『설문해자』에서는 여전히 이것이 조개껍질의 상형자라고 이해하고 있다.

❷

바다조개는 원래 희귀함과 아름다움으로 인해 화북(華北)지역 사람들에게 가치가 있는 물건으로 간주되어 장식품으로 만들어졌지만 나중에는 교역의 매개물로 삼게 되었다. 바다조개의 역할 변화는 조개의 가공 방법에서 대략적으로 발견할 수 있다. 상나라시기의 무덤에 묻힌 조개껍질을 시대의 순서대로 보면, 맨 처음에는 온전한 상태였으나 이어서는 등딱지에 하나 또는 두 개의 작은 구멍을 뚫어 줄로 꿰어서 목에 걸면서도 조개의 온전함과 아름다움을 유지하였다. 그 다음에는 큰 구멍을 뚫는 것이었는데 이는 조개껍질의 아름다운 모습이 크게 줄어들었다. 아마도 그때부터 이미 화폐성질을 가지고 있었을 것이다. 마지막에는 조개 등딱지의 튀어 나온 부분을 갈아서 거의 평평하게 만들었다.

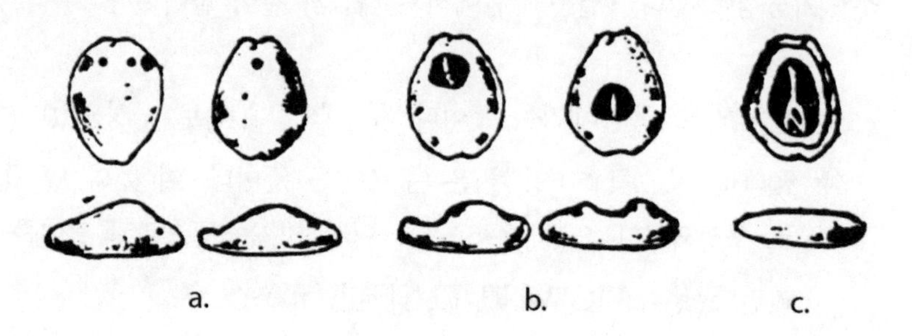

▌상나라 조개화폐 세 발전단계.
a. 작은 구멍을 뚫은 시기 b. 큰 구멍을 뚫은 시기 c. 표면 연마 시기

위 그림에서 보여주듯이 조개껍질을 납작하게 갈아서 무게를 줄이고 휴대하기 편하게 만들었는데 이때는 이미 화폐교역의 역할을 했을 것이다.

127 어린아이 영

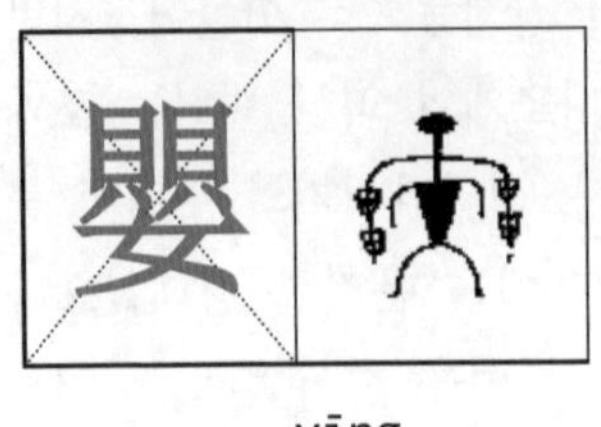

yīng

금문에는 씨족의 표지역할을 하는 영(嬰)자❶가 있는데 많은 조개를 꿰어 만든 목걸이를 하고 정면으로 서있는 사람의 모습을 나타낸다.

황제가 제복 체계를 만든 이후 중국 성인 남자들은 목걸이를 허리에 차는 패옥으로 바꾸었는데 그 이후 목걸이를 거의 사용하지 않았기 때문에 주로 남자를 대표하던 대(大)를 여(女)로 바꾸어서 영(嬰)자가 되었을 가능성이 있다. 『설문해자』에서는 다음과 같이 풀이했다.

> "영(賏)은 '목걸이'라는 뜻이다. 두 개의 패(貝)로 구성되었다.(賏, 頸飾也. 从二貝.)" "영(嬰)은 '두르다'는 뜻이다. 여(女)와 영(賏)으로 구성되었다. 영(賏)은 '조개를 연결하다'는 뜻으로 목걸이를 가리킨다.(嬰, 繞也. 从女·賏. 賏, 貝連也, 頸飾.)"

『설문해자』에서는 영(賏)과 영(嬰)으로 분석하고 있는데, 하나는 '목걸이', 하나는 '두르다'라는 뜻으로 목에 둘러서 사용하는 것임을 나타냈던 것이다.

❶

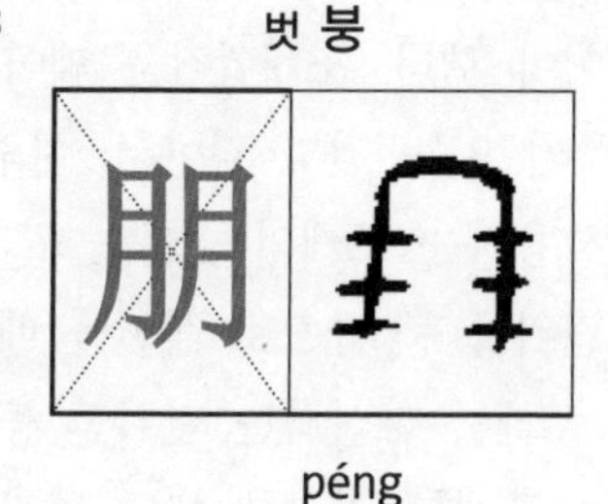

갑골문의 붕(朋)자❶는 위에 설명한 글자 영(嬰)자의 뜻으로부터 이 글자는 목걸이 모양이라는 것을 알 수 있다.

사람들은 늘 목의 뒷부분을 볼 수 없었기 때문에 가슴 앞부분만 조개껍질로 연결시키고 양쪽의 숫자가 같게 하여 로 되게만 하면 되었다. 나중에 쓰기의 편의를 위해 목 뒷부분을 처음에는 직선으로 썼다가 결국 분리된 선으로 표시하여 가 되었다. 금문의 붕(朋)❷자는 상나라 후기의 자형을 승계하였다.

『설문해자』에서는 붕(朋)자에 대해 이렇게 풀이했다. "본( )은 봉(鳳)의 고문체이다. 상형자이다. 봉황이 날면 새무리가 따르는데 그 수가 수 만 마리이다. 그리하여 '붕당'이라는 말이 생겨났다. 도 봉(鳳)의 고문체이다.(, 古文鳳. 象形. 鳳飛群鳥從以萬數. 故以為朋黨字. , 亦古文鳳.)" 허신은 붕(朋)자를 봉황을 본뜬 상형자로 잘못 알고 있었기 때문에 봉황이 날 때에는 수 만 마리의 새무리가 따르고 그리하여 '붕당'의 의미가 생겨났다는 억지스러운 주장을 하고 있다. 그러나 이것은 분명히 잘못된 주장이다.

❶

❷

바다조개는 개체가 작아서 하나의 조개로는 주의를 불러일으키지 못하기 때문에 꿰어서 목걸이로 만들어야 했다. 조개껍질을 꿰어서 연결시켜 놓으면 마치 친구들이 자주 함께 있는 것과 같아서 '친구'라는 의미가 생겨났다. 사람마다 목걸이로 사용하는 조개의 숫자는 원래부터 같을 수가 없었다. 나중에 조개 계산 단위를 붕(朋)으로 삼았을 때 중국의 계산 습관이 십진법이었기 때문에 조개를 계산하는 단위인 붕(朋)도 조개 열개에 해당했다. 상나라시기에는 조개를 언급한 예도 많지 않은 데다가 10 붕(朋) 이하가 일반적이었다.

서주(西周) 초기의 『영궤(令簋)』에는 "조개 10붕(朋), 신하 10명, 하인 100명을 상으로 주었다.(賞令貝十朋, 臣十家, 鬲百人.)"라는 기록이 있다. 조개 10붕(朋), 신하 10명, 하인 100명 등의 나열로 그 높은 가치를 분명히 반영하였다. 나중에 누적된 수량이 증가함에 따라 가격이 급격히 떨어졌다. 서주 중기에 흔히 볼 수 있었던 상은 20붕(朋), 30붕(朋), 50붕(朋), 심지어 100붕(朋)이었다.

129 살 매

買

mǎi

130 팔 매

賣

mài

갑골문의 매(買)자❶는 그물로 조개 한 마리를 잡은 모습이다.

조개껍질은 물건을 사는 데 사용할 수 있으므로 '구매'라는 의미가 생겼다. 북방에서는 바다조개가 자라는 것을 본 적이 없었기 때문에 조개도 물고기처럼 그물로 잡는다고 상상했던 것이다. 원래 교역에서 양쪽 당사자 모두 매(買)자를 사용했었는데 나중에 매(賣)자를 별도로 만들어서 매(買)자로는 구매자를 나타냈고 매(賣)자로는 판매자를 나타냈다.

금문의 매(賣)자 는 패(貝)자의 생략형을 조합하여 만든 것인데 생략형 글자는 '검사하다', '성찰하다'는 의미가 있다. 금문의 매(賣)자는 대체로 구매자가 사용할 조개 모양이 온전한지 확실한지를 검사하는 것을 나타내는데, 이것은 사실 판매자의 걱정거리였으므로 매(賣)자로 판매자를 나타냈던 것이다.

❶

『설문해자』에서는 매(賣)자에 대해 이렇게 풀이했다.

> "매(𧶠)는 '거리를 다니며 팔다'는 뜻이다. 패(貝)가 의미부이고, 목(𠧪)이 소리부이다. 𠧪는 목(睦)의 고문체로, 육(育)처럼 읽는다. (𧶠, 衒也. 从貝, 𠧪聲. 𠧪, 古文睦. 讀若育.)"

현(衒)'의 뜻은 '다니면서 팔다'이다. 마치 후세의 보부상들처럼 특정 노선을 순회하면서 물건을 파는 것과 같다. 이것은 '日中為市' 이후에 발전되어 생겨난 것이다. 소전에서는 생략형에서 목(目)자를 잘못 써서 경(冏)자가 되어버린 데다가 목(木)자도 잘못 변하여 𠧪자가 되었기 때문에 형성자로 해석되었다.

그 외에 한 글자가 더 있는데, 『설문해자』에서는 다음과 같이 풀이했다.

"매(賣)는 '물건을 출하하다'는 뜻이다. 출(出)로 구성되었고 매(買)로 구성되었다.(賣, 出物貨也. 从出从買.)"

이 글자는 매(買)자와 구별하여 판매자를 나타내기 위함이다. 금문에는 이 글자가 보이지 않는데 아마도 상당히 늦은 시기에 나타난 자형인 것 같다. 자형의 변화로 이 두 글자는 나중에 모두 매(賣)자가 되었다.

131 **열매 실**

shí

금문의 실(實)자❶는 집안에 패(貝)자와 관(毌)자가 들어있는 모습이다. 관(毌)은 대체로 바다조개를 보관하는 상자 모양이다.

관(貫)의 구조는 저(貯)자인 와 비슷하며 집안에 바다조개를 보관하는 상자가 있음을 나타내서 '풍요롭다'는 뜻이 생겼다. 『설문해자』에서는 다음과 같이 풀이했다.

> "실(實)은 '부유하다'는 뜻이다. 면(宀)으로 구성되었고, 관(貫)으로 구성되었다. 관(貫)은 조개화폐이다.(實, 富也. 从宀, 从貫. 貫, 貨貝也.)"

허신은 관(貫)을 화물로 해석하였는데 좀 부족한 면이 있다. '돈이 있다'라는 의미를 나타내는 것이라고 분명하게 설명했어야 했다.

저(貯)는 이전에 이미 소개한 바가 있다. 원래는 바다조개 등을 보관하는 고가의 상자를 가리키는 것으로 '저장'의 의미가 있었는데, 금문의 청동기 명문에서는 대부분 '교역'의 뜻을 나타낸다.

❶

서주(西周)의 「위화(衛盉)」 명문에는 다음과 같이 새겨져 있다. "矩伯庶人取瑾章于裘衛才(價)八十朋. 厥(它的)貯, 其舍(捨棄)田十田."(거백(矩伯)의 서인(庶人)이 구위(裘衛)에게서 근장(瑾璋)을 얻었는데, 가격을 조개화폐 80붕(朋)으로 정했다. 나중에 구위(裘衛)에게 총 밭 10전(田)을 주었다.)

「송정 (頌鼎)」 명문에는 다음과 같이 새겨져 있다. "令汝官司成周貯廿家, 監司新造貯, 用宮御."(너에게 관직이 낮은 관리 20명의 저장고를 관리하고 새로 지은 궁중 물품 저장고를 관리 감독하도록 명한다.)

이처럼 명문 속의 저(貯)는 모두 상업교역을 뜻한다. 돈이 있어야 판매하기 위해 물건을 사서 쌓아둘 수 있다. 따라서 '저장'과 '교역'이라는 뜻의 관련성을 이해할 수 있을 것이다.

132 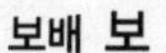

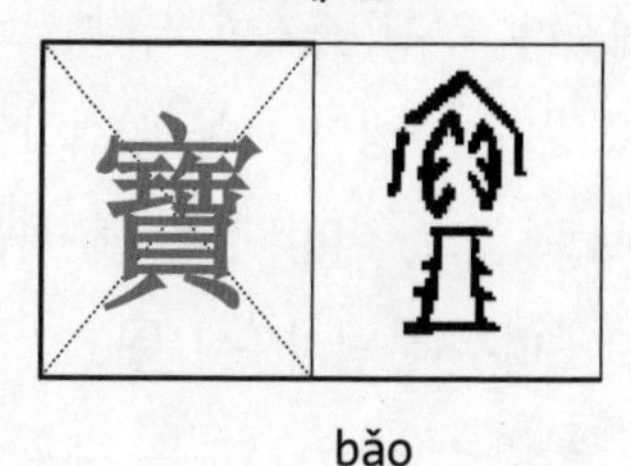

bǎo

갑골문의 보(寶)자❶는 집안에 바다조개와 옥으로 된 목걸이가 들어 있는 모습인데 글자 구조는 실(實)자와 완전히 똑같다.

옥으로 된 목걸이와 조개는 모두 먼 곳에서 교역을 통해 가져온 물건이므로 귀중한 물건이며 소장할 가치가 있다. 옥을 꿴 목걸이와 조개는 서로 관련이 없으므로 자형 위치는 맞바꿀 수 있다.

❶
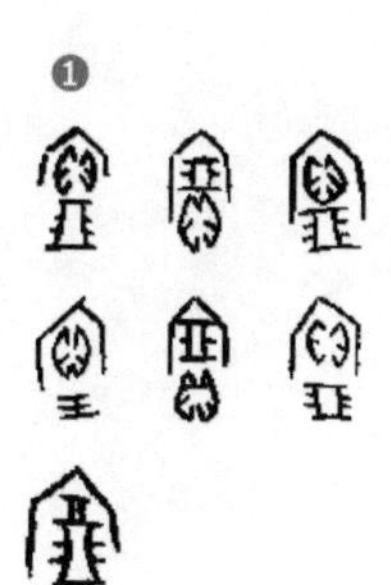

금문 시대에 이르러 자형❷는 다양화 추세를 나타낸다. 우선 소리부 부(缶)가 추가된 자는 독음이 명확해졌다. 구성 요소인 옥(玉), 패(貝), 부(缶)의 위치는 마음대로 배열할 수 있었다. 자형이 너무 복잡하기 때문에 어떤 것은 옥(玉)자를 생략하여 로 썼고, 어떤 것은 패(貝)을 생략하여 로 썼으며 심지어 어떤 것은 소리부만 남겨두어 로 쓰기도 했다. 또는 소리부를 보(保)로 바꾸어 로 쓰거나 또는 두 손으로 들고 있음을 표현하여 더욱 복잡하게 등으로 쓰기도 했다.

『설문해자』에서는 보(寶)자에 대해 이렇게 풀이했다.

> "보()는 '진귀하다'는 뜻이다. 면(宀), 옥(玉), 패(貝)는 의미부이고, 부(缶)는 소리부이다. 은 보(寶)의 고문체로, 패(貝)를 생략했다.(, 珍也. 从宀·玉·貝, 缶聲. , 古文寶省貝.)"

허신의 이 설명은 매우 정확하고 자형도 고정되었다.

❷

133 **의뢰할 뢰**

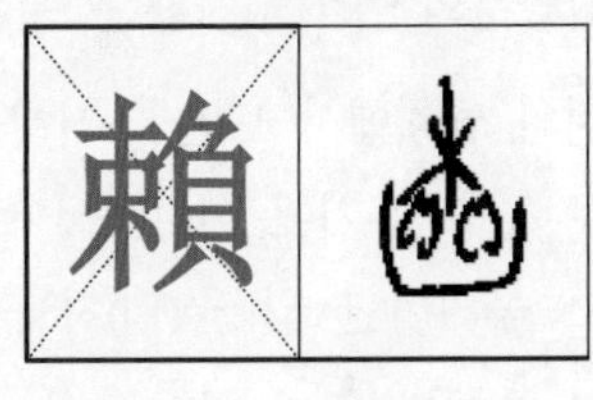

lài

갑골문에서 뢰(賴)자( )는 자루에 두 개의 조개가 들어있는 모습이다. 조개를 자루 안에 보관하여야만 잃어버리지 않을 수 있기 때문에 '신뢰'의 의미가 생겼다.

갑골문은 칼을 사용하여 단단한 뼈에 글자를 새기는 것으로 완만한 곡선을 그리기가 쉽지 않았기 때문에 자루의 모양이 그리다가 중단되었다. 금문의 자형 은 자루 안에 보관하는 물건의 안정성을 강조하기 위해 자루의 윗부분을 밧줄로 한 번 더 묶었고 조개도 한 개만 남겼다.

『설문해자』에서는 "뢰( )는 '이기다'는 뜻이다. 패(貝)가 의미부이고 랄(剌)이 소리부이다.(, 贏也. 从貝, 剌聲.)"라고 풀이했다. 소전의 자형은 자루 안에서 조개를 빼내고 사람의 형상을 추가했는데 사람이 자루 안에 조개를 보관한다는 의미를 표현하려는 것이었겠지만, 이는 오히려 패(貝)가 의미부이고, 랄(剌)이 소리부인 형성자로 오해하게 했다.

134 **장사 상**

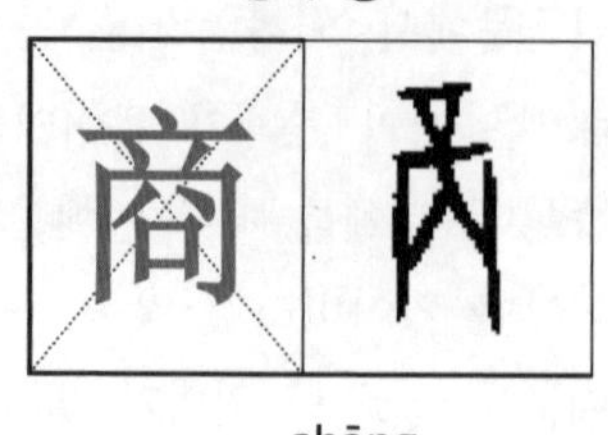

shāng

갑골문의 상(商)자❶는 문자 발전의 규칙에서 보면 초기에는 로 썼고 후기에 이르러서야 비로소 무의미한 입 구(口)자를 기호로 추가해 가 되었다.

갑골복사에서 상(商)자는 모두 상나라시기의 정치중심지(수도)를 가리켰는데, 호상(亳商), 추상(丘商), 중상(中商), 대역상(大邑商) 등등이 있었다. 따라서 상(商)자 자형은 건축물의 모습을 표현한 것이다. 세계각지의 습관에 따르면 원시 촌락의 입구에 들어서면 늘 토템류 건축물이 세워져 있는 경우가 많은데 상(商)자는 대체로 우뚝 솟은 입구의 건축물 형태이며 정치의 중심지를 나타낸다.

금문의 자형❷는 상나라 후기의 자형을 계승하였으나 약간의 작은 변화가 생겼다.

❶

❷

『설문해자』에서는 상(商)자에 대해 이렇게 풀이했다.

> "상(商)은 '외부에서 내부를 알다'는 뜻이다. 㕯이 의미부이고, 장(章)의 생략형이 소리부이다. 商은 상(商)자의 고문체이다. 商도 상(商)자의 고문체이다. 商은 상(商)자의 주문체이다.(商, 從外知內也. 从㕯, 章省聲. 商, 古文商. 商, 亦古文商. 商, 籒文商.)"

허신은 상(商)자를 㕯으로 구성된 형성자로 해석했는데, 갑골문과 금문의 자형을 비교해 보면 허신의 분석이 잘못되었음을 알 수 있다. "외부에서 내부를 알다"라는 글자의 뜻풀이에 대해서도 어떤 근거에서 비롯된 것인지 알 수 없다.

상나라시기에는 '하사하다'는 뜻을 표현할 때 모두 역(易(賜))자를 사용했고 서주시기에 이르러서 상(商)자는 '하사하다'는 뜻으로 가차되기도 했다. 그러나 '상업'과 관련된 뜻은 없었다. 『설문해자』에서는 "𧶠은 '장사하다'라는 뜻이다. 패(貝)가 의미부이고, 상(商)의 생략형이 소리부이다.(𧶠, 行賈也. 从貝, 商省聲.)"라고 풀이한 글자가 있는데, 허신은 이것은 패(貝)자가 의미부이고 상(商)자가 소리부인 형성자라이며, 상(商)자의 본래 의미와는 전혀 관련이 없을 수 있지만 자형이 생략되어 상(商)자와 모양이 같게 되었기 때문에 상(商)자에도 '장사하다'는 의미가 생긴 것이라고 설명했다.

전설에 따르면 상나라 민족은 무역을 잘하였는데, 상(商)의 조상인 왕해(王亥)가 일찍이 소가 끄는 수레를 끌고 각 부락에 가서 교역을 하였는데 나중에 유이(有易)에게 살해당했다고 한다. 주나라가 상나라를 멸한 후 상나라 사람들의 비옥한 땅은 모두 주나라의 정복자가 소유했다. 상업에 종사하려면 장부를 기록하는 능력이 필요했고, 교육을 받은 상나라 귀족은 농사를 지을 능력이 없었다. 그리하여 상나라 귀족들은 생계를 유지하기 위해 조상들의 옛 직업을 다시 찾았고 온갖 고생을 하며 먼 곳에 가서 무역에 종사했다. 상업 활동에 종사하는 사람들 대부분이 상나라 귀족이었기 때문에 교역에 종사하는 사람들을 상인이라고 불렀다고 한다.

상나라의 살아남은 자들이 일반적으로 사업에 종사했다는 사실은 주나라 초기의 문헌에서도 찾아 볼 수 있다. 『상서·주고(尚書·酒誥)』에는 "妹邦嗣爾股肱, 純其藝黍稷, 奔走事厥考厥長. 肇牽車牛遠服賈, 用孝養厥父母. "라는 기록이 있다.(은나라와 상나라 생존자들은 당신의 도우미들이다. 자신들의 부모님에게 효도하고 어른들을 공경하기 위해 그들로 하여금 전념하여 조와 기장을 심게 하고 부지런히 일을 하게 하라. 또는 그들로 하여금 수레를 끌고 멀리 가서 장사를 하도록 하고 얻게 되는 것으로 자신의 부모님을 봉양하라.)

상나라의 남겨진 귀족들에게 있어서 통상은 전답이 몰수된 후 어쩔 수 없는 직업이었다. 주나라의 통치자들은 이들과 같이 영구적으로 거주할 수 없는 사람들을 멸시하였고 그들의 직업을 상(商)이라고 불렀다. 그러나 청동기 명문에는 상(商)을 사용해 상인을 표현한 예는 없었다. 어쩌면 이것은 더 후기에야 비로소 생겨난 의미일지도 모른다.

서주 초기에 상나라 사람들이 교역에 종사한 것은 부득이한 생계유지 방식이었다. 따라서 그들은 지위가 낮았고 삶이 더 이상 부유하지 않았을 것이라는 것은 가히 짐작할 수 있는 부분이다. 그러나 여러 나라 간 전쟁이 잦아지면서 특정 전략 물자에 대한 수요가 증가하고 교역량도 증가함에 따라 이윤 또한 상대적으로 증가하였으며, 상나라 사람들의 생활은 점차 풍요로워졌고 사회적 지위도 이에 따라 높아져 각 나라 군주가 예우하는 대상이 되었다.

이에 사마천은 『사기·화식열전(貨殖列傳)』에서 다음과 같이 말했다.

> "대체로 가난으로부터 부유해지려면 농삿일이 공방일만 못하고, 공방일은 상거래만 못하며, 비단에 수를 놓는 것이 시장에서 장사하는 것보다 못하다. 이것은 장사가 가난한 사람의 밑천이라는 소리다.(夫用貧求富, 農不如工, 工不如商, 刺繡不如依市門. 此言末業, 貧者之資也)"

이 글에서는 장사가 가장 쉽게 부유해지는 직업임을 설명하고 있다.

제8부

표준의 통일 도량형

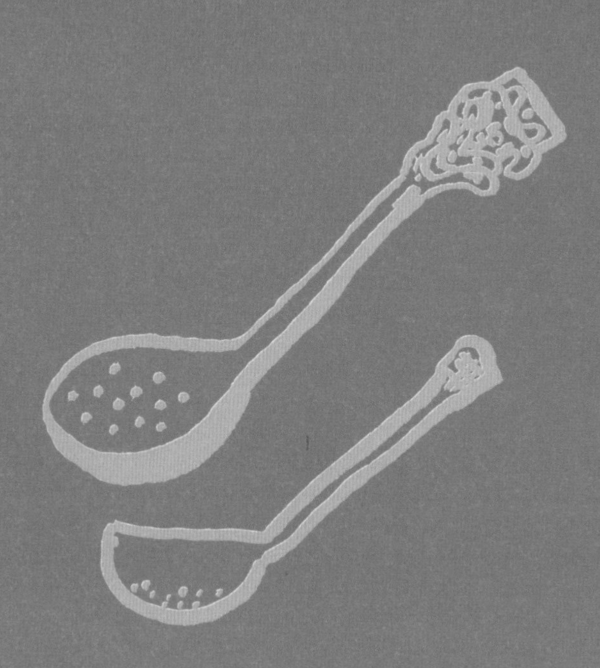

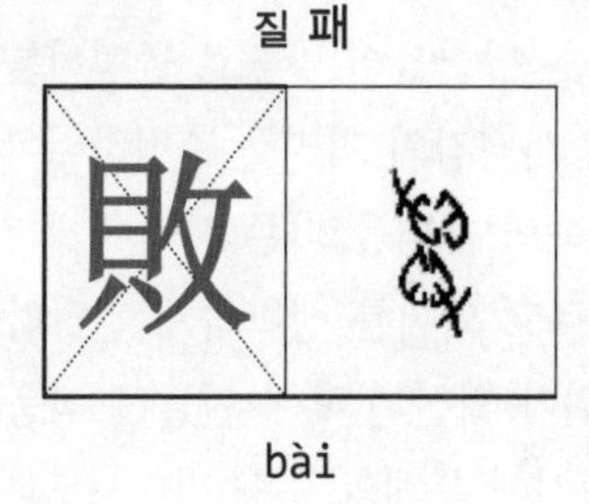

갑골문에는 패(敗)자 자형이 두 종류가 있다. 하나는 ❶로, 조개껍질을 양손에 하나씩 잡고 부딪치게 하는 모습을 나타내는데 이렇게 하면 조개껍질이 훼손되고 귀중한 가치를 잃어버리기 때문에 '파괴하다', '손상되다'의 의미가 생겼다.

다른 하나는 로, 한 손에 막대기를 들고 조개껍질을 두드리는 모습이다. 이렇게 하면 역시 조개껍질이 파괴되고 귀중한 가치를 잃게 된다.

금문의 패(敗)❷자는 대체로 두 개의 자형을 조합한 것으로 한손에 막대기를 들고 두 개의 조개껍질을 두드리는 모습인데, 이것은 갑골문 자형이 나타냈던 것과 같다. 『설문해자』에서는 "패()는 '파괴'의 뜻을 나타낸다. 복(攴)과 패(貝)로 구성되었다. 패(敗), 적(賊)은 모두 패(貝)로 구성되었으며 회의자이다. 는 패(敗)의 주문체이고 영(賏)이 의미부이다.(, 毁也. 从攴·貝. 敗·賊皆从貝, 會意. , 籒文敗. 从賏.)" 라고 설명하고 있다. 허신의 이 설명은 정확하기는 하지만 왜 자형에 '파괴'라는 의미가 생겨났는지에 대해서는 설명을 하지 않았다.

❶

❷

사물의 무게, 크기, 길이, 수량과 같은 삶의 경험은 고대부터 존재해왔던 것으로 추정된다. 구석기 시대에서는 사냥꾼들이 밧줄로 돌덩이를 묶어 사냥감을 향해 던질 때 돌덩이의 무게와 사냥감의 거리를 추정하여야만 쉽게 명중할 수 있었다. 하지만 일단 마음속의 개념을 다른 사람에게 전달하려고 하면 서로 이해하는 바가 각각 다르고 의미를 정확하게 전달하기 어렵다는 것을 발견하게 된다. 상업적 행위가 확산된 후 상인들은 상품의 원가와 이윤을 정확하게 계산해야 했고, 동시에 무게와 수량 면에서도 사람들의 신뢰를 얻어야 했기 때문에 계량 시스템의 구축과 상품 표준화가 추진되었다.

도량형의 진화는 대체로 세 단계로 나뉜다. 첫 번째 단계에서는 개인의 감각기관에 의존해 물체의 무게와 용량을 판단하였다면, 두 번째 단계에서는 임시로 일상생활의 도구를 사용하여 양을 가늠하였으며, 마지막 단계에서는 특정 표준을 세웠다.

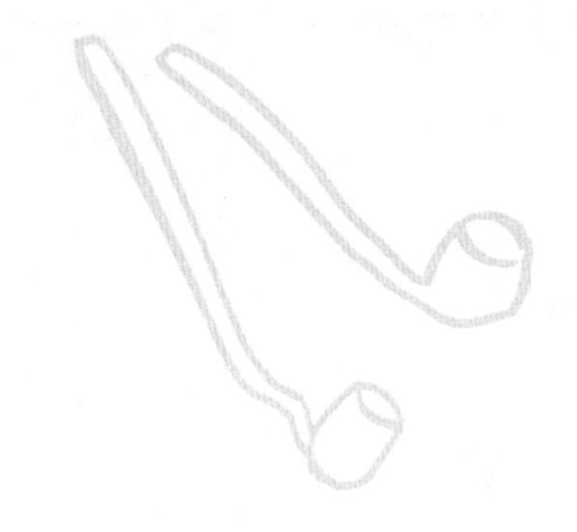

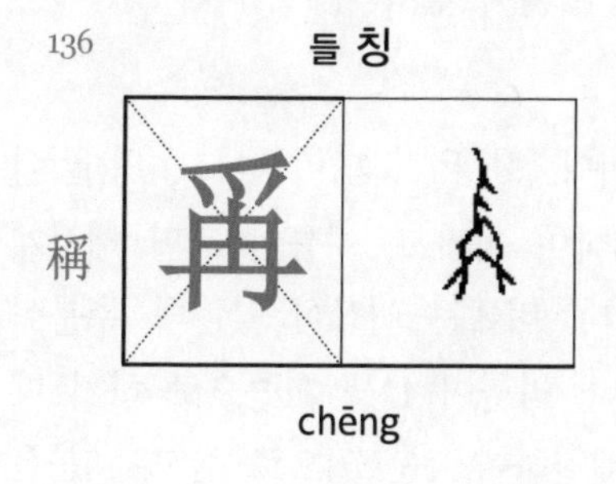

갑골문의 칭(爯)자❶는 한 손으로 무언가를 들고 무게를 추정하는 모습이다. 갑골문의 구(冓)자 가 두 개의 목(木)을 밧줄로 묶어놓은 모습을 하고 있는 것으로 볼 때, 칭(爯)자는 손으로 건축 자재의 무게를 추정하는 것이어야 한다.

나무의 재질은 차이가 매우 크기 때문에 집을 짓기 위해서는 나무를 신중하게 선택해야 한다. 어떤 나무는 단단하지 못해 지붕의 무게를 견딜 수 있는 기둥으로 사용할 수 없다. 따라서 먼저 손으로 무게를 가늠해 보아야 한다. 이것이 바로 자신의 감각기관의 경험을 이용하여 물체의 무게를 추정하는 첫 번째 단계이다.

금문의 칭(爯)❷자에서는 약간의 미세한 변화를 발견할 수 있다. 『설문해자』에서는 "징(爯)은 '함께 들다'는 뜻이다. 조(爪)로 구성되었고, 구(冓)의 생략한 것이다.(爯, 並擧也. 从爪, 冓省.)"라고 설명하고 있다. 이 설명은 이 글자의 핵심 의미를 파악하지 못했다. 사실은 고대에서 가장 일반적으로 무게를 추정하는 물건이 볏단이었기 때문에 벼 화(禾)를 더해 칭(稱)자를 만들었던 것이다.

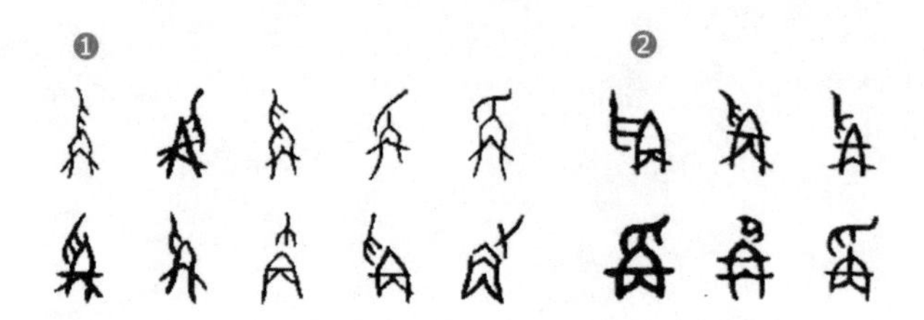

『설문해자』에서는 칭(稱)자에 대해 이렇게 풀이했다.

> "칭(稱)은 '무게를 달다'는 뜻이다. 화(禾)가 의미부이고, 칭(爯)이 소리부이다. 춘분이 되면 벼이삭이 자라고, 여름이 되면 해시계로 시간을 가늠할 수 있게 된다. 벼에는 이삭이 있는데, 추분이 되면 벼이삭은 모양이 정해진다. 악률이 12를 기준으로 하기 때문에 벼이삭 12개를 (나란히 배열하여) 1분(分)으로 삼고, 10분은 촌(寸)으로 삼는다. 이를 기준으로 무게를 재면 기장 12개는 1분(分)이고, 12분(分)은 1주(銖)가 된다. 따라서 모든 도량형 관련 물건은 모두 화(禾)가 의미부이다.(稱, 銓也. 从禾, 爯聲. 春分而禾生. 日夏至晷景可度, 禾有秒, 秋分而秒定. 律數十二, 十二秒而當一分, 十分而寸. 其以為重, 十二粟為一分, 十二分為一銖, 故諸程品皆从禾.)"

허신이 형성자로 분석하는 것은 정확하다고 할 수 있지만 기장의 무게를 표준근거로 해석한 것에서는 손으로 무게를 가늠한다는 원시적인 의미는 보이지 않는다.

『사기·하본기(史記·夏本紀)』에서는 하우(夏禹)가 "몸으로 가늠하고 무게를 달아 물건을 내보낸다.(身以度, 稱以出)"라고 하였는데, 이는 바로 자신의 감각으로 무게를 재고 물건을 내보낸다는 뜻이다.

137 **무거울 중**

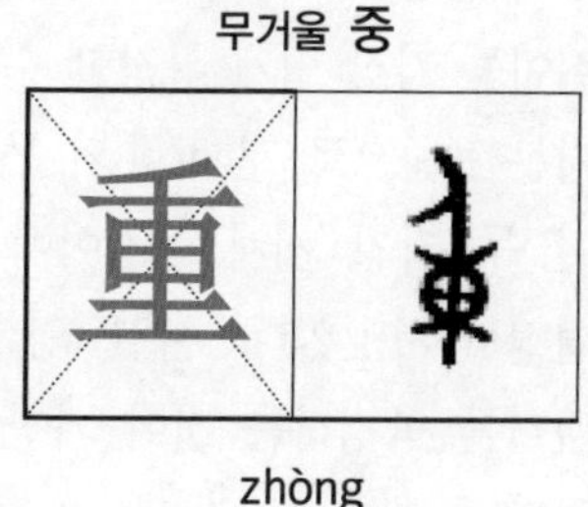

zhòng

금문에서 중(重)자❶의 첫 번째 자형 은 양쪽 끝을 묶어놓은 포대로, 앞쪽에 갈고리 하나가 달려있는 모습이다.

글자 의미에서 짐작해보면 대체로 포대에 이미 물건이 가득 담겨져 있는 관계로 너무 무거워서 손으로 들고 다닐 수 없으므로 갈고리로 포대를 들어 올려야 한다는 것을 나타내므로 무게를 단다는 뜻이 생겼을 것이다. 두 번째 자형은 먼저 가장 아래쪽에 평평한 선을 추가한 다음 중앙선에 작은 점을 하나 추가하고, 그 작은 점이 확장되어 평평하게 되어 가 된 것이다. 세 번째 자형은 글자의 하반부를 생략한 이다.

『설문해자』에서는 “중()은 ‘두껍다’는 뜻이다. 임(壬)이 의미부이고, 동(東)이 소리부이다. 중(重) 부수에 속하는 글자는 모두 중(重)이 의미부이다.(, 厚也. 从壬, 東聲. 凡重之屬皆从重.)” 라고 설명하고 있다. 허신은 이 글자를 형성자로 분석해놓고 또 중(重)에 속하는 것들은 모두 중(重)이 의미부라고 하였는데, 이는 모순되는 것으로 중(重)을 부수자로 오해할 수도 있다. 문자 변화 규칙에 따르면 이 글자는 원래 임(壬)과 관련이 없으며 임(壬) 역시 동(東)과 필획을 공유하지도 않는다. 따라서 임(壬)을 의미부로 삼아서는 안 된다.

❶

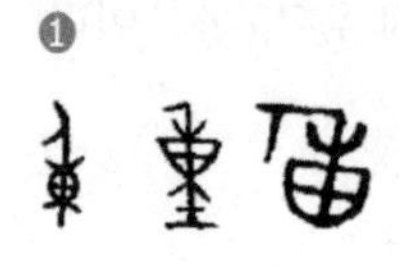

중(重)은 포대와 관련이 있는, 하나의 전체적인 모습이다. 아마도 쉽게 들기 위해 끈으로 묶어놓은 포대를 갈고리로 거는 모습일 것이다. 아무튼 이 글자는 무게를 측정하는 데 사용되었다.

138

마디 촌

寸 ㅋ

cùn

길이는 가장 쉽게 확정할 수 있는 기본 표준으로, 부피(量)와 무게(衡) 이 두 가지 체계도 길이에 따라 설정할 수 있다. 사실 양손으로 길이를 측정하는 것이 가장 편리하다.

『대대예기·주언(大戴禮記·主言)』에는 다음과 같은 기록이 있다. "손가락을 펴면 촌(寸)을 알 수 있고, 손을 펴면 자(尺)를 알 수 있으며, 팔꿈치를 펴면 심(尋)을 알 수 있다.(布指知寸, 布手知尺, 舒肘知尋.)" 이 말은 바로 손으로 길이를 측정할 수 있다는 것이다. 그러나 초기 문헌에는 이 글자가 보이지 않는다.

『설문해자』에서는 촌(寸)자에 대해 이렇게 풀이했다.

> "촌(ㅋ)은 '10분(分)'이라는 뜻이다. 사람 손에서 1촌(寸) 물러난 곳이 동맥이 지나는 곳인데 촌구(寸口)라고 한다. 우(又)로 구성되었고, 일(一)로 구성되었다. 촌(寸) 부수에 속하는 글자는 모두 촌(寸)이 의미부이다.(ㅋ, 十分也. 人手卻一寸, 動脈, 謂之寸口. 从又, 从一. 凡寸之屬皆从寸.)"

허신은 중의학에서 질병을 진단할 때 진맥하는 곳인 촌구(寸口)라는 곳을 언급했으나 이 해석은 문제가 있다. 왜냐하면 촌구(寸口)는 팔에서 뚜렷한 표식이나 관절이 없어서 측정이 결코 편리하지 않기 때문이다.

서양의 인치(英吋)는 그리스인들이 엄지손가락의 너비를 가리키던 데에서 비롯되었으며 나중에 로마인들이 한걸음의 12 분의 1정도의 길이로 확대하였다. 그 이유는 곧게 세운 엄지로 물체를 측정하는 것이 가장 편리하기 때문이다. 『대대예기(大戴禮記)』에서 말하는 "손가락을 펴면 촌을 알 수 있다(布指知寸)"는 것도 같은 의미이다. 다섯 손가락 중에서 물체 위에 놓고 길이를 측정하기에는 엄지손가락이 가장 편리하다. 그리하여 동서양에서 약속이나 한 듯 모두 엄지손가락을 길이 단위로 삼았던 것이다.

소전의 촌(寸)자는 엄지손가락 아래쪽에 가로로 된 선을 그은 모습인데, 이는 엄지손가락의 너비가 1촌(寸)이라는 뜻을 나타낸다. 소전의 촌(寸)자는 구성요소가 다른 것이 있는데 우(又)의 좌측 빈 공간에 비스듬히 한 획이 그어져 있는 모습이다. 이는 사(寺)자 와 비슷해 보인다. 원래 우(又)가 의미부이고 지(止)가 소리부였는데, 공백을 채우는 필획을 하나 추가하여 촌(寸)이 의미부가 되고 지(止)가 소리부로 되었다. 두 가지 설의 원류가 달라서 촌(寸)으로 구성된 글자를 보게 되면 그 원류가 촌(寸)인지 우(又)인지를 고민해보아야 한다.

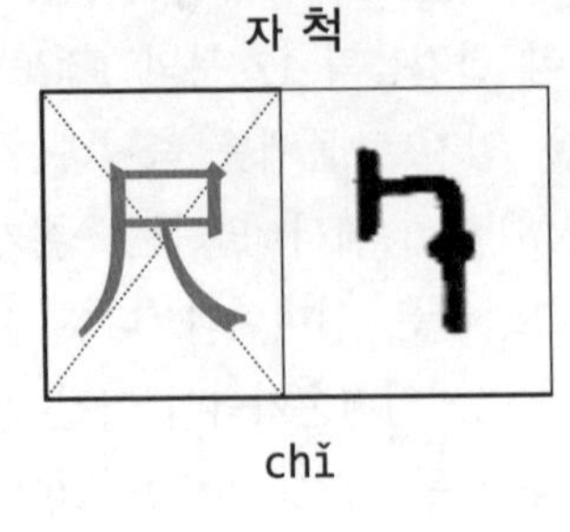

하북성 평산(河北平山)에서 발굴된 전국 초기 중산왕(中山王)의 무덤에서 출토된 동판지도인 조역도(兆域圖)에는 금문이 4백여 자 새겨져있는데, 거기에서 보이는 척(尺)자 는 마치 사람의 팔 중간 부분에 작은 점이 있는 모습을 나타내는 것 같다.

만일 팔로 무언가의 길이를 측정한다면 팔의 아래쪽 절반을 사용하는 것이 더 편리하기 때문일 것으로 추정된다. 그러나 이 방법이 손바닥을 사용하는 것만큼 편리하지 않아서인지 이 자형은 나중에는 전해지지 않았다.

갑골문의 궐(厥)❶자는 손가락을 편 모습을 하고 있으며 제3인칭 대명사로 사용되는데 척(尺)자의 원시자형일 가능성이 매우 크다. 그러나 세 번째 자형은 활짝 편 손바닥처럼 보이지 않는다. 금문의 궐(厥)❷자는 기본적으로 갑골문 자형의 연속이며 이 시기에 이미 제3인칭 대명사로 사용하는 것이 확정적이었기 때문에 용례가 매우 많다.

❶ ❷

『설문해자』에서는 다음과 같이 풀이했다. “궐(氒)은 ‘나무뿌리’라는 뜻이다. 씨(氏)와 丅로 구성되었다. 뿌리는 가지의 끝보다 크다. 궐(厥)과 비슷하게 읽는다.(氒, 木本也. 从氏·丅. 本大於末也. 讀若厥.)” 허신은 이처럼 이 글자는 자형변화가 매우 크며, 나무의 뿌리가 나뭇가지의 끝보다 크다는 것으로 자형을 설명하고 있다. 그러나 이미 자형변화가 너무 커서 나무의 모습과 관련이 있을 수 없다.

『설문해자』에서는 척(尺)자에 대해 이렇게 풀이했다. “척(尺)은 10촌(寸)이라는 뜻이다. 사람 손에서 10분(分) 물러난 곳이 동맥이 지나는 곳이며 촌구(寸口)라고 한다. 10촌(寸)은 1척(尺)이다. 시(尸)로 구성되었고, 을(乙)로 구성되었다. 을(乙)은 앎을 뜻한다. 주나라 체제에서 촌(寸), 척(尺), 지(咫), 심(尋), 상(常), 인(仞) 등 여러 도량형은 모두 사람의 몸을 그 규범으로 삼았다. 척(尺) 부수에 속하는 글자는 모두 척(尺)이 의미부이다.(尺, 十寸也. 人手卻十分動脈為寸口. 十寸為尺. 从尸·从乙. 乙, 所識也. 周制寸·尺·咫·尋·常·仞諸度量, 皆以人之體為法. 凡尺之屬皆从尺.)” 척(尺)자 자형이 갑골문과 금문의 모습을 잇고 있지만 허신은 척(尺)자를 시(尸)로 구성되었고 을(乙)로 구성된 것으로 분석하였는데 완전히 잘못된 분석이다. 시(尸)는 쪼그리고 앉은 사람의 모습이고, 을(乙)은 상징적 기호로 무릎 아래 다리의 길이가 1척(尺)임을 표시한다. 그러나 쪼그리고 앉는 방식으로 무언가의 길이를 측정하는 것은 매우 어려울 것이다.

『대대예기(大戴禮記)』에서 “손을 펴면 자를 알 수 있다(布手知尺)” 고 했고 궐(厥)자의 고대 자형이 확실히 손가락을 활짝 편 모습과 같기 때문에 소전의 척(尺)이 사실 약간의 변화가 있지만 역시 손바닥을 편 형상이라는 것을 알 수 있다. 손바닥을 편 길이는 대략 손가락 열 개의 너비와 같으며 게다가 손가락을 펴서 사물의 길이를 측정하는 것은 매우 쉬운 일이다. 따라서 척(尺)자는 사람의 몸을 척도단위로 활용한 것이다.

140 찾을 **심**

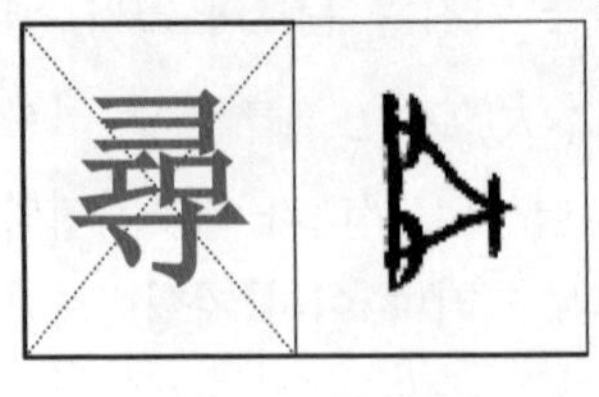

xún

갑골문에서 심(尋)자❶는 자형이 비록 다양하지만 공통점이 한 가지 있다. 즉 두 팔을 활짝 뻗은 모습이라는 것이다.

『대대예기(大戴禮記)』에서 말한 "팔꿈치를 열면 심(尋)을 알 수 있다(舒肘知尋)"는 것이 바로 두 팔을 뻗고 양손을 수평으로 들어 올리면 대략 1심(尋)8척(尺)의 길이라는 것을 뜻한다.

갑골문의 자형에는 양손으로 측정하는 물건 몇 개가 있는데 아마도 모두 당시의 상품일 것이다. 은 잠 잘 때 사용하는 돗자리로, 사람마다 필요한 상품이다. 은 긴 관으로 된 나팔의 모습인데 이 또한 일반 상품이다. 은 옷을 걸어두는 옷걸이와 매우 흡사하다. 심(尋)자로 측정하는 물건에는 돗자리와 장관 나팔이 있다는 것은 상나라의 상품에 이미 표준화 추세가 생겼음을 나타내는 것일 수 있다. 8척(尺)이 편리하고, 늘 사용되는 길이 단위가 되었기 때문에 "일반적이다"라는 의미가 파생되었다. 양팔을 뻗는 목적은 사물의 길이를 구하기 위한 것이므로 "추구하다"라는 의미도 파생되었다. 금문에서는 길이를 거의 기록하지 않아서인지 이 글자를 발견하지 못했다.

❶

『설문해자』에서는 심(尋)자에 대해 이렇게 풀이했다.

> "심(尋)은 '실마리를 찾아 다스리다'는 뜻이다. 공(工)으로 구성되었고, 구(口)로 구성되었으며, 우(又)로 구성되었으며, 촌(寸)으로 구성되었다. 공(工), 구(口)는 '어지럽다'는 뜻이고 우(又), 촌(寸)은 '각각 다스리다'는 뜻이다. 삼(彡)은 소리부이다. 이 글자는 𤕌과 뜻이 같다. 사람의 양팔사이를 가늠하여 심(尋)이라 하는데 이는 8척(尺)이다.(尋, 繹理也. 从工·从口·从又·从寸. 工·口, 亂也. 又·寸, 分理之也. 彡聲. 此與𤕌同意. 度人之兩臂為尋, 八尺也.)"

자형이 이미 너무 많이 변화하여 자형을 근거로 글자를 설명하기는 어렵다. 갑골문의 많은 자형을 비교하고 귀납하여야만 이 글자의 뜻을 알 수 있을 것이다.

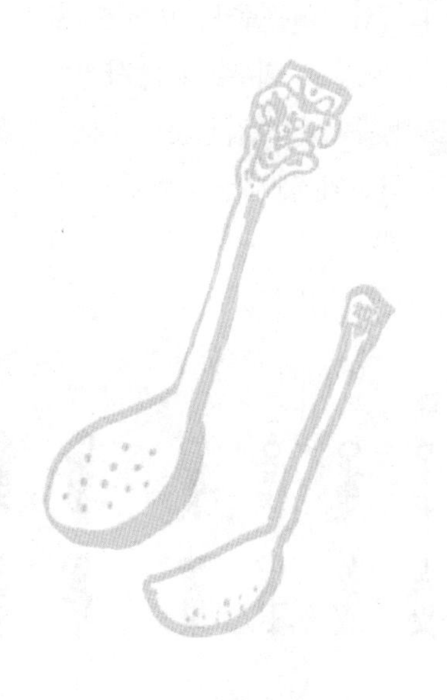

141 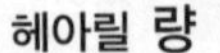

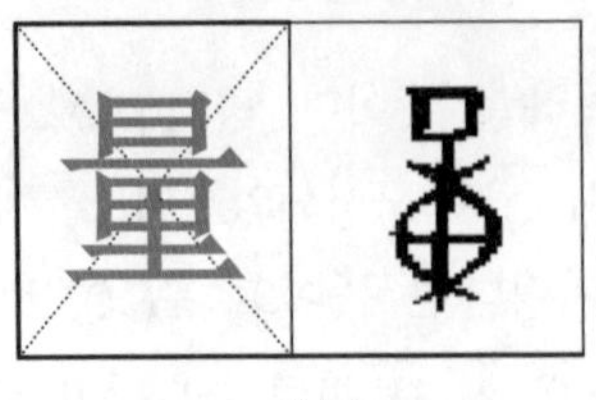
liáng

도량형이 발전하여 두 번째 단계에 이르면 기존의 기물을 이용하여 물체의 무게를 추정하였다. 갑골문의 량(量)자❶의 뜻은 물건을 담는 포대와 관련이 있다.

포인트는 동(東)의 윗부분에 구(口)와 유사한 물건이 있다는 것이다. 구(口)는 아마도 깔때기와 같은 부류의 기물을 나타낼 것이다. 깔때기를 이용해 곡식을 포대에 넣으면 각 포대의 용량이 대체적으로 비슷하다. 기성품인 포대를 이용하여 물건의 용량 또는 중량을 계산했던 것이다.

금문의 량(量)❷자는 구(口)에 작은 점을 추가하였는데, 포대를 나타내는 동(東)자도 중(重)자와 마찬가지 변화가 생겼다. 『설문해자』에서는 다음과 같이 풀이했다. "양(量)은 '무게를 달다'는 뜻이다. 중(重)의 생략형이 의미부이고, 향(鄉)의 생략형이 소리부이다. 量는 량(量)의 고문체이다.(量, 稱輕重也. 从重省, 鄉省聲. 量, 古文量.)" 허신은 포대 위의 일(日) 모양을 향(鄉)의 생략형이며 소리부로 이해했던 것이다. 그러나 대조할 수 있는 갑골문의 자형이 있어서, 생략형으로 소리부를 나타냈다는 허신의 해석은 받아들일 수 없음을 알 수 있다.

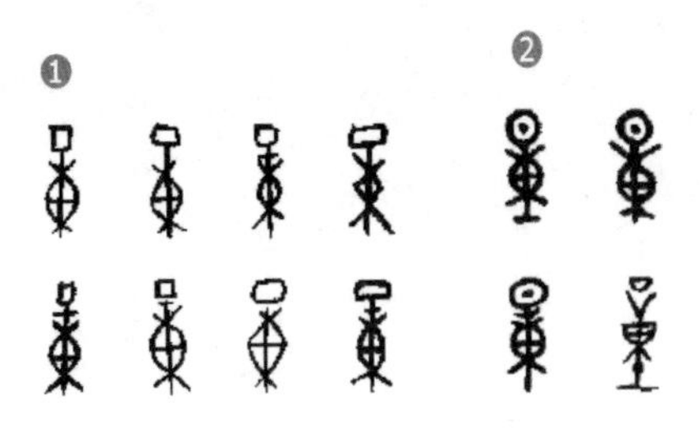

말 두

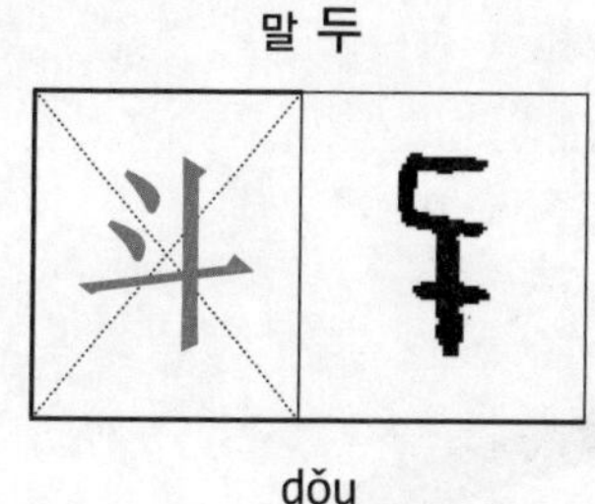

dǒu

갑골문에서 두(斗)자❶의 초기형태는 이어야 하는데, 물과 술을 푸는 숟가락 모양이다.(다음 장의 그림 참조).

숟가락의 나무 손잡이가 너무 단조로워서 가로로 된 짧은 획을 추가하였는데, 이는 문자 변화의 일반 규칙이다. 금문 자형❷에 이르러 숟가락의 선을 아래로 연장하기 시작했는데, 그러자 숟가락의 모습 같지 않아졌다. 소전의 궐(厥)자 가 바로 이 글자의 자형을 잘못 취한 결과일 가능성이 매우 크다. 그래서 갑골문과 금문의 자형이 차이가 그렇게 컸던 것이다.

『설문해자』에서는 다음과 같이 풀이했다. "두()는 '10되(升)'라는 뜻이다. 상형자이며 손잡이가 있다. 두(斗) 부수에 속하는 글자는 모두 두(斗)가 의미부이다.(, 十升也. 象形. 有柄. 凡斗之屬皆从斗.)" 소전 자형을 보면 자형에 잘못된 변화가 좀 생겨 손잡이의 가로획이 위로 이동했고 숟가락이 사선 3개로 변하여 모습을 본 뜬 것이 아니게 되었다는 것을 알 수 있다. 그러나 아직은 여전히 상형자임을 알아볼 수 있다.

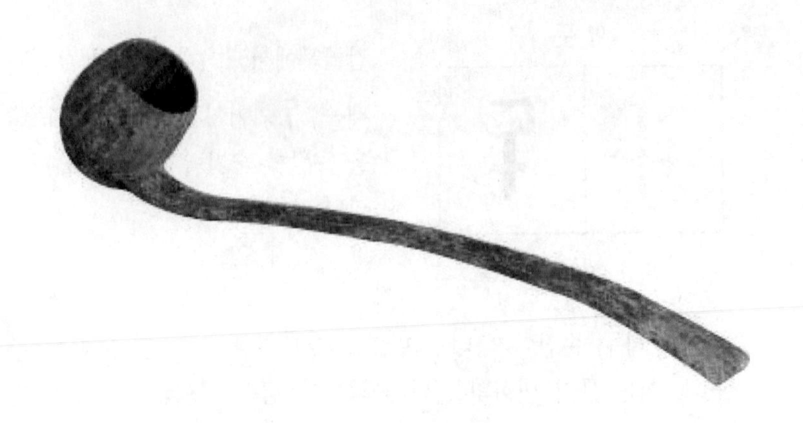

▌청동국자(青銅斗), 머리 높이(斗高) 6.8 센티미터, 길이 38 센티미터
상(商)나라 후기, 기원전 14~기원전 11세기

143

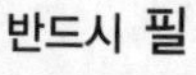

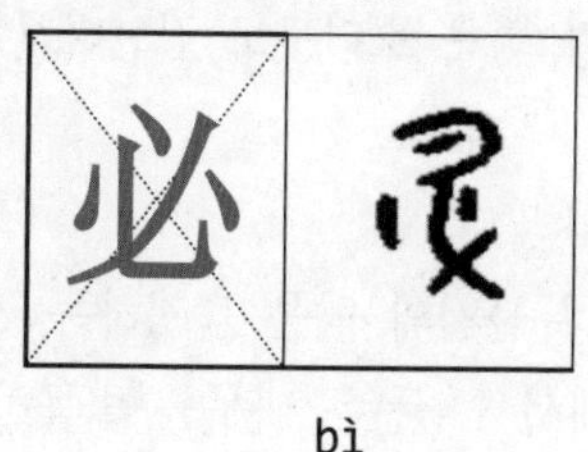

bì

갑골문의 필(必)자❶는 전형적인 지사자로, 가로획 하나로 기물의 손잡이 위치를 표시한 모습이다. 그러나 두(斗)의 자형이 이미 순가락 손잡이에 의미 없는 장식용 획을 추가한 모습이기 때문에 부득이하게 손잡이의 양쪽에 각각 작은 점 하나씩을 추가하여 두(斗)자와 구별하였다.

두(斗)와 필(必) 두 자형을 비교해보면 필(必)은 틀림없이 두(斗)를 사용한지 아주 오래된 후에 만들어 진 것임을 알 수 있다. 이 글자는 갑골복사에서 '조상 종묘'의 뜻으로 가차되어 쓰인다. 갑골문에서는 서로 다른 글자를 사용하여 서로 다른 단계의 조상 종묘를 나타내고 후기에 이르러서야 비로소 필(必)을 사용해 아주 가까운 친척 왕의 무덤을 나타냈다. 상나라시기 이후에는 이러한 의미가 보이지 않고, '결단'과 '결심'을 표현하는 부사로 가차되어 쓰였다.

금문의 필(必)❷자는 순가락의 형상이 간소화되어 있는 모습이어서 손잡이가 달린 순가락임을 알아보기 힘들어 형성자로 해석할 수밖에 없었다.

❶

❷

『설문해자』에서는 다음과 같이 풀이했다. "필(必)은 '극을 나누다'는 뜻이다. 팔(八)과 익(弋)이 의미부이고, 익(弋)은 소리부도 겸한다.(『必, 分極也. 从八·弋, 弋亦聲.』)"

두(斗)는 일상생활 속의 도구를 빌려 물건의 양을 측정하는, 도량형의 한 발전 단계를 나타낸다. 이 단계에서 근(斤)은 나무를 벌목하는 도구인데 이 도구의 앞쪽에 묶여 있는 돌의 무게도 차용되어 1근(斤)의 무게를 나타냈다.

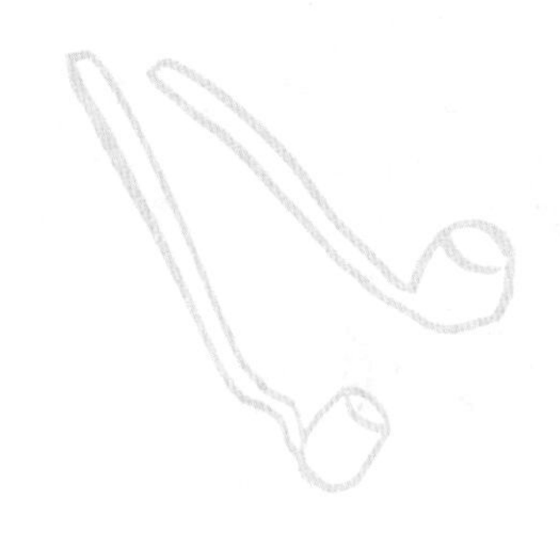

144 **되 승**

shēng

갑골문에서 승(升)자❶는 조리용 국자를 나타낸다. 이런 국자는 때로는 작은 구멍들이 많이 뚫려있는데 이는 국물 속의 고기나 야채를 건져 올리는 데 사용된다.

국자의 숟가락 부분은 두(斗)보다 훨씬 작을 뿐만 아니라 상대적으로 얕고 용량도 작아 소량의 액체를 측정하는 데 사용되었다. 나중에 승(升)의 용량을 두(斗)의 10분의 1로 하기로 약정했다. 두(斗)의 용량이 표준화되기만 하면 승(升)의 용량도 확정할 수 있다. 고대의 1승(升)은 대략 오늘날 200cc에 해당한다. 승(升)의 아랫부분은 구부러져 있어 거기에 담긴 액체도 구부러진 획으로 표현하였다.

금문의 자형❷에서는 두(斗)의 국자 모양에 액체가 담긴 모습으로, 두(斗)와 구별하였다. 『설문해자』에서는 "승(升)은 '10작(龠)'이다. 두(斗)로 구성되었고 상형자이기도 하다.(升, 十龠也. 从斗, 亦象形.)"라고 풀이했다. 비록 자형이 이미 잘못된 변화로, 두(斗)의 모습과 같지 않게 되었지만 여전히 상형자에서 비롯되었음을 알 수 있다.

❶ ❷

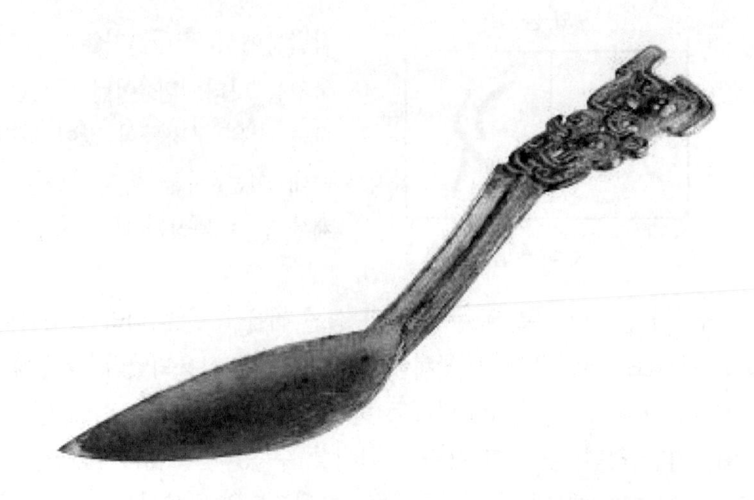

▌투조룡문 청동숟가락(透雕龍紋青銅匕).
길이 26센티미터, 주(周)나라 초기, 기원전 11~기원전 10세기

145 **헤아릴 료**

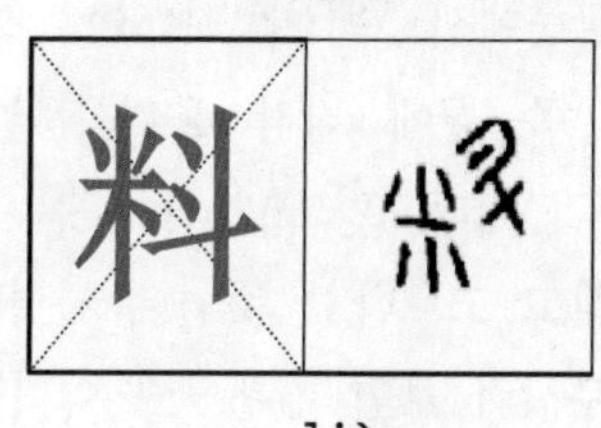

liào

금문에서 료(料)자(![])는 미(米)와 승(升)의 조합으로 구성되어 있어서 두(斗)나 승(升)을 사용하여 쌀알의 양을 측정하였다는 것을 쉽게 알 수 있다.

쌀알은 매우 작지만 일용 곡물이기도 하고 가장 많이 거래되는 상품이기도 하다. 측정 방법은 두(斗)라는 용기를 사용하여 쌀알을 담은 다음 막대기로 주둥이 가장자리를 긁어주는 것인데 이렇게 하면 1두(斗)의 용량을 정확하게 측정할 수 있다. 따라서 두(斗)로 쌀의 무게를 재는 습관에 근거하여 '양을 측정한다'는 의미를 만들었다.

『설문해자』에서는 "료(料)는 '무게를 재다'는 뜻이다. 두(斗)가 의미부이고, 쌀이 그 안에 있는 모습이다. 료(遼)처럼 읽힌다.(料, 量也. 从斗, 米在其中. 讀若遼.)" 라고 풀이했는데 이 설명은 매우 정확하다.

146 **평평할 평**

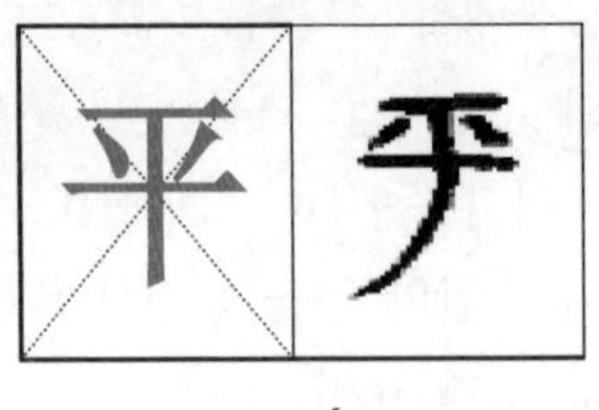

píng

금문에서 평(平)자❶는 지지대 양쪽 끝에 각각 물건을 놓아둔 모습이다. 평(平)자의 뜻은 '균등하고 고르다'는 뜻인데 자형과 결부시켜 보면 천평(天平)이라는 기물과 관련이 있어야 한다.

천평은 평형의 원리를 사용하여 만든 기기이다. 만일 한쪽 끝의 무게를 알고 있다면, 같은 거리에 있는 다른 쪽 끝에서 같은 무게를 가진 물건의 무게를 측정 할 수 있을 것이다. 그러나 이렇게 하려면 무게가 확정되어 표준이 될 수 있는 물건이 있어야 한다.

천평으로 무게를 재려면. 기본적으로 세워진 지지대 위에 장대를 올려놓고 장대의 한쪽 끝에는 무게를 알고 있는 물건을 올려놓고 다른 쪽 끝에는 무게를 측정하려는 물건을 올려놓은 후 장대가 평형을 유지하게 되면 그 물건의 정확한 무게를 측정할 수 있다. 이런 기기가 바로 천평이다. 장대가 평형을 이루게 해야만 무게를 측정할 수 있으므로 '균형적이고 고르다, 기울지 않다'는 뜻이 생겨났다.

❶

『설문해자』에서는 "평(亏)은 '말투가 평온하고 부드럽다'는 뜻이다. 우(于)로 구성되었고, 팔(八)로 구성되었다. 팔(八)은 '나누다'는 뜻이다. 원례(爰禮)도 이렇게 말했다. 𠀭은 평(平)의 고문체인데, 역시 이러하다. (亏, 語平舒也. 从于, 从八. 八, 分也. 爰禮說. 𠀭, 古文平如此.)"라고 풀이 했다. 허신은 이와 같이 '말투가 평온하고 부드럽다'는 뜻으로 해석했지만 자형에는 입의 모양이 보이지 않는다.

신석기 시대부터 원형 돌담은 상급에서 같은 양의 곡물을 징수한다는 표식으로 사용하였기에 권력의 상징이 되었고 나중에 점차적으로 권위를 나타내는 제기인 옥벽으로 진화했다. 이를 위해서는 '천평'이라는 장치를 사용해야 했다. 이집트에서는 5,000년 전에 이미 천평을 사용해 무게를 쟀다. 중국에서도 마찬가지로 일찍부터 천평으로 무게를 재는 원리를 알고 있었다. 상나라시기에는 평(平)자가 보이지 않는데 아마도 점복의 내용이 아니었기 때문일 것이다. 상나라시기에는 우(于)자가 보이는데 아마도 저울의 모양과 구조 때문일 것이다.

147 **어조사 우**

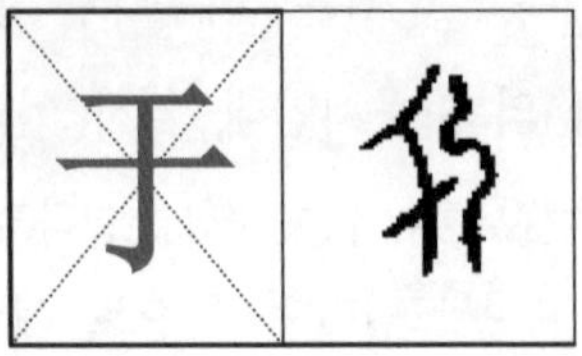

yú

갑골문에서 우(于)자는 두 개의 자형인 ❶과 ❷가 있다. 첫 번째 자형은 정확한 자형이고, 좀 작게 쓰면 두 번째 자형인 于가 되는데, 상대적으로 생략되고 간소화되었다.

제2권 '전쟁과 형벌편'에서는 궁(弓)자를 하나의 활 모양인 弓로 표현했고, 강(弜)자는 弜인데 2개의 활 모양을 묘사한 것임을 소개한 바 있다. 따라서 궁(弓)자로부터 추론할 수 있듯이 우(于)자 는 아마도 무게를 재다가 부러지는 것을 방지한다는 뜻을 표현하기 위해 이중 보강 방식으로 이 뜻을 표현했을 수 있다.

초기 사회에서 무게를 재어야 하는 품목은 주로 포대에 담긴 옥수수 종류였고 한 손으로 안정적으로 잡기가 쉽지 않았기 때문에 무게를 재는 데 대부분 지지대 형식의 천평을 사용했다. 천평의 지지대는 튼튼하게 만들어야만 비로소 무게를 지탱할 수 있었으므로 두 층으로 표현하였다. 상나라시기의 우(于)자는 아마도 천평의 모습을 본떴을 것이다. 지지대의 양쪽 끝에 물건을 올려놓은 것은 천평을 사용하는 상황을 설명하는 것이며 '평형'의 의미를 표현한 것이다.

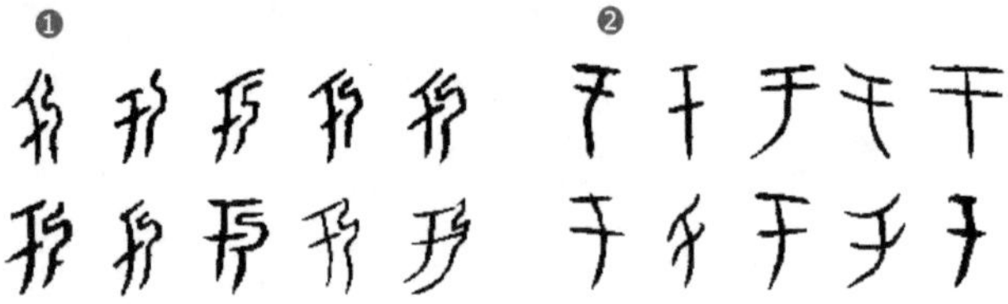

❶ ❷

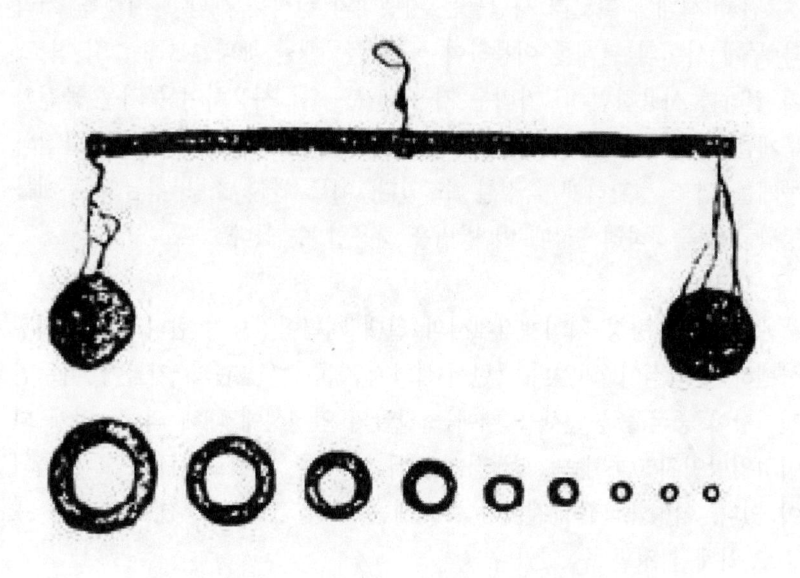

▎장사(長沙) 전국(戰國)시기 무덤에서 출토된 천평과 분동
가장 작은 분동은 단지 0.62그램에 불과하다

금문에서는 두 가지 자형인 ❸을 보존하고 있다. 『설문해자』에서는 “亏는 어(於)이다. 호흡이 평온한 모습을 본뜬 것이다. 丂로 구성되었고 일(一) 구성되었다. 일(一)은 ‘호흡이 고르다’는 뜻이다. 우(于)에 속하는 글자들은 모두 우(于)로 구성되었다.(亏, 於也. 象气之舒丂. 从丂·从一. 一者, 其气平也. 凡于之屬皆从于.)”라고 풀이했다. 허신은 이처럼 글자를 절단하여 두 개의 구성 요소로 분석하고 호흡이 평온한 모습을 본뜬 것으로 해석하고 있는데, 당연히 그 까닭을 알 수 없다.

❸

전국 시대에 이르러 사람들은 지렛대의 원리를 깨닫고 지렛목, 거리와 무게 사이의 관계를 이용하여 물건의 무게를 쟀다.(345쪽 그림 참조). 이 원리를 사용하면 더 가벼운 저울추 (분동)를 사용하여 무거운 물건의 무게를 측정하거나 더 무거운 저울추 (분동)를 사용하여 가벼운 물건의 무게를 더욱 정확하게 측정할 수 있다. 예를 들어 소량 황금의 무게를 정확하게 측정하려 할 때 이 방법을 사용할 수 있다.

이것은 도량형 기기제작에서의 일대 개혁이었으며 한나라 시기이후 성행하는 방식이 되었다. 『한서·식화지(漢書·食貨志)』의 기록에 따르면 진시황이 중국을 통일했을 때에는 황금의 안정성에 대해 더 잘 알게 되어 1입방인치(立方寸)의 황금을 1근(斤)의 표준 무게로 삼았다고 기록되어 있다. 이렇게 되어 길이와 무게에는 특정 표준이 생겼으며 용량 표준도 쉽게 확정할 수 있었다.

▎기원전 1,300여년 이집트 무덤 벽화 위의 지지대형 천평

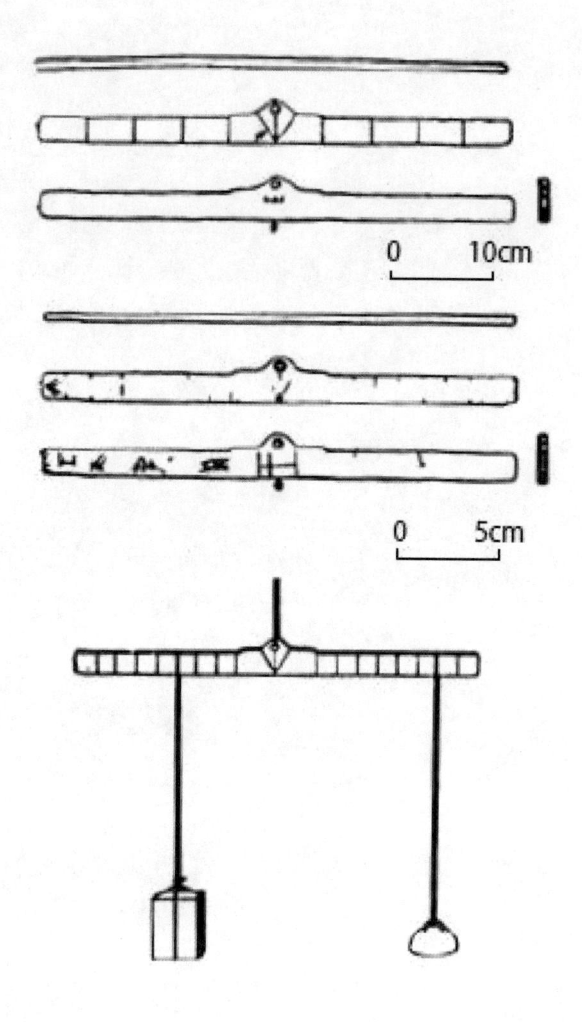

▍전국(戰國)시기의 부등비동현(不等臂銅衡)
저울대 위에 새겨진 눈금에 따라 저울추를 이동시킨 거리로
물건의 무게를 달다

후기

제6권 '인생여정과 신앙편'은 본 시리즈의 마지막 한 권이자 마지막을 장식하는 작품이다. 주제 내용은 사람들의 사회생활 전체 과정 및 신앙과 관련된 고문자들로, 대략 60개의 글자가 수록되었다.

인생 여정은 양육에 대한 기대, 출생 과정, 부모로부터 받게 되는 보살핌, 남녀가 받는 상이한 교육으로 시작 되어 ……성인시기가 되면 성인으로서의 예절을 받아들이고, 대를 잇기 위해 결혼 준비를 하게 되며, 마침내 노약한 노년이 되면 죽음이라는 개념과 관련 예절 및 3년상을 지내는 관습 등등으로 그 여정을 마치게 된다.

신앙과 관련해서는 믿음의 기탁으로 시작해 신의 형상, 예배의 대상과 희생의 예절을 거쳐 마지막으로 점술의 관습과 관련된 것으로 연결시켰다.

역자 후기

1986년 겨울로 기억된다. 벌써 아련한 35년 전의 일이다. 허진웅 교수님께서 캐나다에서 오랜 외유 끝에 잠시 대만으로 돌아오셔서 갑골문 강의를 하신다는 소식을 대만대학의 친구로부터 들었다. 그때 대만대학으로 가서 선생님의 강의를 방청한 것이 처음으로 뵌 인연이다.

처음에 놀란 것은 학문에 대한 선생님의 성실함과 과학적 접근과 분석이었다. 우리에게 강의를 해 주시면서 당시에 나온 갑골문 등에 관한 학술 논문들을 한 편 한 편 컴퓨터 파일로 정리하여 나누어 주셨다. 각 편의 논문마다 해당 논문의 기본 정보, 내용 요약, 문제점, 해결 방안, 참고문헌 등을 기록한 파일을 출력하신 것이었다. 그때만 해도 개인 컴퓨터가 막 보급되기 시작하였고, 다른 사람들은 필사하거나 자료를 잘라 붙인 카드나 노트 등으로 자료를 정리하고 연구하던 시절이라 도트 프린트로 인쇄된 선생님의 자료들은 신선한 충격이 아닐 수 없었다. 게다가 당시로서는 보기 어려웠던 서구의 자료들은 물론 대륙의 다양한 자료들까지 포함하고 있었다. 당시는 대륙의 자료들이 마치 우리들에게서 북한자료인 것처럼 열람이 제한되어 있었다. 이들 자료를 보려면 대만국가도서관의 중국학센터[漢學中心]나 국립정치대학 동아시아연구소에 가서 허락을 득한 후 복사도 불가한 상태에서 손으로 베껴 써야만 했던 때였다. 그랬으니 그 충격과 감격은 가히 헤아릴 수 있으리라.

선생님께서는 캐나다 온타리오 박물관에서 멘지스 소장 갑골문을 손수 정리하시면서 체득한 여러 노하우들도 알려주셨는데, 그 과정에서 발견한 갑골을 지지기 위해 홈을 파둔 찬과 조의 형태에 근거해 갑골문의 시대를 구분할 새로운 잣대의 발견을 이야기할 때는 다소 흥분까지 하신 듯 했다. 동작빈 선생께서 1933년 갑골문의 시기구분 기준으로 제시했던 10가지 표준에 하나를 더 보탤 수 있는 과학적 잣대이자 획기적인 성과였다. 그리고 상나라 때의 5가지 주요 제사에 대해서도 일가견을 갖고 계셨고, 새로운 연구 성과와 경향을 다양하게 소개해 주셨다. 게다가 갑골문 연구, 나아가 한자연구에서 가져야 할 참신한 시각도 많이 제공해 주셨다. 특히 한자를 문헌과의 연계 연구에서 벗어나, 고고학 자료들과의 연계, 나아가 인류학과 연계해야 한다는 말씀을 강조하셨다. 어쩌면 왕국유 선생께서 일찍이 제시했던 한자와 문헌과 출토문헌 자료를 함께 연구해야 하며 거기서 공통된 증거를 찾아야 한다는 '이중증거법'을 넘어서 인류학 자료까지 포함시킴으로써 '삼중증거법'을 주창하셨던 셈이다. 혜안이 아닐 수 없었다. 아마도 선생님께서 캐나다라는 구미 지역에서 오랜 세월 동안 연구하셨기 때문에 이러한 영역을 연계시키고 나아가 '중국인들의 사고'를 넘을 수 있었던 것이라 생각했다.

그 후로 선생님을 마음속에서만 흠모 했을 뿐, 제대로 찾아뵙지도 못하고, 제대로 가르침을 구하지도 못했다. 1989년 귀국하여 군복무를 마치고, 1991년 운 좋게 대학에 자리를 잡아 학생들을 가르치게 되었다. 중국학의 기초가 되는, 또 우리 문화의 기저에 자리하고 있는 한자를 좀 더 참신하게 강의하고자 노력하고 있을 때였다. 그때 정말 반가운 소식을 하나 접하게 되었다. 다름 아닌 선생님의 거작 『중국고대사회』가 동문선출판사에서 홍희 교수의 번역으로 출간된 것이었다. 영어로 된 교재 편집 본을 보고 감탄하며 활용하고 있었는데, 선생님의 학문 세계를 망라한 그 방대한 책이 우리말로 번역되어 한국 독자들에게 소개된 것이다. "문자와 인류학의 투시"라는 부제가 붙어 있듯 이 책은 각종 고고학과 인류학적 자료와 연구 성과들을 한자와 접목하여 그 어원을 파헤치고 변화 과정을 설명한 책이다.

너무나 기뻐 내 자신이 몇 번이고 숙독을 했음은 물론 학생들의 교재로 사용하기도 했다. 지금 생각하면 그 두껍고 상당히 학술적이기까지 한 책을 통째로 익히게 했으니 학생들이 꽤나 고생하고 원망도 많았다. 하지만 당시에는 미국과 캐나다의 중문과에서도 여러분과 같은 또래의 학부학생들이 이 책으로 꼭 같이 공부하고 있다고 하면서 경쟁력을 가지려면 한자문화권에 사는 여러분들이 이 정도는 당연히 소화해야 하지 않겠냐며 독려했던 기억이 생생하다.

필자가 지금하고 있는 한자의 문화적 해석과 한자의 어원 연구는 사실 허진웅 선생님의 계발을 받은 바가 크다. 필자의 한자 연구를 '한자문화학'이라는 구체적 방향으로 가도록 해 준 책이 바로 이 책이기 때문이다. 그러다 1994년 숙명여대 양동숙 교수님의 주관으로 한국에서 전무후무한 성대한 갑골학 국제학술대회가 열렸다. 중국 대륙의 구석규, 왕우신 선생님을 비롯해 허진웅 선생님까지 오신 것이다. 저도 어린 나이었지만 초대되어 부족하지만 「갑골문에 나타난 인간중심주의」라는 논문을 발표하여 좋은 평가를 받았으며, 그 이후로 한자문화학이라는 이 방향이 지속 가능한 연구임을 확인하게 되었다.

그 이후로는 선생님을 직접 뵐 기회가 없었다. 중국이 개방되면서 주로 대륙을 드나들면서 상해의 화동사범대학 등과 공동 연구를 주로 하면서 대만을 갈 기회가 없었기 때문이다. 그래도 선생님의 책은 꾸준히 사 모았다. 그리고 블로그 등을 통해서도 선생님의 활발한 학술활동과 연구경향 등을 확인할 수 있었다. 컴퓨터를 여전히 잘 운용하시는 선생님의 모습이 그려졌다.

그러다 2019년 5월 대만문자학회의 초청으로 학술대회에 참여했다가 서점에서 선생님의 『유래를 품은 한자』 7권을 접하게 되었다. 그간의 선생님의 관점과 연구 성과를 담은 결과물을 보다 쉽게, 보다 통속적으로 기술한 책이었다. 나이 여든이 된 세계적 대학자께서 그 연세에 청소년들을 위해 큰마음을 잡수시고 이 방대한 책을 펴냈을 것임을 직감했다. 날이 갈수록 한자를 학문적 근거 없이 편한 대로 이해하는 세태, 그 속에 담긴 문화적 속성에 대한 이해 없이 단순한 부호로만 생각하는 한자, 그리고 줄어만 가는 중국 전통문화의 연구 등등, 이러한 풍조를 바로 잡고 후학들에게 관심을 가지게 하려면 어린 청소년부터 시작하는 게 옳다고 생각하셨을 것이다. 그래서 보통 대학자들이 잘 하지 않는 통속적 저술 쓰기를 손수 실천하셨던 것이다. 사실 전문적 학술 글쓰기보다 훨씬 어려운 것이 대중적 통속적 글쓰기이다. 고희를 넘어서 산수(傘壽)에 이르신 연세에 노구를 이끌고 이런 작업을 하신 선생님의 고귀한 열정을 우리 모두 깊이 새겨야 할 것이다.

대만 학회를 마치고 오는 길에 이 책을 번역하여 한국 독자들에게 소개해야겠다는 결심을 했다. 그것이 선생님께 진 학문적 빚을 조금이라도 갚고 선생님의 지도에도 감사하는 한 방식이라 생각했기 때문이다. 돌아오자마자 해당 출판사에 번역 제의를 했고 선생님께도 이 사실을 보고해 도움을 달라고 부탁드렸다. 출판사도 선생님께서도 모두 흔쾌히 허락해 주셨다. 다만 『유래를 품은 한자』 7권과 곧이어 나올 『갑골문 고급 자전』까지 총 8권의 방대한 저작을 한꺼번에 제대로 번역할 수 있을까 하는 걱정도 갖고 계셨다. 그러나 저는 개인이 아니라 한국한자연구소의 여러 선생님과 함께 하는 팀이 있다고 말씀드렸고, 저의 책임 하에 잘 번역하겠다고 약속드렸다. 물론 연구소의 인원 모두가 참여한 것은 아니지만 중국학 전공으로 자발적으로 참여하신 선생님들을 위주로 번역 팀이 꾸려졌다.

그리고 2020년 1월 초, 한자의 시원이라 할 갑골문 발견 120주년을 기념하는 국제학술대회와 한중갑골문서예전을 우리 연구소에서 개최하기로 되어, 이 자리에 선생님을 모셨다. 고령이기도 하시거니와 외부 활동을 잘 하지 않으시는 선생님이었지만, 초청에 흔쾌히 응해 주셨다. 한국은 숙명여대 학술대회 이후 약 25년 만에 이루어진 방문이셨다. 아마도 우리 연구소와 번역 팀이 어떤지를 확인해 보고 싶기도 했을 것이라 생각한다. 이번 학회에서도 선생님께서는 유가의 3년 상의 전통이 우리가 상상하는 것보다 훨씬 이전인 상나라 때부터 존재했다는 가설을 갑골문과 관련 고고자료들을 통해 논증해주셨다. 언제나 어떤 학회를 가시더라도 항상 참신한 주제에 새로운 성과를 발표해 주시는 선생님의 학문적 태도에 다시 한 번 감동하지 않을 수 없었다.

우리 한국한자연구소는 한국한자의 정리와 세계적 네트워크와 협력 연구를 위해 2008년 출범한, 아직 나이가 '어린' 연구소이다. 그러나 한자가 동양문화의 기저이며, 인류가 만든 중요한 발명품의 하나이자 계승 발전시켜야 할 유산이라는 이념을 견지하며 여러 가지 다양한 활동을 하고 있으며, 세계한자학회의 사무국도 유치했다. 마침 2018년 한국연구재단의 인문한국플러스(HK+)사업에 선정되어 한국, 중국, 일본, 베트남 4개국의 한자 어휘 비교를 통한 "동아시아한자문명연구"를 진행하고 있다. 2025년까지 이 연구는 지속될 것이다. 한자는 동아시아 문명의 근원이고, 한자 어휘는 그 출발이 개별 한자이다. 한 글자 한 글자 모두가 중요한 개념을 글자 속에 담고 있고 수 천 년 동안 누적된 그 변화의 흔적들을 새겨 놓은 것이 한자라는 문자체계이다. 그래서 한자에 대한 근원적이고 철저한 이해는 이 모든 것을 출발점이자 성공을 담보하는 열쇠라 생각한다.

그런 의미에서 이 『유래를 품은 한자』는 우리 사업과도 잘 맞는 책이며, 통속적이고 대중적이지만 결코 가볍지도 않은 책이다. 허진웅 선생님의 평생에 걸친 연구 업적이 고스란히 녹아 있는 결정체이다. 특히 『갑골문 고급 자전』은 최신 출토 갑골문 자료를 망라함은 물론 평생 천착해 오신 갑골문과 한자어원 및 한자문화 해석에 대한 선생님의 집대성한 가장 최근의 저작이다. 이들 책에서 한자를 단순히 문자 부호가 아닌 문화적 부호로 보고 이를 문화학적 입장에서 해석하려는 노력이 특별히 돋보인다. 독자들에게 한자를 고고학과 인류학과 연결하여 보는 눈을 열어주고 한자에 담긴 새로운 세계를 인류의 역사와 함께 탐험하게 할 것이다. 그 어떤 저작보다 창의적이면서도 학술적이라 확신한다. 우리에게서도 점점 멀어져만 가는 한자, 이 책을 통해서 한자의 진면목과 숭고한 가치를 느끼고 한자와 가까워질 수 있을 것이라 믿는다. 그리고 한자에 담긴 무한한 지혜와 창의성을 체험하는 재미도 느끼게 해 줄 것이다.

다소 장황한 '후기'가 되었지만, 허진웅 선생님과의 인연과 필자가 한자문화학의 길로 들어서게 된 연유, 그리고 그 과정에서 선생님께 입은 은혜에 대해 감사 표시라 이해해 주시기 바란다. 아울러 이 방대한 책을 빠른 시간 내에 번역할 수 있도록 참여해 주신 김화영, 양영매, 이지영, 곽현숙 교수님께도 감사드리며, 여러 번거로운 일을 마다않고 도와준 김소연. 디자이너, 이예지, 최우주, 김태균, 박승현, 정소영 동학에게도 고마움을 표한다.

2020년 12월 20일
역자를 대표하여 하영삼 씁니다.

출현한자 찾아보기

각(角)……151
각(玨)……145
간(柬)……264
감(敢)……260
강(畺)……053
경(磬)……136
경(囧)……093
경(巠)……213
계(轫)……178
고(鼓)……204
곡(曲)……162
곤(困)……125
골(骨)……149
과(果)……115
과(瓜)……117
교(交)……297
구(韭)……113
극(克)……193
금(金)……244
기(其)……158
기(幾)……215
길(吉)……252
농(農)……047
단(段)……286
단(耑)……112
도(匋)……235
두(斗)……333
량(量)……332
려(呂)……276
로(爐)……265
롱(弄)……147
뢰(賴)……313
료(料)……339
류(柳)……127
률(栗)……118
름(亩)……087
말(末)……109
매(枚)……179
매(買)……307
매(賣)……307
멱(糸)……218
모(某)……121
목(木)……166
박(璞)……143
방(方)……065
방(旁)……067
방(匚)……161
법(法)……247
보(寶)……311
보(甫)……086
복(复)……268
본(本)……109
부(缶)……237
분(焚)……061
붕(朋)……305
비(啚)……090
사(乍)……176
사(絲)……217
삼(芟)……099
상(商)……314

상(喪)……223
상(桑)……221
상(相)……168
색(嗇)……089
색(索)……228
서(西)……164
석(析)……172
석(石)……134
석(錫)……278
성(聖)……027
소(素)……226
쇠(釗)……249
수(垂)……116
승(升)……337
시(市)……295
신(晨)……055
실(實)……309
심(尋)……330
심(深)……262
야(冶)……284
양(襄)……071
엄(嚴)……258
역(易)……297
연(甍)……200
열(爇)……038
엽(枼)……106
영(嬰)……304
예(乂)……123
예(藝)……036
옥(玉)……140
요(堯)……030
요(窑)……239
욕(辱)……060
욕(蓐)……059
우(于)……342
유(留)……082
유(柔)……197
유(囿)……085
자(玆)……219
장(匠)……169
재(才)……034
적(耤)……063
전(專)……211
전(田)……051
절(折)……170
제(制)……039
조(肇)……041
주(尌……207
주(周)……084
주(朱)……111
주(疇)……076
주(鑄)……246
주(壴)……202
죽(竹)……156
중(重)……325
진(晉)……287
질(質)……300
창(倉)……094
척(尺)……328
철(哲)……255
철(鐵)……280
첨(㦰)……098
청(聽)……029
촌(寸)……326
총(悤)……114
추(秋)……095
추(帚)……181
치(甾)……163
칙(則)……273
칠(桼)……182
칭(爯)……323
탁(橐)……267
토(土)……233
패(敗)……321
패(敗)……321
패(貝)……301
팽(彭)……206
편(片……174
평(平)……340
피(皮)……195
필(必)……335
할(割)……249
해(解)……152
혁(革)……191
현(賢)……032
협(劦)……078
호(嬦)……057
화(華)……104
후(厚)……270

저자/역자 소개

허진웅(許進雄)

1941년 대만 고웅 출생, 국립대만대학 중문과 졸업 후 1968년 캐나다 토론토의 로열 온타리오박물관 초청으로 멘지스 소장 갑골문을 정리, 갑골문 시기 구분 표준을 제시하는 등 갑골문 연구의 세계적 권위가가 됨.
1974년 토론토대학 동아시아학 박사학위 취득, 동아시아학과 교수 부임.
1996년 대만으로 귀국, 국립대만대학 중문과 특임교수로 재직, 2006년 퇴임 후 현재 세신대학 중문과 교수로 재직.
주요 저서에 『중국고대사회』, 『실용 중국문자학』, 『허진웅 고문자학 논문집』, 『문자학 강의』, 『갑골복사의 5가지 제사 연구』, 『갑골의 찬조 형태 연구』 등이 있다.

양영매(梁英梅)

경성대학교 한국한자연구소 HK교수로 재직 중이다. 중국 연변대학교를 졸업하고, 연세대학교 중어중문학과에서 석·박사 학위를 받았으며, 현재 중국문법연구, 어휘비교연구, 중국어교재개발연구에 주력하고 있다.
저서로는 『중국어 프레젠테이션 실무회화』(공저), 『설레는 중국어와의 첫 만남: 두근두근 중국어상·하』(공저), 『신 HSK 백발백중 회화 트레이닝 고급편』(공저), 『한문불전(漢文佛典)의 언어학적 연구』(공편) 등이 있고, 주요 논문으로는 「현대중국어 연동문의 완료상과 부정」, 「현대중국어 不怎麽의 주관량 인식조건」, 「현대중국어 선택의문형 반어문의 부정의미 연구」, 「현대 중국어 의문대사 호응식 의문대사의 지칭, 양화 의미 형성 기제 연구」, 「漢文佛典《禪門拈頌集》疑問詞用法研究」, 「漢韓“恐懼”類詞彙研究」 외 다수가 있다.